# SPIELE

## FÜR JEDEN TAG

Sie kennen die Situation: Vor lauter Langeweile, weil gerade das Wetter schlecht ist oder weil die Freundin mit Masern im Bett liegt, sitzt Ihr Kind mal wieder vor dem Fernseher!
Steve und Ruth Bennett haben sich für solche Fälle etwas wirklich Hilfreiches ausgedacht: 365 Spiele, Tricks und Basteltips (für jeden Tag des Jahres), mit denen Sie Ihre Kinder sinnvoll beschäftigen können.
Da kann man prima mit Toilettenrollen ein Kegelturnier veranstalten, aus einer alten Schachtel ein Theater mit Bühne basteln, die Finger wie Figuren bemalen – und schon ist man Regisseur und Schauspieler gleichzeitig. Oder man lernt malen mit den Füßen, Kreuzworträtsel selbst austüfteln, zaubern und vieles mehr.
Zweierlei trifft bei diesen kreativen Spielen auf jeden Fall zu: Familienmitglieder, die miteinander spielen, halten auch zusammen. Und Kinder brauchen nicht jeden Tag den Fernseher, um glücklich zu sein!

# SPIELE FÜR JEDEN TAG

## 365 Spiel-Ideen, Tricks und Basteltips für Kinder und Eltern

Ins Deutsche übertragen
von Kattrin Stier

Seehamer Verlag

Die amerikanische Originalausgabe erschien unter dem Titel
»365 TV-Free Activities You Can Do With Your Child«
bei Bob Adams, Inc., Publishers (Holbrook, Massachusetts).

Genehmigte Lizenzausgabe 1997 für
Seehamer Verlag GmbH, Weyarn

Umschlaggestaltung: Bine Cordes, Weyarn
Umschlagfoto: IFA-Bilderteam, München
Redaktion: Thomas May/SK
Printed in Austria
ISBN 3-932131-32-0

*Für unsere Kinder*
*Noah und Audrey,*
*die nicht nur unser Leben,*
*sondern auch dieses Buch*
*inspiriert haben*

# Spieleverzeichnis

Adoptiere einen Baum! 1

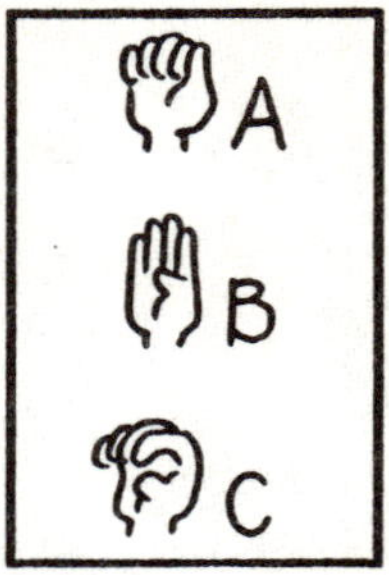


Zeichensprache 2

Alphabetischer Zoo 3

Alphamixe 4

Ambidextrie 5

Anagramme 6

Tierfährten 7

Gefüllte Kalbsbrust 8

Im Reich der Tiere 9

Tierisches Theater 10

Ameisenfarm 11

G wie Gustav 12

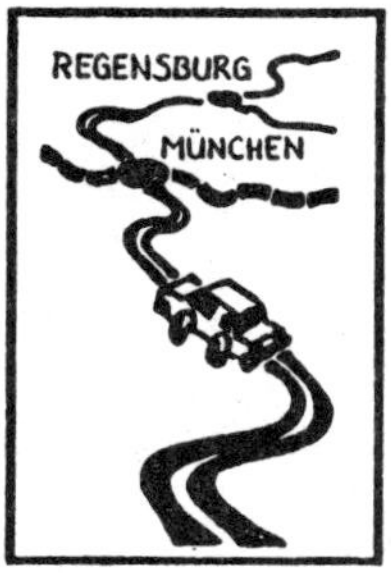
REGENSBURG
MÜNCHEN

ARZT

TRAUTES HEIM GLÜCK ALLEIN
ÄPFEL

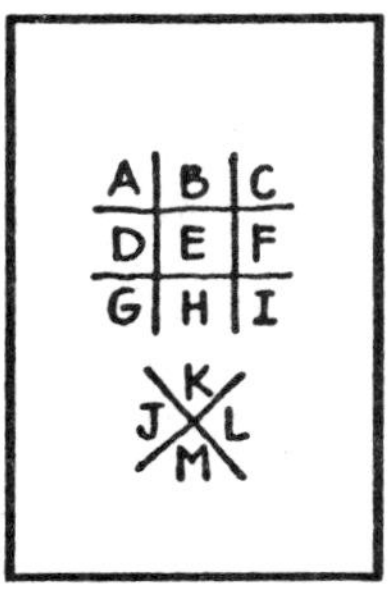
A B C
D E F
G H I
K
J L
M



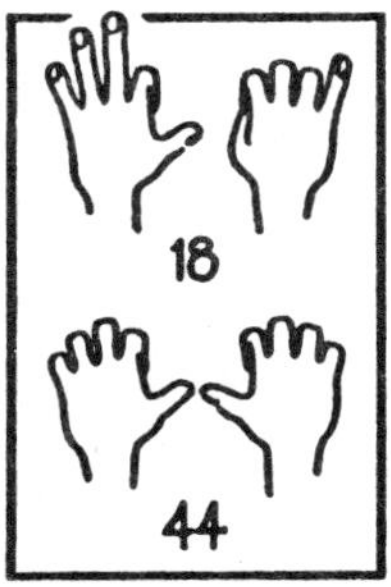
18
44

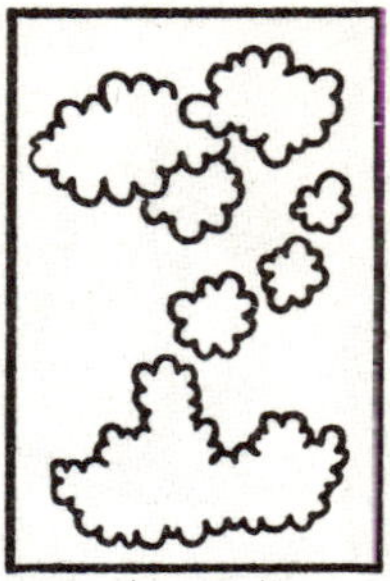

HALLO
DANKE
HAPPY
BIRTHDAY

9 27 9-2
36 5625

BYXAH
SAPPG

MARIA

NACHRICHT
FÜR
VON
WANN?
WAS?

RABULIST

DSCHUNGEL

ACHTUNG
WILDE
TIERE

Hafttafel 85

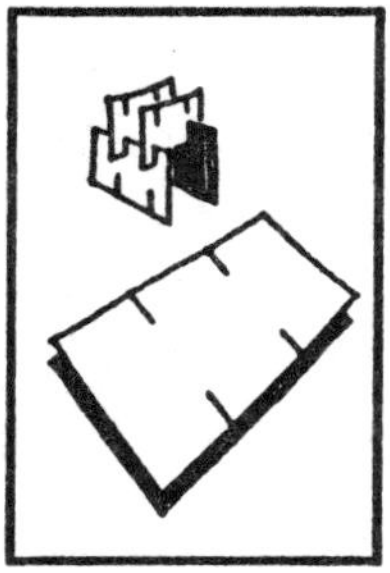

Einfaches Kartenhaus 86

Kraftfutter 87

Essen und Trinken 88

Eiertanz 89

Der verflixte achte Kniff 90

Elefantenspaziergang 91

Riesenradio auf 92.92 MHz 92

Das Familienbuch der Rekorde 93

Familienkalender 94

Familienwappen 95

Familienflagge 96

Unsere Allgemeine Zeitung 97

Chronist der Familie 98

Familienstammbaum 99

Fixe Füße 100

Fabelwesen 101

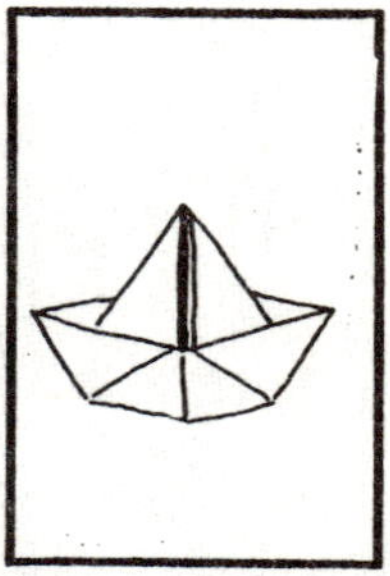

Papierschiffchen 102

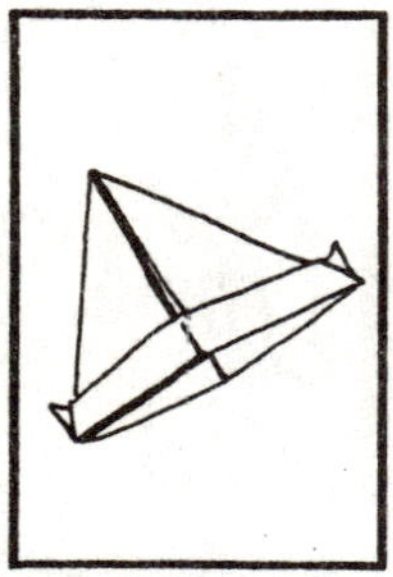

Das Hemd des Kapitäns 103

Schnellsprecher 104

Vogelfutter 105

Fingerpüppchen 106

Fingerabdrücke 107

Farblichtspiele 108

DANKE

A
N
4
2

ALLES
WAS
FÄHRT


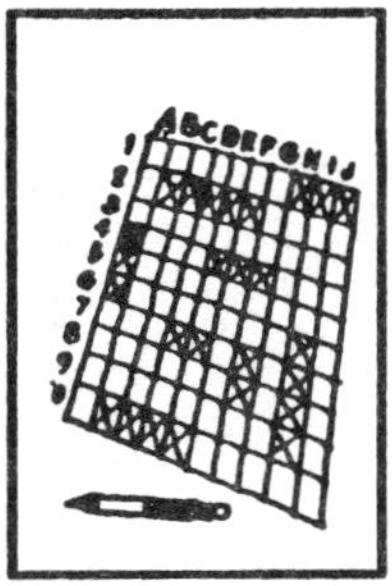

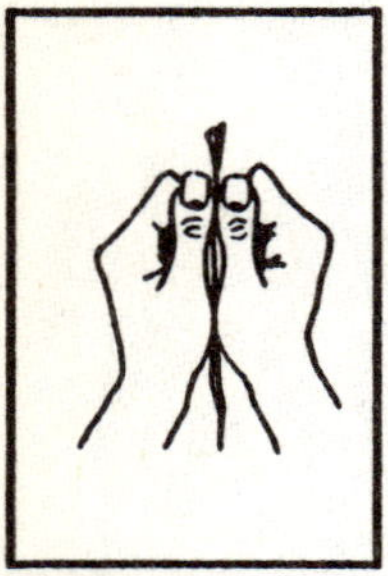



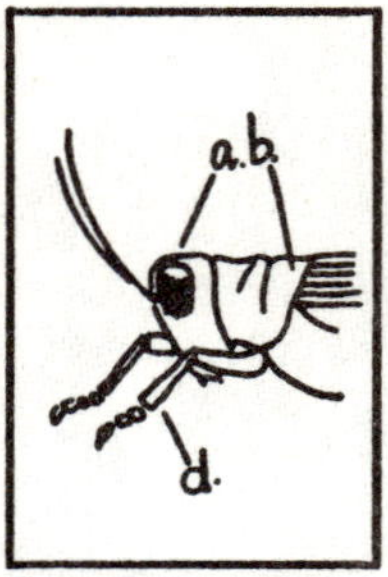
a.b.
d.

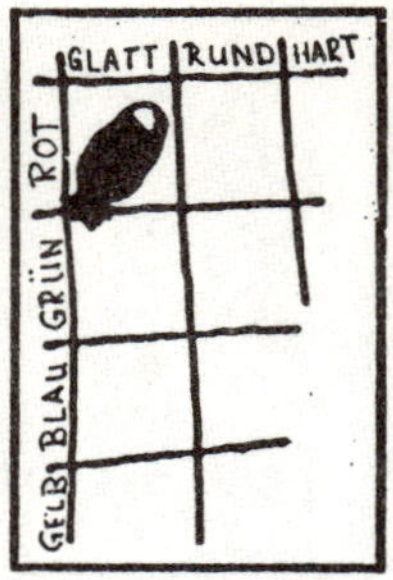
GLATT
RUND
HART
ROT
GRÜN
BLAU
GELB

LEBENSMITTEL

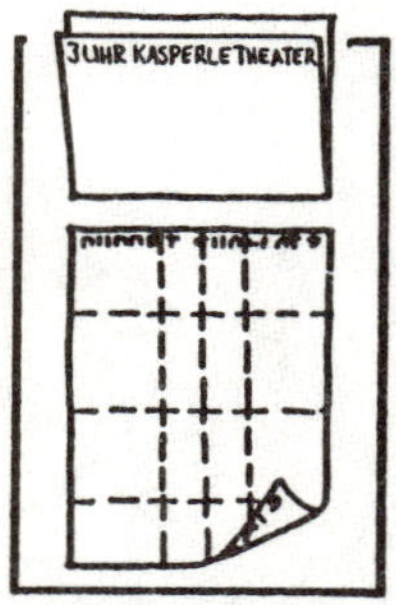
3 UHR KASPERLETHEATER



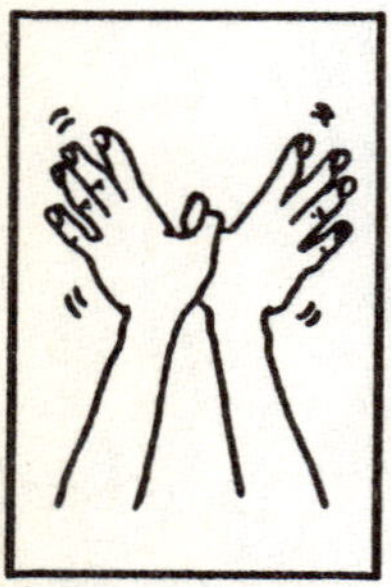

Was Waagen wiegen 133

Bonjour 134

Sachen-sucher 135

Ei Ei Ei 136

Sterngucker 137

Selbstgemachte Armaturen-bretter 138

Teekesseln 139

Hausdetektiv 140

Kartenhaus 141

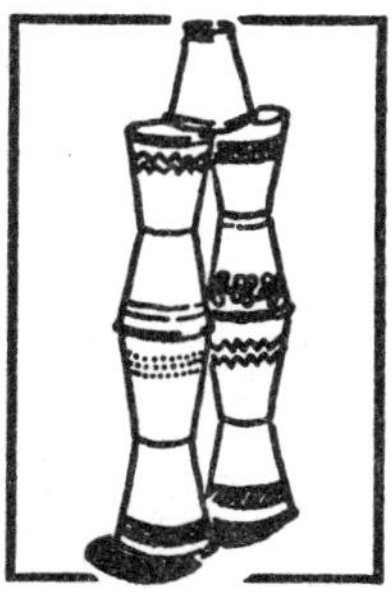

Hochstapler 142

Heimfabrik 143

Rasende Reporter 144

WIBIE GEBEHTS ?
HABALLOBO

EISKREM
EIS AM

G.W.

JAPANISCHE NACHRICHTEN

FLASCHEN
FLASCHEN

BANK
OFFEN

9
10
BLAU+
GRÜN
TAG
16
17
24
23

TIGER

ANDY'S
LIMO

DORI
DOR

TRAUM
BAUM

TIERE
DINOSAURIER

HALLO
DANKE
HAPPY
BIRTHDAY

POST

FALCO
SUSIE



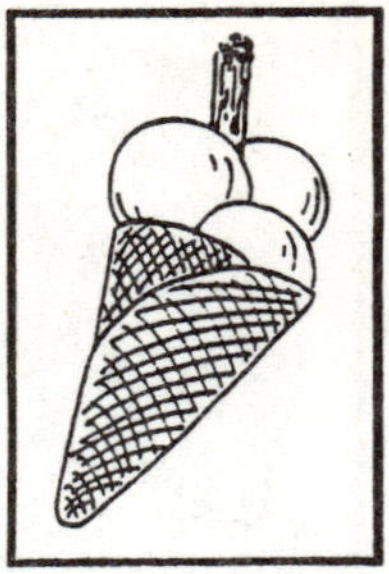

STEVE
BOHNENSTANGE

Namen-
poster 205

Naturkunde 206

Stadtteil-
chronist 207

Reise durch
die Nachbar-
schaft 208

Schlangen-
zucht 209

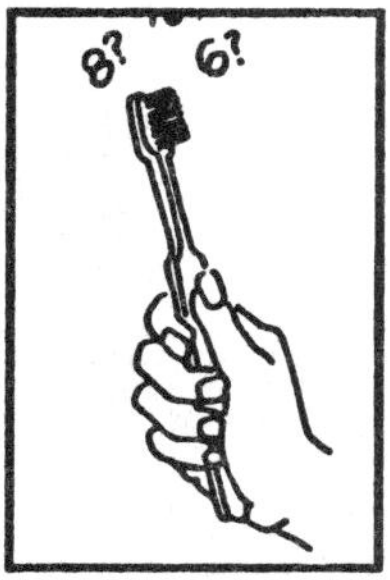

Zahlenjagd 210

Hindernisrennen
(für drinnen) 211

Hindernisrennen
(für draußen) 212

Hopse 213

Handgeschöpftes
Papier 214

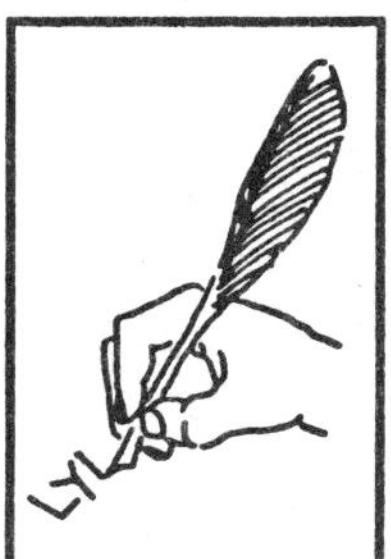
Schreiben wie
Anno dazu-
mal 215

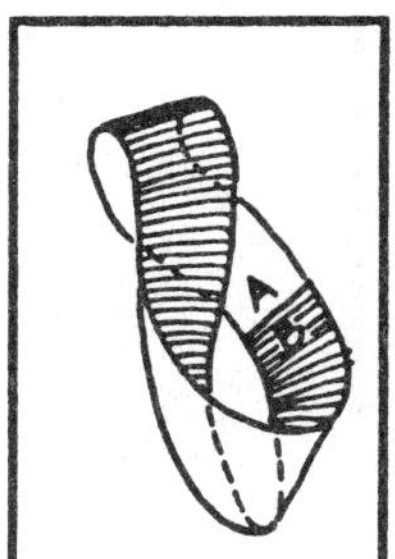

Einseitiges
Papier 216

MAISSTÄRKE



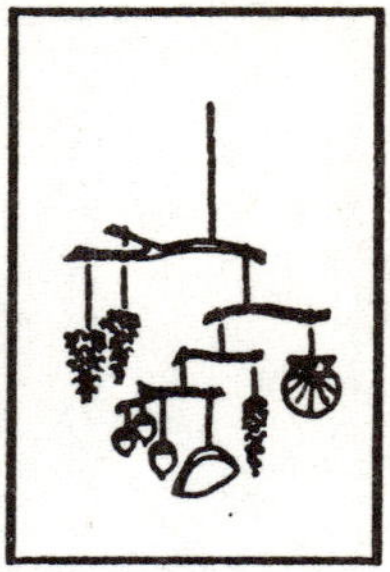

negüngrevrhäf

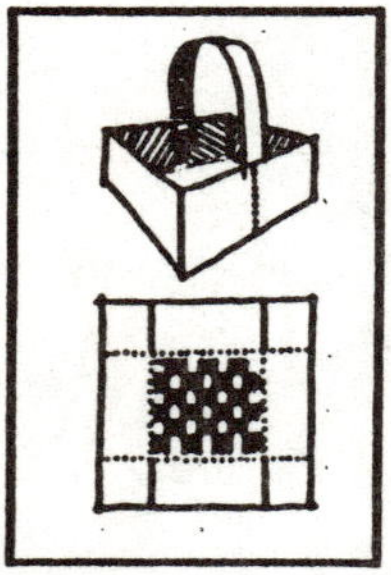

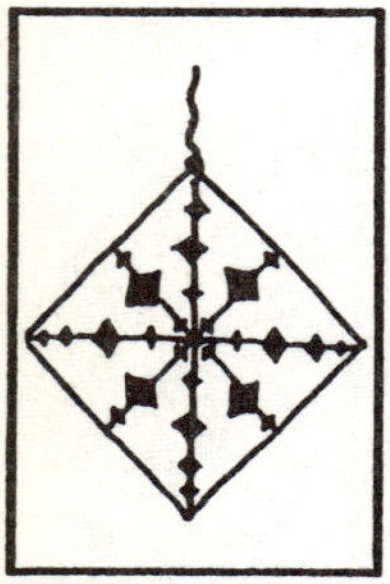

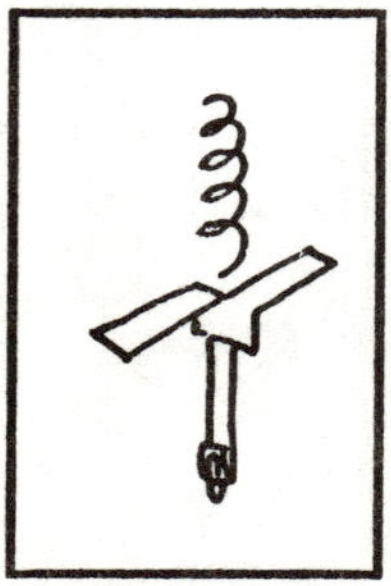

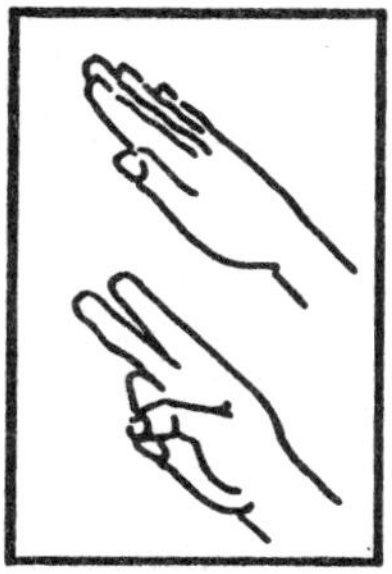

Knobeln 229

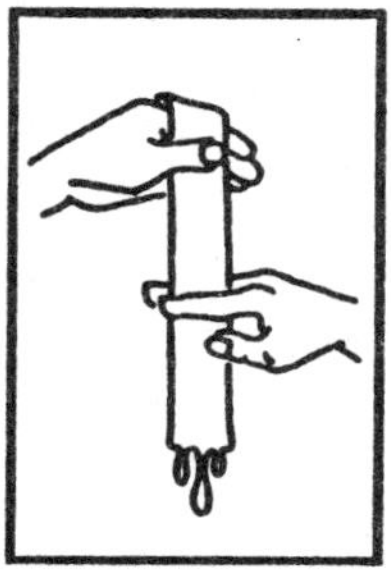

Pappmaché 230

Fallschirme 231

Der siebte Sinn 232

Brieffreundschaft 233

Philatelie 234

Stadt – Land – Fluß 235

Fotografisches Gedächtnis 236

Fotostudio 237

Sparschwein 238

Mini-Flipper 239

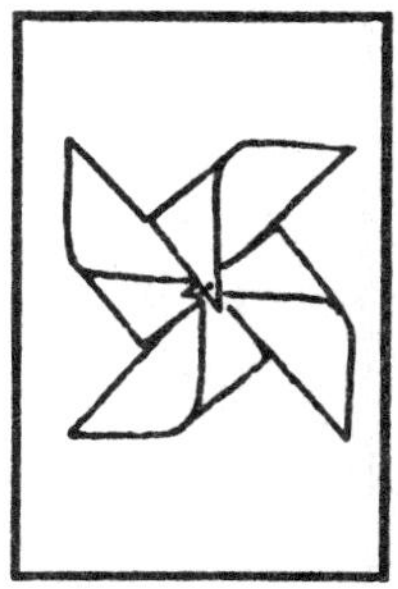

Windrad 240

Pfeifenputzer-Angeln 241

Elfmeter 242

Pizza-Service 243

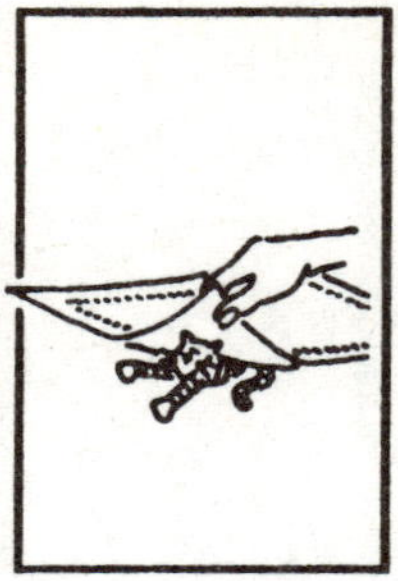

Der Tiger unterm Teller 244

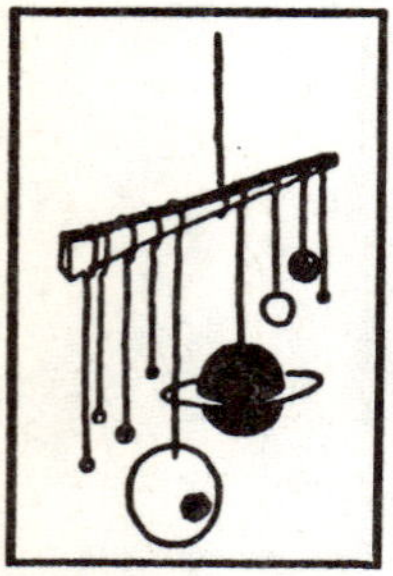

Planetenmobile 245

Pflanzenkarte 246

Knete 247

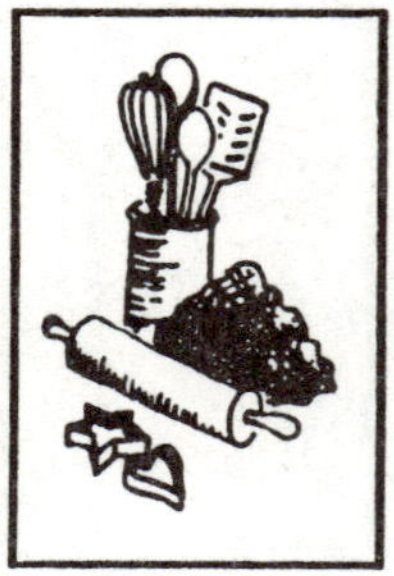

Luxusknete 248

Kinderbüro 249

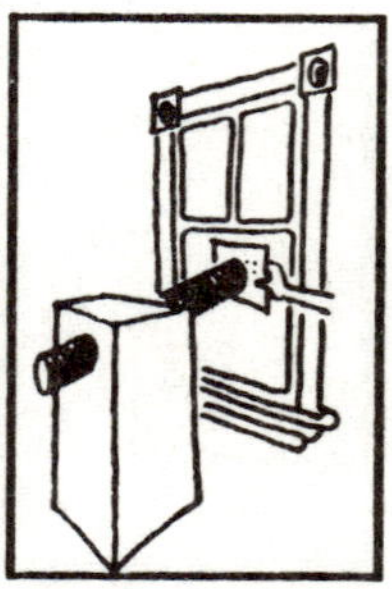

Kinderzimmer-Sternwarte 250

Eisstöckchen-Architektur 251

Porträtmaler 252

Kinderpost 253

Kartoffel-
köpfe 254

Kartoffel-
druckerei 255

Sack-
hüpfen 256

In den Pott 257

Brezel-
bäcker 258

Münz-Spazier-
gang 259

Regenbogen-
bilder 260

Lies *mir* was
vor 261

Klingende
Briefe 262

Kinderzimmer-
kneipe 263

Drei gewinnt
*nicht*! 264

**Spiegelschrift 265**

**Reimspiel 266**

**Reisrasseln 267**

**Römische Zahlen 268**

**Wurzelwunder 269**

**Rubbelblätter – Blätterrubbeln 270**

**Gummiseilspringen 271**

**Die Regel des Tages 272**

**Wurfspiel 273**

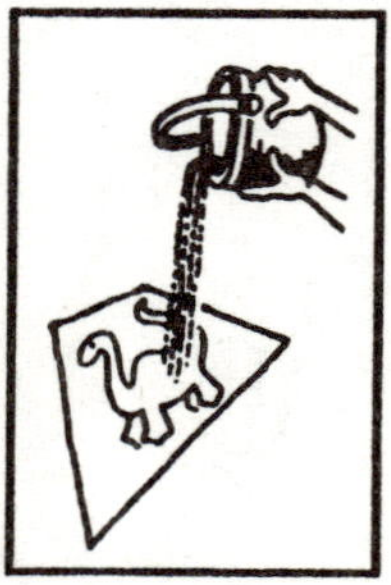

**Sandmalerei 274**

**Sardinen-Verstecken 275**

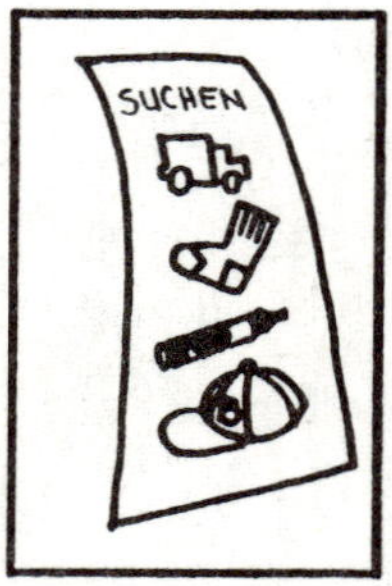


**Stöberjagd 276**

Farbakro-
batik 277

Suchschein-
werfer 278

Geheimer Hände-
druck 279

Das Wort X 280

Selbst-
porträt 281

Wahrnehmungs-
tagebuch 282

Jeden Tag ein
Satz 283

Nähkarten 284

Schuhschachtel-
Gewächs-
haus 285

Schuhkarton-
gitarre 286

Mischmasch-
Geschichte 287

Das Schweige-
spiel 288

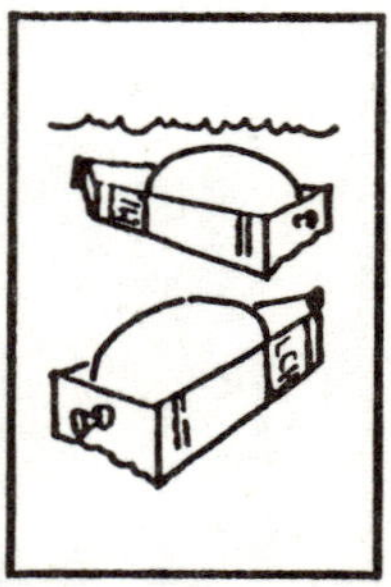

Künstlerische Wasserschlacht 301

Frühlingskontrollgang 302

Sprossenanzucht 303

Fünf Quadrate 304

Einfach haarsträubend! 305

Lebendige Statuen 306

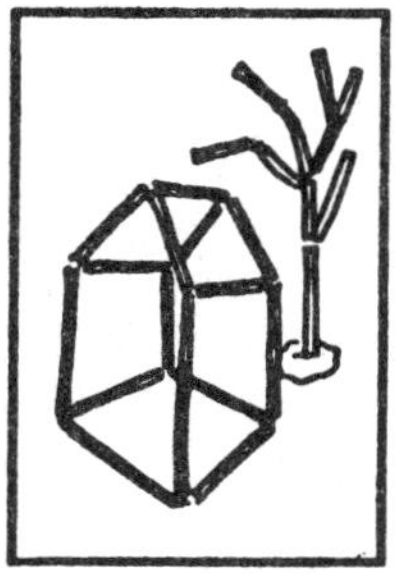

Strohskulpturen 307

Obstkörbchenrecycling 308

Luftschlangen 309

Styropordruck 310

Mach es wie die Sonnenuhr... 311

Riesenschaumgebirge 312

Supergedächt-
nis 313

Tischhockey für
zwei 314

Kronkorken-
Tamburin 315

Telefon 316

Kim-Spiel 317

Zehn Hin-
weise 318

Klorollen-
kegeln 319

Hier spricht Ihr
Kapitän 320

Dreibeiner 321

Daumen-
ringen 322

Tiger-
kostüm 323

Zeit-
zonen 324

Greifspiel 325

Zungenbrecher 326

Zahnstocherbauten 327

Wettlauf zwischen Hase und Schildkröte 328

Der feine Unterschied 329

Spielzoo 330

Spielhaus 331

Spielzeugmacher 332

Müllsammeltrupp 333

Reisezeiten 334

Schatzsuche 335

Sagenhafte Geschichten 336

NEIN
BROT

W
S
N
O

Wöchentlicher Handabdruck 349

Witzwörter 350

Modische Tiere 351

Was male ich? 352

Geburtstags-chronik 353

Was wäre, wenn …? 354

Was ist anders an mir? 355

Hör mal, wie das klingt! 356

Wo ich wohne 357

Wo sind mehr? 358

Stadtsafari 359

Klang-spiel 360

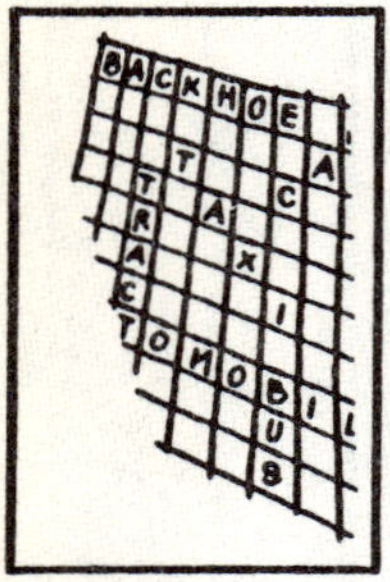

AFRIKA

# Aufgepaßt!

Diese Symbole sollen Ihnen dabei helfen, sichere Spielbedingungen zu schaffen und mögliche Gefahrenquellen zu kontrollieren.

**Aufgepaßt!**

Nur unter
Aufsicht

**Aufgepaßt!**

Herd

**Aufgepaßt!**

Plastikfolie

**Aufgepaßt!**

Scharfer
Gegenstand

**Aufgepaßt!**

Kleine Teile

**Aufgepaßt!**

Für draußen

**Aufgepaßt!**

Ballon

# Danksagungen

Zuallererst müssen wir unseren Kindern Noah und Audrey danken, die es nicht nur ertragen haben, daß wir jede freie Minute mit dem Schreiben und Illustrieren dieses Buches zubrachten, sondern zudem als Versuchskaninchen für alle möglichen verrückten Spiele herhalten mußten. Auch außerhalb unserer Familie haben uns viele Leute Anregungen geliefert und als Testpersonen fungiert. Besonders gedankt sei unserem Lektor Brandon Toropov, der in der Schlußphase dieses Projekts zu einem fünften Mitglied der Familie wurde. Danke auch fürs unermüdliche Tippen, Brandon.

Unser Dank gilt außerdem den Leuten im Bob Adams Verlag, die alle Spiele gründlich unter die Lupe nahmen und sie in vielen Fällen an ihren eigenen Töchtern und Söhnen, Nichten und Neffen ausprobierten. Hierzu gehören: Matt Keenan, Michele Bevilaqua, Carter Smith, Pete Weiss, Mike Dolan, Stacey Miller und Janet Anastasio.

Schließlich möchten wir noch Bob Adams selbst für seine ständige Unterstützung und Begeisterung für dieses Projekt danken.

Unser Agent, Mike Snell (ein großer Junge unter einem harten Äußeren), war uns eine große Hilfe bei der Entwicklung des Buches. Arch Loetterle, Susan (Loetterle) Lozinyak und Lynn Loetterle haben jede Menge Ideen und Verbesserungen beigetragen (ganz zu schweigen von ihren unschätzbaren Verdiensten bei der Versorgung unserer Kinder).

Dank auch an Vicky Benedict, die ihre Geheimrezepte für Pampe und Luxusknete preisgab; an Mary Ehlers und Susan Ferguson, die uns ihre Eselsbrücken verrieten; an Daniel Charette, der uns erklärte, wie man ein Käferhotel baut; an Judith Burros, die uns die Herstellung von Salzteig zeigte; und an Marion Wingfield, die uns beibrachte, wie man eine Papiertüte in ein täuschend echtes Elefantenkostüm verwandelt. Außerdem haben unter anderen Peter Kinder, David Hawkins, Emily Hawkins, Glenn Smith, Anne James, Gail Norcross, Jan Litwin, Caroline Chauncey, Richard Thal, Lynn Gervens, Richard Freierman und Kerri Collins unsere Spiel- und Bastelvorschläge geprüft und verbessert und uns beim Endspurt angefeuert.

Schließlich möchten wir noch allen danken, die geduldig auf unsere Rückkehr in die zivilisierte Welt gewartet haben, während wir mit Kegeln aus Klopapierrollen herumexperimentierten, unsere Küche in ein chemisches Versuchslabor verwandelten und herauszufinden versuchten, wie man unser Sofa am besten in einen Zauberbus verwandeln kann.

# Vorweg gesagt

Sicherlich sind auch Sie, wie die meisten Eltern heutzutage, der Meinung, daß Ihre Kinder weniger fernsehen sollten, und würden gerne die gemeinsame Zeit spielend, bastelnd und rätselnd mit ihren Kindern verbringen. Gemeinsame Unternehmungen sind angesagt!

Dieses Buch möchte Ihnen dabei helfen, indem es Spiele und andere Beschäftigungen zeigt, die wenig Vorbereitung erfordern, aber Spiel und Spaß für Stunden liefern, die sonst vielleicht vor der Flimmerkiste verbracht würden. Mit einem Jahresvorrat an fernsehfreien Spielideen können Sie sicher sein, Ihren Kindern spannende Alternativen zu einem Fernsehprogramm von zweifelhaftem Wert und mit endlosen Werbespots zu bieten.

Wir haben versucht, eine Vielzahl von Spielen für drinnen und draußen und einige, die sich auf die wechselnden Jahreszeiten beziehen, vorzustellen. Die meisten davon lassen sich mit minimalem Aufwand direkt in Ihrem Wohnzimmer oder Ihrer Küche verwirklichen. (Unser Sohn Noah hat uns gezeigt, wie einfach es ist, sich fernsehfreie Spiele mit Sofakissen, Tiegeln und Töpfen auszudenken; und selbst unsere kleine Tochter Audrey konnte uns zeigen, wieviel Spaß man mit einer Pappschachtel haben kann.)

Die Spiele und Beschäftigungen lassen sich in folgende Kategorien unterteilen: Basteln und Malen; Kreativität; Phantasiespiele; Essen und Trinken; Gruppenspiele; Spiele für drinnen; Spiele für draußen; Mathe und Zahlen; Gedächtnisspiele; Spiele für ältere Kinder; Wieder- und Weiterverwendung von Haushaltsmaterialien; Wissenschaftsspiele; Spiele zum Austoben; Basteln von Spielzeug; Sprachspielereien und Spiele, die »nur Ihre Zeit« erfordern. Das Register am Ende dieses Buches wird Ihnen helfen, die Beschäftigung zu finden, zu der Sie und Ihr Kind gerade Lust haben.

Wir haben den Schwerpunkt auf Spiele und Beschäftigungen gelegt, die einfach zu verwirklichen sind und Sie nur wenig Mühe kosten. Viele davon können zu wahren Lebensrettern werden, wenn Sie mal zu fertig zum Nachdenken sind, aber Ihren Kindern trotzdem etwas Besseres als den »elektronischen Babysitter« bieten wollen. Vielleicht werden Sie bald eine Liste Ihrer beliebtesten fernsehfreien Beschäftigungen gleich neben den wichtigsten Telefonnummern für den Notfall liegen haben!

Für die Spiele und Basteleien, die bestimmte Materialien erfordern, haben wir Dinge ausgewählt, die sich normalerweise in der Küche oder der Speisekammer auftreiben lassen.

Das bringt uns zum nächsten Punkt: Was Sie als Spielmaterialien sammeln sollten:

*Das Spiel-Ausrüstungslager*

Fast jede Art von Behältnis, Deckel oder Papprolle läßt sich zu einem tollen Spielzeug umfunktionieren oder kann bei einer anderen Bastelei Verwendung finden. Viele werden diesen ökologischen Aspekt unseres Buches besonders befriedigend finden (siehe die Kategorie »Wieder- und

Weiterverwertung von Haushaltsmaterialien« im Register). Tatsächlich sind unsere fernsehfreien Beschäftigungsvorschläge oft eine gute Möglichkeit, Materialien zu verwerten, die sich mit konventionellen Mitteln nicht recyceln lassen.

Hier ist eine Liste der Dinge, die Sie in Zukunft sammeln sollten:

- *Kisten und Schachteln:* aus Pappe und Holz, von Cornflakes, Lebensmitteln etc. Damit läßt sich so ziemlich alles bauen, von Armaturenbrettern bis hin zu Spielzeugfabriken.

- *Klopapierrollen:* sind stark unterschätzte und wertvolle Bestandteile Ihrer fernsehfreien Ausrüstung. Sie werden auf den folgenden Seiten oft benötigt werden, z. B. beim »Klorollenkegeln«, wo jeder sein Können und seine Geschicklichkeit auf den Kegelbahnen in Ihrem Wohnzimmer unter Beweis stellen kann.

- *Haushaltspapierrollen:* ebenfalls ein oft vergeudetes, wertvolles Spielmaterial. Man kann daraus alles vom Teleskop bis hin zum Mittelstück eines Klangspiels machen.

- *Milchkartons:* können – gesäubert und getrocknet – zu Riesenwürfeln oder sogar zu ganzen Städten werden.

- *Plastikbecher und -deckel:* von Joghurt und Hüttenkäse oder andere Behälter können zum Aufbewahren von Farbe, als Formen für Papiermaché und für viele andere edle Zwecke dienen. Die

Deckel geben auch gute Skalen oder Anzeigen für Spielzeug-Armaturenbretter ab, und Milchkännchen aus Plastik sind tolle Sparschweinchen.

- *Deckel von Mineralwasserflaschen:* sind phantastische Knöpfe für Raumschiff-Kontrollstationen, Zeitmaschinen und ähnlich alltägliche Fortbewegungsmittel.

- *Papiertüten:* Wie Klorollen bieten auch diese unterschätzten Gegenstände eine Vielzahl von Verwendungsmöglichkeiten, von Masken und Helmen bis hin zu Aquarien für Magnetfische.

- *Wattebällchen:* sind sehr wichtig, um daraus Haare für Püppchen, Rauch für Vulkane und anderes zu machen.

- *Benutztes Geschenkpapier, benutzte Alufolie und Rollen:* Viele Basteleien in diesem Buch können selbstgemachtes Spielzeug schmücken. Benutztes Geschenkpapier und Alufolie sind ideal für diesen Zweck.

- *Eierkartons, Styroporbehälter und -tassen (aus dem Schnellimbiß):* können als Anzuchtschalen für Samen, als Formen für Pappmaché und für viele andere fernsehfreie Beschäftigungen verwendet werden.

- *Schmierpapier:* Die Rückseiten von bereits beschriebenen Bögen oder von Computerpapier können noch einem guten Zweck dienen. (Keine Angst! Ihre Kinder werden die vertraulichen Einzelheiten Ihrer Steuererklärung bestimmt nicht verraten.) Sie könnten auch mal bei der Druckerei Ihrer Lokalzeitung anfragen, ob dort die Enden der Papierrollen, die fürs Bedrucken unbrauchbar sind, verkauft werden. Man kann oft große Mengen extra breites Papier für wenig Geld bekommen.

- *Werbesendungen und Kataloge:* verstopfen Ihren Briefkasten? Klar, aber sie können auch eine unerwartete Quelle für Bilder und andere Spielrequisiten sein. Und das beste dabei – sie kosten nichts!

- *Zeitschriften:* Jede Zeitschrift enthält Bilder, die sich für Spiele und Basteleien verwenden lassen, als Hintergrund, als Spielkarte oder als Dekoration.

Wenn die gemeinsamen Beschäftigungen erst einmal zum festen Bestandteil Ihres Alltagslebens geworden sind, dann werden Sie manchen »Müll« in einem ganz neuen Licht sehen. Sie werden so ziemlich jedes Verpackungsmaterial, das normalerweise weggeschmissen würde, als wahren Schatz für Spielzeugmacher und Erfinder betrachten.

Übrigens: Für einige unserer Vorschläge braucht man eine Taschenlampe. Wir bitten Sie dringend, Akkus zu benutzen, um Probleme bei der Entsorgung zu vermeiden. Jede Batterie, die in den Müll wandert, ist eine kleine Giftbombe. Tun Sie unserer Umwelt (und Ihrer Brieftasche) den Gefallen, und verwenden Sie aufladbare Batterien.

*Zur Sicherheit*
Für keinen unserer Vorschläge werden gefährliche Materialien oder besonders gefährliche Werkzeuge benötigt. In einigen Fällen braucht man allerdings eine Schere oder ein Messer, um Pappe zu schneiden. Manchmal wird auch gekocht oder gebakken. Wir gehen davon aus, daß die Erwachsenen die Anleitungen dieses Buches mit Vernunft umsetzen und alle mit dem Kochen verbundenen Aufgaben übernehmen. (Beschäftigungen, bei denen kleine Teile, Ballons, Scheren oder ein Herd eine Rolle spielen, sind mit einem »Aufgepaßt!«-Symbol versehen. Nur damit Sie nicht vergessen, noch vorsichtiger als sonst zu sein.) Hier noch einige Sicherheitshinweise, die Sie bedenken sollten, bevor Sie loslegen:

- Wenn es darum geht, gewöhnliches Malzeug zur Verfügung zu stellen, entscheiden Sie sich für wasserlösliche Filzstifte und Farben. Sie garantieren größere Sicherheit und sind besser für die Umwelt, wenn sie später weggeschmissen werden.
- In Schreibwaren- und Spielzeugläden kann man eine ganze Reihe ungiftiger Klebstoffe kaufen. Benutzen Sie nur solche, wenn laut Anleitung Klebstoff erforderlich ist. Auf keinen Fall sollten Sie elastischen Montagekleber (Rubber Cement) verwenden. Er ist zu gefährlich für Kinder, und auch Erwachsene sollten vorsichtig damit umgehen.
- Wenn leere Konservendosen gebraucht werden, sorgen Sie dafür, daß die Ränder nicht mehr scharf sind. Dasselbe gilt für

den Draht von Drahtbügeln – biegen Sie die Enden so zurück, daß sich niemand daran verletzen kann.

• Behalten Sie auch im Eifer des Gefechts die Kleinen im Auge, die vielleicht schon nach der Schere, dem Messer oder nach kleinen Gegenständen langen. Für ein paar Beschäftigungen wird Plastikfolie benötigt. Aufgepaßt! Manche Kinder würden das Zeug gern näher erforschen. Vorsicht auch bei Ballons – wenn sie zerbissen werden, können Teile in den Mund des Kindes gelangen. Erstickungsgefahr!

Ansonsten gebrauchen Sie einfach Ihren gesunden Menschenverstand. Sie und Ihr Kind sollen vor allem Spaß haben und sich beim Spielen und Basteln so richtig entspannen.

*Spielen und Basteln mit Ihrem Kind*

Bei einigen unserer Vorschläge können Sie ein Spielzeug herstellen oder Ihr Kind zu einem Spiel anregen – und sich dann dem Kochen, Putzen, Entspannen oder einer anderen Aufgabe zuwenden. Aber fast alle Beschäftigungen in diesem Buch setzen voraus, daß Sie gemeinsam mit Ihrem Kind spielen oder basteln. Hier sind einige Vorschäge, die Ihren Spaß am Spiel steigern und die Ihnen einen Rahmen für Beschäftigungen mit Kindergruppen liefern sollen.

• Wählen Sie die Art der Beschäftigung nach dem Alter und den Fähigkeiten Ihres Sohnes oder Ihrer Tochter aus. Wenn eine

Aufgabe oder ein Spiel zu schwierig ist, wird Ihr Kind frustiert sein. Fangen Sie mit einfachen Dingen an, loben Sie Ihr Kind für sein Können und für seine Leistungen, und schlagen Sie ihm dann einen höheren Schwierigkeitsgrad vor.

• Nehmen Sie's, wie's kommt. Eine alte Weisheit, aber wahr. Unsere Regeln sollen nur dazu dienen, ein Spiel in Gang zu bringen. Seien Sie beweglich, und überlassen Sie Ihrem Kind die Führung. Sie sollten es sogar ermutigen, seine eigene Version zu erfinden. Das fördert Kreativität und Selbstvertrauen.

• Drängen Sie nicht auf Wettbewerb und gewinnorientierte Spiele. Kleine Kinder spielen oft lieber kooperative Spiele. Genießen und fördern Sie diese Haltung so lange wie möglich. Wenn mehrere Kinder zusammen spielen, könnten Sie sie beispielsweise auffordern, gegen die Uhr und nicht gegeneinander anzutreten. Oder lassen Sie den Gewinner als Preis das nächste Spiel bestimmen. Er könnte sich auch für jeden »Verlierer« irgendeinen Blödsinn als Pflichtübung ausdenken.

*Entwöhnung von der Flimmerkiste*
Sollten Sie Ihren Fernseher für einen guten Zweck stiften, ehe Sie mit der Lektüre dieses Buches fortfahren? Nicht unbedingt. Es geht mehr um Kontrolle als um Abschaffung. Legen Sie fest, was und wieviel Ihre Kinder fernsehen dürfen, und halten Sie sich an getroffene Vereinbarungen. Einige Eltern haben eine Grundregel: Die Kinder müssen fragen, bevor Sie den Fernseher anstellen. Bei anderen bleibt

der Fernseher bis auf ein paar besondere Anlässe verhängt.

Wenn sich Ihre Kinder schon an ein gewisses Fernsehpensum pro Tag gewöhnt haben, ist es nicht sehr fair, einfach den Stecker herauszuziehen. Ihre Kinder würden das vermutlich kaum verstehen. Am besten schränkt man den Fernsehkonsum allmählich ein, bis ein Maß erreicht ist, das Ihnen geeignet erscheint.

Wenn Ihre Familie am Samstagmorgen normalerweise vier Stunden vor der Flimmerkiste hockt, dann versuchen Sie's zuerst mit dreieinhalb, dann mit drei Stunden und so weiter. Machen Sie die Veränderung zu einem positiven Erlebnis – mehr Spaß und Spiele statt mehr Fernsehen. Benutzen Sie dies Buch als Brücke zu Ihrem Ziel. Blättern Sie darin herum; Sie werden merken, welche Illustrationen das Interesse Ihres Sohnes oder Ihrer Tochter wecken. Besprechen Sie, was sie heute, morgen und was nächste Woche spielen wollen. Wahrscheinlich werden Sie feststellen, daß sich Ihre Kinder der Veränderung immer weniger widersetzen und mit wachsender Begeisterung eigene Spiele und Beschäftigungen erfinden werden. Und schließlich werden die Knöpfe an Ihrem Fernseher oder an der Fernbedienung vielleicht sogar verstauben.

Wir können zwar keine wissenschaftlichen Langzeitstudien zitieren, die belegen, daß Kinder mit minimalem Fernsehkonsum glücklicher und ausgeglichener sind, aber Sie können sicher sein, daß jeder in Ihrer Familie glücklicher sein wird, je mehr Zeit Sie sich für Ihre Kinder nehmen.

Vielleicht kann man sogar sagen, daß die Familie, die zusammen spielt, auch zusammenbleibt.

Steve Bennett
Ruth Loetterle Bennett

# Adoptiere einen Baum!

Wenn Sie das nächste Mal spazierengehen, schlagen Sie Ihren Kindern doch einmal vor, im Park oder einem anderen öffentlichen Gelände einen Baum zu »adoptieren«. Auf diese Weise kann Ihr Kind eine persönliche Beziehung zu seiner Umwelt entwickeln und lernt zudem die nähere Umgebung besser kennen. Erklären Sie ihm, daß niemand einen Baum wirklich besitzen, daß man aber die Rolle eines besonderen Freundes oder Beschützers dieses Baumes übernehmen kann.

Was sind nun die Aufgaben eines Baumhüters? Zuerst und vor allem muß er oder sie den Baum richtig kennenlernen. Dazu kann man im Winter mit Wachsmalstiften und Papier Rubbelbilder von der Rinde machen, im Herbst die Blätter sammeln und pressen (vgl. Nr. 172), im Frühling nach Blüten und Früchten schauen und im Sommer Rubbelbilder der Blätter anfertigen (vgl. Nr. 270).

Auf Spaziergängen kann Ihr Kind dem Baum etwas zu trinken bringen. Ältere Kinder könnten auch ein kleines Baumbuch führen, in dem sie die besonderen Merkmale ihres Baumes festhalten: die Höhe, Farbe der Blätter, Blütezeit, Duft und so weiter.

Und vergessen Sie nicht, ein- bis zweimal pro Jahr ein Foto von Ihrem Kind neben dem adoptierten Baum zu machen. Im Laufe der Zeit wird der Baum so zu einer Erinnerung an das Wunder des Wachsens, wie es allen Lebenwesen – menschlichen wie allen anderen – eigen ist.

***Man braucht:***

- *einen Baum*

***Wenn Sie wollen:***

- *Wachsmalstifte*
- *Papier*
- *Notizbuch*
- *Maßband*
- *Fotoapparat*

## Zeichensprache

Man könnte meinen, daß die unten abgebildete Zeichensprache vor allem ältere Kinder interessiert, aber wir haben erlebt, daß selbst Vierjährige sich dafür begeistern konnten. Es macht viel Spaß, den eigenen Namen mit den Händen zu buchstabieren und sich mit anderen, die diese Zeichensprache verstehen, zu unterhalten.

***Man braucht:***
- *nur Ihre Zeit*

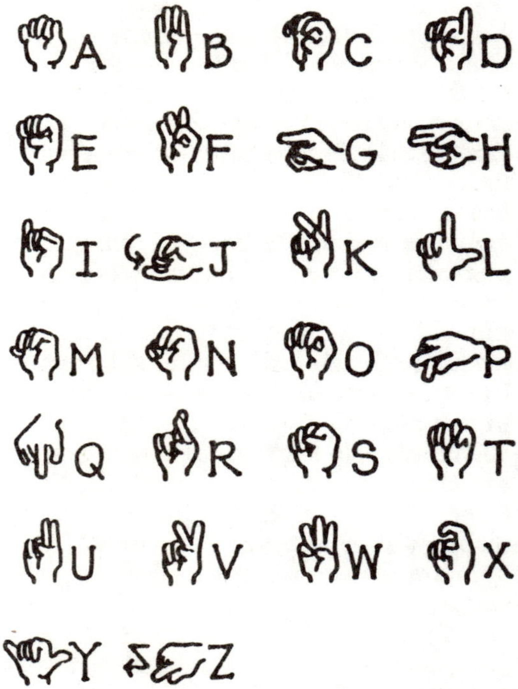

# Alphabetischer Zoo

Sie müssen nicht in den Zoo gehen, um dort Tiere zu beobachten – lassen Sie direkt in Ihrem Wohnzimmer einen Zoo entstehen:

Schneiden Sie aus Pappe kleine Quadrate zu, und lassen Sie Ihr Kind auf jedes einen Buchstaben des Alphabets schreiben. Wenn Sie den Buchstabenhaufen gut durchgemischt haben, kann Ihr Kind eine Karte ziehen. Seine Aufgabe ist es nun, möglichst viele Tiere zu nennen, deren Name mit dem gezogenen Buchstaben beginnt. Schreiben Sie die Tiernamen auf ein Stück Papier, und lassen Sie Ihr Kind dann einen neuen Buchstaben ziehen, so lange, bis Sie das Alphabet durchlaufen haben. (Der Buchstabe »X« darf ausgelassen werden!)

Eine Spielvariante: Ziehen Sie einen Buchstaben; Ihr Kind kann nun Bilder von Tieren malen (oder suchen), deren Name mit dem jeweiligen Buchstaben beginnt. Sie können dazu Zeitschriften, Bücher, Lexika u. ä. als Nachschlagewerke zur Verfügung stellen.

Wenn Sie die Pappquadrate groß genug machen, können Sie sie auch als Leselernkarten mit Fotos oder Zeichnungen verwenden. Falls Ihnen die Tiernamen ausgehen, stöbern Sie doch mal in der Bücherei herum. Dann stoßen Sie vielleicht auf seltene Exemplare wie das Aye-Aye oder auch Fingertier (eine seltene Affenart aus Madagaskar), die Dickkopffliege (eine weltweit verbreitete Insektenart) oder den in Afrika lebenden Hammerkopfflughund.

***Man braucht:***
- *Pappe*
- *Bunt- oder Filzstifte*
- *Kinderschere*

# Alphamixe

Wer kann mit einem Cemoprut schreiben? Oder auf einem Ellorr fahren? Und wer hat schon mal in einem Aaenrrsttu gegessen?

Diese durcheinandergeschüttelten Wörter sind nicht sinnlos – es handelt sich um Alphamixe. Sie entstehen, wenn man ein normales Wort nimmt und die darin enthaltenen Buchstaben in alphabetischer Reihenfolge sortiert. Auf diese Weise wird aus Apfel »Aeflp«, Katze wird zu »Aektz« und so weiter.

***Man braucht:***
- *Bleistifte*
- *Papier*

Wenn Ihre Kinder schon recht gut buchstabieren können, wird ihnen das Ausdenken von Alphamixen wahrscheinlich viel Spaß machen. Aber der besondere Clou kommt erst, wenn die Alphamixe fertig sind. Zwei Spieler lassen sich zehn wirklich gute Alphamixe einfallen, dann tauschen sie ihre Listen aus und versuchen in einem vorher festgelegten Zeitraum die Wörter zu erraten. (Sie können die Zeitspanne dabei den Fähigkeiten Ihrer Kinder anpassen und, falls nötig, schriftliche oder mündliche Hilfestellung leisten.)

Also dann: Bestimmt haben Sie gleich erkannt, daß ein Cemoprut nichts anderes als ein Computer, ein Ellorr ein Roller und ein Aaenrrsttu ein Restaurant ist, oder?

# Ambidextrie

Wenn man von Ambidextrie spricht, benutzt man damit zwei alte lateinische Wörter, die bedeuten, daß eine Person »zwei rechte Hände« hat. Der Gerechtigkeit halber sollte es eigentlich ein anderes Wort für diese Fähigkeit geben. Linkshänder hätten wahrscheinlich lieber zwei *linke* Hände.

Bei diesem Spiel lassen Sie Ihr Kind mit der Hand schreiben oder malen, die es normalerweise nicht bevorzugt. Das ist eine faszinierende Übung, die zeigt, wie sehr unser Gehirn die meiste Zeit als »Autopilot« arbeitet. Wenn Ihr Kind die »andere« Hand benutzt, wird es beim Schreiben oder Malen über jeden Schritt nachdenken müssen – das kann nach ein paar Minuten ziemlich anstrengend werden.

Haben Sie Mut? Dann versuchen Sie's doch selbst mal und zeigen Sie Ihrem Kind, was für Kunstwerke Sie mit Ihrer »anderen« Hand zustande bringen. Oder probieren Sie doch mal, mit dieser Hand Erbsen zu löffeln!

***Man braucht:***
- *Stift*
- *Papier*

# Anagramme

**Man braucht:**
- *nur Ihre Zeit*

Ein Anagramm ist die durcheinandergewürfelte Version eines Wortes, einer Phrase oder eines Satzes. Die Phrase »wenige Spielnachmittage« ist ein Anagramm von »einige Lastwagen mit Pech«. Alle Buchstaben der ersten Phrase erscheinen auch in der zweiten.

Schlagen Sie Ihrem Kind vor, ein Anagramm seines Namens zu bilden. Kinder, die schon recht gut buchstabieren können, haben daran viel Spaß. Aus »Peter« könnte »Teer P« werden, aus »Michael« »Ich male«, und »Elisabeth« ließe sich mit »Base heilt« wiedergeben. Bei kürzeren Namen kann man versuchen, auch den zweiten Vornamen (falls vorhanden) in das Anagramm einzubeziehen. Wenn Ihr Kind erst einmal in Übung ist, kann man auch versuchen, Anagramme aus mehreren Vornamen *und* Nachnamen zu bilden!

Das Tolle bei Anagrammen ist, daß man sich so viele ausdenken kann: »Annegret Ruth Senta« – »Hat unsre Tante gern« oder »Rette nur Tang-Hasen«. Oder jede beliebige Zahl von rätselhaften Ausdrücken, die so klingen, als könnten sie etwas bedeuten (vgl. auch Alphamixe Nr. 4; Initialenspiel Nr. 152; Jeder Buchstabe zählt! Nr. 176).

# Tierfährten

Ihre Kinder können ganz leicht ihre eigenen rätselhaften Fährten im Schnee oder Matsch hinterlassen – und dann eine Expedition nach dem verschwundenen Tier unternehmen.

Fährtenleger lassen sich leicht aus Abfallmaterial herstellen. Mit Styropor oder Sperrholz geht das recht gut. Man zeichnet eine Schablone auf Papier: Schwimmflossen, Füße mit übergroßen Zehen oder Krallen, mit Ballen oder ganz einfach drei erfundene verrückte Quadratlatschen. Wer es besonders genau nimmt, geht am besten in die Bücherei und schlägt dort in einem Naturführer nach. Dann wird der Fußabdruck ausgeschnitten (das sollte immer ein Erwachsener machen!), und zwei Bänder aus Leder, Schnur oder Gummi werden daran befestigt. Sie dienen dazu, den Fährtenleger an den Schuhen oder Stiefeln Ihres Kindes zu befestigen. Die Abdrücke sollten nicht zu groß sein, damit Ihr Kind noch sicher mit ihnen gehen kann. (In jedem Fall sollten Sie Ihr Kind in sicherer Entfernung von Treppen und anderen Gefahrenquellen halten.)

Nächster Schritt: Jetzt geht's nach draußen! Bei mehreren Kindern kann eines den Fährtenleger spielen, während die anderen die Spur verfolgen.

Übrigens haben wir eine Regel, wie imaginäre Tiere gefangen werden: Sie dürfen nur gewaltlos gejagt und müssen wieder in die Wildnis entlassen werden, sobald sie einem ins Netz gegangen sind.

**Aufgepaßt!**

Scharfer Gegenstand

***Man braucht:***

- *Abfallholz oder Styropor*
- *Bänder*
- *Schneidewerkzeuge (nur für Erwachsene)*

# Gefüllte Kalbsbrust

***Man braucht:***
- *Papier und Bleistift*

Ein lustiges Spiel für zwei und mehr Kinder, die schon etwas Übung im Lesen und Schreiben haben.

Jedes Kind schreibt ein vorher bestimmtes Wort (zum Beispiel BIERGLAS) links auf ein Blatt Papier von oben nach unten auf. In etwa 5 bis 8 cm Abstand wird dasselbe Wort dann noch einmal von unten nach oben geschrieben. Jeder muß nun seinen »Braten« mit Wörtern ausfüllen, die mit dem Buchstaben links beginnen und mit dem Buchstaben rechts aufhören. Also so:

| | | |
|---|---|---|
| B | U | S |
| I | SABELL | A |
| E | NKE | L |
| R | ANGORDNUN | G |
| G | EIE | R |
| L | IST | E |
| A | KELE | I |
| S | TA | B |

Nach Ablauf der vereinbarten Zeit liest einer nach dem anderen seine Wörter vor. Gleiche Wörter werden dabei gestrichen. Wer zum Schluß die meisten Wörter hat, ist Sieger.

Ein Sonntagsbraten mal ganz ohne Kalorien.

# Im Reich der Tiere

Sicherlich kennt Ihr Kind die Unterschiede zwischen einem Elefanten und einer Schlange. Aber weiß Ihr Sohn oder Ihre Tochter auch, wodurch sich Mäuse von den Fröschen unterscheiden? Hier ein paar Informationen, mit denen Sie bei Ihren Kindern Eindruck schinden können:

Säugetiere: Ihre Jungen kommen lebend zur Welt – mit Ausnahme des Schnabeltiers und des Ameisenigels, welche Eier legen. Sie sind Warmblüter (das heißt, ihre Körpertemperatur bleibt konstant, egal, wie kalt es ist). Sie produzieren Milch für ihre Babys. Und meistens sind sie ganz oder teilweise mit Haaren bedeckt.

Reptilien: Sie sind Kaltblüter (das heißt, ihre Körpertemperatur gleicht sich der Außentemperatur an). Sie haben eine trockene, in der Regel schuppige Haut. Mit Ausnahme der Krokodile leben sie meist an Land und legen dort auch ihre Eier.

Amphibien: Sie sind Kaltblüter wie die Reptilien, aber ihr Leben beginnt im Wasser; erst später gehen sie an Land (manche leben zum Teil im Wasser, brauchen aber Luft zum Atmen). Ihre Haut ist feucht, und sie legen ihre Eier, die keine Schale haben, im Wasser ab.

Rasseln Sie eine Liste von Tieren herunter. Mal sehen, ob Ihr Kind sie als Säugetiere, Reptilien oder Amphibien klassifizieren kann. Schnell – ist ein Salamander ein Reptil oder eine Amphibie?

***Man braucht:***
- *nur Ihre Zeit*

# Tierisches Theater

Lust auf Theater? Dann basteln Sie doch eine Dschungelbühne samt beweglichen Tieren.

Sie nehmen einen großen Bogen Fotokarton und falten die Seiten nach vorne, so daß er ohne zusätzliche Stütze stehen kann. Dann entscheiden Sie sich für ein bestimmtes »Ökosystem« und lassen Ihr Kind die Pflanzen, die Erde und den Himmel malen – alles außer den Tieren. Als nächstes malen oder kleben Sie Bilder von Tieren auf denselben Karton und schneiden sie aus.

Dann schneiden Sie feste Kartonstreifen zurecht (etwa 10 cm lang und 2,5 cm breit) und befestigen sie auf der Rückseite der Tierbilder. Lassen Sie Ihr Kind entscheiden, wo sich das betreffende Tier in dem Ökosystem befinden soll. Schneiden Sie einen Schlitz unter diese Stelle.

Wenn sich das Tier nur wenig bewegen soll, schneidet man einen kleinen Schlitz. Ein längerer Schlitz gibt mehr Bewegungsfreiheit (siehe Illustration).

Stellen Sie die Bühne an den Rand eines Tisches, so daß die Pappstreifen herunterhängen. Ihr Sohn oder Ihre Tochter kann nun eine Geschichte erzählen und die Tiere entsprechend bewegen. Aber lassen Sie Ihr Kind nicht alle Arbeit machen! Tauschen Sie auch mal die Plätze, damit Sie auch eine Tiergeschichte erzählen können.

***Man braucht:***

- *2 Bogen Fotokarton, etwa 60×30 cm*
- *Zeichnungen oder Bilder von Tieren*
- *Malstifte*
- *Schere*
- *Klebstoff*

# Ameisenfarm

Eine Ameisenfarm läßt sich mit wenig Aufwand basteln. Was man dazu benötigt, ist in jedem Haushalt zu finden.

Sie brauchen nur einen großen durchsichtigen Plastikbehälter mit breiter Öffnung, in den ein kleinerer Plastikbehälter oder ein Trinkglas hineinpaßt. Dabei sollte ein Zwischenraum von knapp zwei Zentimetern entstehen. Achtung! Wenn der Zwischenraum zu groß ist, kann man später die Tunnels nicht sehen.

Füllen Sie den Raum zwischen den zwei Behältern mit Erde, die Sie vorsichtig festdrücken. Nun tun Sie ein paar Ameisen aus Ihrem Garten oder Hinterhof hinein und verschießen den Behälter mit einem luftdurchlässigen Material. (Wenn Sie eine Ameisenkönigin auftreiben können – sie ist größer –, verlängert das die Lebensdauer der Ameisenfarm.) Lassen Sie nun alle paar Tage ein Stück Würfelzucker, Marmelade oder Fruchtmüsli hineinfallen. Nach ungefähr einer Woche dürften Sie ein erstklassiges Tunnelsystem haben.

Wenn Ihr Kind von der Ameisenfarm genug hat, kann es die Bewohner im Garten – ihrem natürlichen Lebensraum – freilassen. Das ist eine gute Möglichkeit, den Respekt für alle Lebewesen auf unserem Planeten zu fördern (vgl. auch: Käferhotel Nr. 32).

***Man braucht:***

- *zwei Behälter*
- *Erde*
- *Ameisen*
- *Marmelade, Müsli oder Würfelzucker für die Ameisen*

# G wie Gustav

***Man braucht:***
- *nur Ihre Zeit*

Wie viele weibliche Vornamen fallen Ihnen ein, die mit dem Buchstaben »T« beginnen? Darüber werden Sie sich den Kopf zerbrechen müssen, wenn Sie dieses Spiel spielen.

Legen Sie zuerst fest, ob Sie weibliche oder männliche Namen benutzen wollen. Beginnen Sie dann mit dem Buchstaben »A«. Einer der Spieler wird zum Schriftführer ernannt. Er oder sie darf alle Buchstaben des Alphabets aufschreiben und für jeden genannten Namen ein Häkchen hinter den jeweiligen Buchstaben setzen. Der erste Spieler ruft also »Andrea«, der zweite »Anne«, der dritte »Angelika« und so weiter.

Das Spiel geht so lange, bis einer der Spieler steckenbleibt – Sie können nach Belieben ein Zeitlimit von dreißig Sekunden einführen. Sobald der letzte Name für einen Buchstaben genannt wurde, werden die Häkchen gezählt. Bewahren Sie die Liste bis zum nächsten Spiel auf. Mal sehen, ob Sie Ihren Rekord brechen können.

Es klingt einfach, aber Sie werden erstaunt sein, wie vertrackt es ist, sich immer wieder neue Namen auszudenken. Im übrigen: Was fällt Ihnen bei X außer Xanthippe noch ein?

# Reisen auf der Landkarte

Sie werden wohl kaum eine zehn Jahre alte Landkarte oder einen alten Straßenatlas für die Planung Ihres nächsten Wochenendausflugs nehmen, aber zum Spielen sind sie gerade gut genug.

Wählen Sie zwei Punkte auf der Karte – sagen wir, zwei große Städte. Lassen Sie dann Ihr Kind mit einem Bunt- oder Filzstift, ohne abzusetzen, die roten Straßen nachfahren, die beide Punkte verbinden. Erklären Sie ihm dabei die Namen der Städte und der Länder, in denen sie liegen. Ältere Kinder können schon den längsten – oder kürzesten – Weg oder einen, bei dem man kein Wasser überqueren muß, finden. Oder sie suchen nach einer Strecke, die nur über Nebenstraßen führt. (Dazu müssen Sie allerdings die Bedeutung der Farben auf Ihrer Karte erklären.) Eine andere Möglichkeit wäre, die Strecke zu finden, auf der man die meisten Städte passiert. Versuchen Sie, Ihre Heimatstadt als Ausgangspunkt zu nehmen. Wählen Sie dann eine Stadt, in der Freunde oder Verwandte leben. Sie können auch Städte »anfahren«, die Sie im Urlaub mit Ihren Kindern besucht haben.

Erklären Sie Ihrem Sohn oder Ihrer Tochter, daß Sie diesen alten Atlas zum Malen freigegeben haben und daß man nur in bestimmten Büchern herumkritzeln darf. Wann hat man schon mal Gelegenheit, so billig von München nach Hamburg zu reisen?

***Man braucht:***
- *einen alten Atlas oder eine Landkarte*
- *Bunt- oder Filzstifte*

# Plapperkasten

Erfindet Ihr Kind auch manchmal Wörter? Unser Sohn hat einmal eine »Ki-Kiste« folgendermaßen definiert: »Es ist eine ganz besondere Kiste. Sie hat keine Seiten und keinen Boden, und man kann damit ein besonderes Tier fangen, eine Flaus, und eine Flaus ist so groß wie ein Haus, aber sie hat keine Arme und Beine.«

Jedesmal wenn Sie so etwas wie eine »Ki-Kiste« hören, schreiben Sie es gleich auf eine Karteikarte. (Sie können auch Nonsensworte erfinden und sie von Ihrem Sohn oder Ihrer Tochter erklären lassen.) Vielleicht kann Ihr Kind auch gleich noch ein Bild zu dem neuen Wort malen. Zusammen können Sie einen Karteikasten aus Pappe basteln oder einen im Schreibwarengeschäft kaufen. Machen oder kaufen Sie dazu ein Register, oder ordnen Sie die Einträge in alphabetischer Reihenfolge auf einzelnen Seiten in einem Ringbuch. Wenn sich der »Plapperkasten« so langsam füllt, gehen Sie mal die Definitionen durch und lassen Ihr Kind eine Geschichte oder einen Sketch zu den Wörtern erfinden. Manchmal wird es einen Verbesserungsvorschlag haben, eine andere Definition oder eine neue Verwendungsmöglichkeit.

Spitzen Sie die Ohren, damit Ihnen kein neues Wort entgeht, das in der Sprache Ihres Sohnes oder Ihrer Tochter auftaucht. Vielleicht finden Sie ja heraus, was mit »Hühnerspeck« (Hauptwort) oder mit »umverlassen« (Verb) gemeint sein könnte, wie in: »Meine Katze ist vom Tierarzt umverlaßt worden.«

***Man braucht:***

- *Karteikarten und einen kleinen Kasten oder ein kleines Ringbuch und Papier*
- *Buntstifte*

# Auf die Plätze! Rückwärts! Los!

Vielleicht kann Ihr Kind ja schon vorwärts buchstabieren – aber wie sieht es mit rückwärts aus?

Bei diesem Spiel sollen Kinder, die schon sicher im Buchstabieren sind, herausfinden, was ein seltsam klingendes, rückwärts gelesenes Wort wirklich bedeutet. Wer's zuerst weiß, hat gewonnen!

Ein Kind schaut sich im Raum um und sucht sich einen Gegenstand aus. Ohne das Wort zu verraten, muß es nun die Rückwärts-Schreibweise herausbekommen. Hier können Sie eingreifen, wenn es nötig ist, und sowohl bei der Schreibweise als auch bei der Aussprache Hilfestellung leisten. Ein Block und ein Stift erleichtern die Aufgabe, aber die Mitspieler dürfen das Geschriebene nicht sehen. Sie nämlich müssen nacheinander nur dem Klang nach erraten, welches Wort gemeint ist.

Das ist gar nicht so leicht – und macht Spaß! Jeder Spieler hat eine Minute Zeit, um den gesuchten Gegenstand zu erraten. Sie können die Zeit mit Ihrer Armbanduhr stoppen oder, um die Spannung zu steigern, eine kleine Eieruhr u. ä. einsetzen. Wer das Wort als erster errät, darf sich als nächster etwas ausdenken.

Versuchen Sie's doch mal mit dieser Eedi, wenn Sie das nächste Mal nach einem tollen neuen Leips suchen.

***Man braucht:***

- *nur Ihre Zeit*

***Wenn Sie wollen:***

- *Papier*
- *Bleistift*

# Balanceakt

Kann Ihr Kind ein Lineal senkrecht auf der Handfläche balancieren?

Ein Versuch lohnt sich! Zeigen Sie Ihrem Kind, wie man dem sich verändernden Schwerpunkt des Lineals mit vorsichtigen Handbewegungen nachgibt. Dabei muß man möglichst ruhig bleiben und darf seine Position nur minimal verändern. Wer zu heftig auf ein Kippen des Lineals reagiert, der wird bald im ganzen Raum umherrennen, um das Lineal wieder »einzufangen«.

Und wenn man's bedenkt, ist das ja eigentlich auch nicht so schlecht. Bevor Ihr Kind einen Versuch wagt, schaffen Sie ausreichend Platz, damit es sich frei bewegen kann, wie es das Spiel verlangt. Nach dem Lineal können Sie's auch mit schwierigeren Gegenständen versuchen, aber Sie sollten all diese Balanceakte stets gut unter Kontrolle halten.

Das Spiel ist eine geeignete Übung für die Hand-Augen-Koordination. Vielleicht legen Sie damit ja auch die Grundlage für eine spätere Karriere als Jongleur!

***Man braucht:***
- *ein Lineal*

# Volleyballon

Eine heiße Volleyballschlacht ist wahrscheinlich das letzte, was Sie in Ihrem Wohnzimmer haben möchten, es sei denn, der »Ball« ist ein Ballon.

Jeder Raum läßt sich ganz leicht in ein sicheres Volleyballfeld verwandeln. Räumen Sie einen Platz frei, und spannen Sie eine Schnur zwischen zwei Stuhllehnen. Damit haben Sie ein Spielfeld und das Netz. Jetzt fehlt nur noch der Ballon, und dann kann's losgehen. Wer Lust hat, schmückt das Netz noch mit Luftschlangen, Wollfäden etc. Und wenn Sie schon dabei sind, dann geben Sie dem Ballon doch mit Filzstift ein bißchen Pfiff. Jeder gute Volleyball kann ein Paar Augen, eine Nase und einen Mund vertragen.

Am besten denken Ihre Kinder sich eigene Regeln aus. Schließlich handelt es sich hier ja nicht um ein wichtiges Turnier. Und lassen Sie sich auch was einfallen. Mehrere Kinder könnten zum Beispiel mal versuchen, eine ganze Reihe von Ballons ständig in der Luft zu halten.

Nur Ihre Phantasie – und die Größe Ihres Wohnzimmers – setzen diesem Spiel, bei dem immer ein Erwachsener dabeisein sollte, Grenzen.

(Das Spiel ist nur für ältere Kinder geeignet. Kleine Kinder sollten wegen Erstickungsgefahr nicht mit Ballons spielen.)

**Aufgepaßt!**

Ballon

***Man braucht:***

- *2–3 m Schnur*
- *zwei Stühle*
- *einen großen Ballon*

***Wenn Sie wollen:***

- *Dekorationsmaterial*

# Reliefpfannkuchen

**Aufgepaßt!**

Herd

***Man braucht:***
- *Zutaten für Pfannkuchen*

Wer sagt, daß Pfannkuchen langweilig sind? Mit diesem Vorschlag kriegen Ihre Kinder Spaß am Essen.

Das Kochen sollte immer Erwachsenen überlassen bleiben; halten Sie Ihre Kinder von heißen Herdplatten fern. Suchen Sie sich ein Pfannkuchenrezept, und gießen Sie eine kleine Menge Teig in die Pfanne. Formen Sie dabei Buchstaben, einfache Tiere (etwa Delphine oder Wale), ein Gesicht, ein Auto, was immer Sie »malen« können, bevor der Teig stockt. Sobald die Ränder der »Malerei« fest geworden sind, gießen Sie genug Teig für einen ganzen Pfannkuchen darauf. Wenden Sie ihn, wenn er fest wird, und Sie können auf seiner Oberfläche Ihr Kunstwerk als Relief mit weißem Rand bewundern. Zur Abwechslung können Sie auch mal einen ganzen Pfannkuchen in einer besonderen Form backen.

Ihre »Malerei« wird natürlich immer seitenverkehrt erscheinen – das darf man bei Buchstaben wie »E« und »R« nicht vergessen. Buchstabieren Sie doch den Namen Ihres Kindes mit Pfannkuchen. Für mehrere: Beschreiben Sie den Gegenstand, den Sie gerade »malen«. Wer's zuerst rät, bekommt den Pfannkuchen.

So schön war das Essen noch nie!

# Fangen mit Hindernissen

Sie nehmen eine halbe Tasse ungekochte, getrocknete Bohnen und füllen sie in einen kleinen Beutel. Sie drücken die Luft aus dem Beutel und binden ihn zu, lassen aber genug Platz, daß sich die Bohnen noch herumschütteln lassen. Stecken Sie den Beutel dann in einen alten Strumpf. Binden Sie ihn zu, und schneiden Sie das überstehende Gewebe ab. Für das folgende Spiel brauchen Sie zwei solcher Säckchen. Bauen Sie eine Hindernisbahn aus Stühlen, Tischchen und anderen Möbelstücken. Jetzt kann's losgehen: Beide Spieler setzen sich das Säckchen auf den Kopf wie einen Hut. Bestimmen Sie, welcher Spieler anfängt. Derjenige, der anfängt, muß nun versuchen, den anderen Spieler zu fangen – ohne dabei das Säckchen zu verlieren. Der oder die Gejagte versucht dagegen, die Hindernisbahn zu durchlaufen, ohne gefangen zu werden und ohne das Säckchen zu verlieren.

Es gibt noch jede Menge Variationsmöglichkeiten für dieses Spiel – lassen Sie Ihrer Phantasie freien Lauf.

***Man braucht:***
- *getrocknete Bohnen*
- *Beutel*
- *alte Strümpfe*
- *Bänder*

# Kinderolympiade

Wenn Sie bereits ein Bohnensäckchen gebastelt haben (s. Nr. 19), dann haben Sie bestimmt seine vielseitige Verwendbarkeit bemerkt. Hier finden Sie ein paar Vorschläge, wie Ihr Kind seine Geschicklichkeit und Treffsicherheit unter Beweis stellen kann. Sie brauchen dazu mehrere Bohnensäckchen, je nachdem, wie viele Kinder mitmachen wollen.

***Man braucht:***

- *vier oder mehr Bohnensäckchen*
- *Tesakrepp*
- *einen großen Topf*

Zuerst werfen Sie ein Säckchen auf den Boden. Die Spieler stellen sich ungefähr zwei Meter davon entfernt auf, und jeder muß nun versuchen, sein Säckchen so nah wie möglich an das erste zu werfen, *ohne* es zu berühren. Der Sieger darf das Zielsäckchen für die nächste Runde werfen.

Sie können auch mit Tesakrepp eine Linie auf dem Boden markieren, ungefähr zwei Meter von den Spielern entfernt. Nun gilt's, sein Säckchen so nah wie möglich an die Linie zu werfen, aber *nicht* darüber hinaus. Der Sieger kommt bei der nächsten Runde als erster an die Reihe.

Man kann mit den Bohnensäckchen auch Basketball spielen. Ein großer Topf, der in der Mitte Ihrer Küche oder Ihres Wohnzimmers aufgestellt wird, dient als »Korb«. Zwei Meter ist ein guter Abstand für den Strafraum, aber Sie können auch aus kleinerer oder größerer Entfernung zielen, je nach Geschicklichkeit Ihres Kindes.

# Gute Nacht, Teddy!

Klagen die Plüschtiere Ihrer Kinder morgens auch oft über Rückenschmerzen und haben schlechte Laune beim Aufstehen? Dem ist abzuhelfen!

Lassen Sie Ihr Kind zunächst seine liebsten Kuscheltiere zusammentragen. Dann suchen Sie nach Kisten, die groß genug sind, um gemütliche Betten abzugeben. Jetzt fehlt nur noch schönes weiches Bettzeug, wie zum Beispiel ein altes Handtuch, Zeitungsschnipsel oder, für ganz kleine Betten, auch Wattebällchen.

Nun kann Ihr Kind die Tiere in den Schlaf wiegen und ihnen vielleicht ein Wiegenlied vorsingen. Oder wie wär's mit einer Geschichte? Ihr Kind kann eine erfinden oder aus seinem Lieblingsbuch »vorlesen«.

Damit die Tiere auch bestimmt gut schlafen, stellen Sie ihre Betten ganz nah an das Bett Ihres Sohnes oder Ihrer Tochter – nur für den Fall, daß jemand in der Nacht Angst kriegt und zum Trost kuscheln muß.

***Man braucht:***

- *Kisten, groß genug für Plüschtiere*
- *Kissen, Handtücher, Zeitungen oder Watte*

# Bingo für Große

Dieses Spiel wird besonders Kindern gefallen, die gerade Lesen gelernt haben.

Jeder Spieler braucht eine Bingo-Karte, die sich aus Pappe oder dickem Papier leicht herstellen läßt. Die Karten werden durch Linien in vier oder sechs Quadrate unterteilt. Lassen Sie Ihr Kind nun in jedes Quadrat einen Buchstaben schreiben – die Auswahl der Buchstaben bleibt dabei dem Zufall überlassen.

**Man braucht:**

- *Pappe oder dickes Papier*
- *Bunt- oder Filzstifte*
- *Kinderschere*
- *Spielsteine*

Als nächstes fertigen Sie einen Vorrat von Buchstaben auf kleinen Pappquadraten an. Dazu können Sie die Quadrate zurechtschneiden, und Ihr Kind kann jedes mit einem Buchstaben versehen. (Sie müssen darauf achten, daß alle Buchstaben auf den Karten berücksichtigt werden.) Wer mag, kann die Buchstaben auch aus Anzeigen und Artikeln in Zeitschriften ausschneiden und sie auf Pappe aufkleben.

Der Spielleiter legt nun alle Pappkärtchen in einen Beutel, schüttelt sie gut durch, zieht dann eines nach dem anderen und ruft jeweils den Buchstaben aus. Die Spieler bedecken die entsprechenden Felder mit einem Spielstein. Sobald alle Quadrate auf einer Karte gefüllt sind, ruft der betreffende Spieler »BINGO!« – aber außerdem muß er oder sie sich noch einen Satz ausdenken, dessen Wörter mit den Buchstaben auf der Karte beginnen. Manchmal kommen dabei ganz schön komische Sätze heraus: Aus RBEIGM könnte beispielsweise »Rote Brontosaurier essen immer grünes Müsli« werden! (Vgl. auch Bingo für Kleine Nr. 179.)

# Ganz groß und ganz klein

Kinder achten oft wesentlich mehr auf Kleinigkeiten als wir Erwachsenen. Wenn Sie also die Beobachtungsgabe Ihres Kindes aktivieren möchten, versuchen Sie's doch mal mit diesem Spiel:

Fordern Sie Ihr Kind auf, eine Hausdurchsuchung zu machen und dabei nach den kleinsten und größten Gegenständen in verschiedenen Kategorien Ausschau zu halten. Bücher zum Beispiel: Lassen Sie Ihr Kind das Haus durchstöbern und über den Standort des größten und des kleinsten vorhandenen Buches berichten. Das gleiche läßt sich auch mit Tiegeln und Töpfen in der Küche oder mit Zimmerpflanzen spielen.

Mehrere Kinder kann man in Mannschaften einteilen – Spezialisten für große und Spezialisten für kleine Sachen. Die Mannschaften können dann ihre Aufgaben wechseln und, wenn sich alles wieder ein wenig beruhigt hat, ihre Aufzeichnungen vergleichen.

Schreiben Sie sich die Ergebnisse der Suche auf, und starten Sie einen zweiten Durchgang, wenn sich wieder neue Gegenstände in Ihrem Haushalt angesammelt haben. Mal sehen, ob Ihr Kind noch immer Adleraugen hat!

**Aufgepaßt!**

Kleine Teile

***Man braucht:***

- *Papier und Bleistift*

# Kompost-Test

**Man braucht:**
- *ein Stück Papier*
- *ein Stück Pappe*
- *Plastikfolie*
- *ein Stück Styropor*

Bei diesem Spiel können Sie Ihrem Kind ganz leicht zeigen, welche Materialien verrotten und welche nicht.

Sammeln Sie etwa 10 × 10 cm große Stücke von Papier, Pappe, Plastikfolie und Styropor, und lassen Sie sie von Ihrem Kind draußen »einpflanzen«, so daß sie zur Hälfte in der Erde stecken; dabei die Erde nicht festdrücken. Wer keinen Garten oder ein Stück Beet zur Verfügung hat, kann die Stücke auch in einen mit Erde gefüllten Blumentopf pflanzen. (Achtung: Mit *Blumenerde* funktioniert das Ganze nicht, da sie oft sterilisiert ist und keine Bakterien mehr enthält, die den Zersetzungsprozeß in Gang bringen.)

Alle paar Tage schauen Sie nun nach Ihrem »Versuchsgelände«. Je nach Temperatur und Niederschlägen werden die Mikroben in der Erde die Papierprodukte zersetzen. Aber das Plastik und das Styropor werden unberührt bleiben, solange Ihr Kind noch dran denkt nachzuschauen.

Nehmen Sie dieses Experiment zum Anlaß, um darüber zu sprechen, daß wir nicht bedenkenlos alles in den Müll schmeißen dürfen und daß manche Dinge so oft wie möglich wiederverwendet werden sollten.

# Blindenhund

Dieses Spiel ist besonders auf Kreativitäts-Seminaren ziemlich beliebt, weil es Selbstverständliches bewußt macht. Es macht Spaß und zeigt, wie wichtig unser Sehvermögen ist. Hier eine Version, die Sie mit Ihrem Kind spielen können.

Es funktioniert so: Sie tragen eine Augenbinde, und Ihr Kind übernimmt die Rolle der »Augen« für Sie beide. (Sorgen Sie dafür, daß alle Treppen außer Reichweite sind und daß Sie ein sicheres Spielgelände haben.)

Ihr Kind führt Sie im Haus umher, leitet Sie beim Essen und Trinken an (nicht füttern, sondern das Kind erklärt Ihnen, wie Sie einen Löffel zum Mund führen sollen), hilft Ihnen beim Hinsetzen, beim Fangenspielen und so weiter.

Es kann sehr lustig sein, wenn Ihr Kind versucht, Handlungen zu beschreiben, die normalerweise ganz automatisch ablaufen, wie beispielsweise den Gebrauch eines Werkzeugs oder Bestecks. Sie werden sicher einen großen Lacherfolg landen, wenn Sie mit einem Klecks Erdnußbutter auf der Nase am Tisch sitzen. (Vgl. auch: Bedienungsanleitung Nr. 154; Lippenlesen Nr. 178; Schweigespiel Nr. 288.)

**Aufgepaßt!**

Nur unter Aufsicht

***Man braucht:***
- *ein Tuch als Augenbinde*
- *Haushaltsgegenstände*

# Pappkameraden

Ihr Kind legt sich mit dem Gesicht nach oben auf ein großes Stück Papier (unbedrucktes Zeitungspapier ist gut, siehe Vorwort). Fahren Sie nun die Umrisse Ihres Kindes mit einem Stift nach. Dann schneiden Sie das Bild aus und kleben es auf einen großen Bogen Plakatkarton.

Jetzt kann Ihr Kind loslegen mit Wachsmalkreide, Filzstiften, Buntpapier, Klebestreifen, Farbe und allem, was es an Dekorationsmaterial finden kann. Schlagen Sie ihm vor, Gesichtszüge oder Kleider zu malen. Vielleicht möchte es auch eine Witzfigur daraus machen – mit einer überdimensionalen Fliege um den Hals und riesigen Schuhen. (Ihr Kind könnte auch »Kleider« aus Tonpapier entwerfen und ankleben.)

Sie können auch Metallklammern (zum Verschließen von Versandtaschen, in jedem Schreibwarengeschäft erhältlich – nicht für kleine Kinder) verwenden. Stekken Sie damit die Gelenke an Armen, Beinen, Schultern und Hüften zusammen, aber vergessen Sie nicht, die Figur zuerst auf Karton aufzukleben, bevor Sie die einzelnen Teile auseinanderschneiden und mit den Metallklammern wieder zusammenfügen.

Jetzt muß Ihr Kind nur noch sein Kunstwerk signieren und datieren – dann stellen Sie es gut sichtbar auf. Wer weiß, vielleicht haben Sie bald einen Louvre in Lebensgröße.

***Man braucht:***
- *einen großen Bogen Papier*
- *Schere*
- *Wachskreiden, Bunt- und Filzstifte*
- *Plakatkarton*

***Wenn Sie wollen:***
- *Metallklammern*
- *Buntpapier*
- *Farbe*

# Kastenwagen

Mit dieser Beschäftigung müssen Sie nicht warten, bis Ihr Kind den Führerschein hat.

Sie brauchen einen Pappkarton, der ungefähr 80 cm lang und je 50 cm breit und hoch ist. Verkleben Sie Boden und Oberseite des Kartons mit Klebeband. Dann schneiden Sie in die Mitte einer Seite ein großes Loch, durch das Ihr Kind hindurchpaßt – das ist nun die Unterseite des Wagens. Als nächsten schneiden Sie ein »U« in die Oberseite, das vorne geschlossen ist. Die so entstandene Klappe falten Sie nach vorne (siehe Illustration), dann haben Sie ein Armaturenbrett, das Sie an der Motorhaube festkleben. Zum Schluß schneiden Sie noch in jede Seite des Wagens zwei Grifflöcher, jeweils in der Mitte und ungefähr 7 cm vom oberen Rand entfernt. Die Schlitze sollten etwa 5 cm lang und 2,5 cm hoch sein.

Befestigen Sie vier Pappteller an den Seiten als Räder. Nun können Sie den Tachometer, Hebel und Knöpfe malen oder Deckel von Plastikbehältern mit Metallklammern (spitze Enden sicherheitshalber umkleben) am Armaturenbrett befestigen. Schneiden Sie ein x-förmiges Loch in das Armaturenbrett, durch das Sie dann den Griff eines Kochtopfdeckels stecken. Der Deckel stellt jetzt ein bewegliches Steuerrad dar. Jetzt fehlen nur noch Plastikdeckel als Scheinwerfer und ein altes Kuchengitter als »Grill«.

Nun kann Ihr Kind in den Karton steigen, seitlich in die beiden Grifflöcher fassen, und los geht's!

**Aufgepaßt!**
Kleine Teile

***Man braucht:***
- *Pappkarton*
- *Filzstifte und Wachsmalkreiden*

***Wenn Sie wollen:***
- *Deckel von Plastikbehältern*
- *Pappteller*
- *Topfdeckel*
- *Metallklammern*
- *Kuchengitter*

# Knobeleien Teil 1

Wie geht Ihr kleines Kind vor, um ein Problem zu lösen? Die folgende »Hirnakrobatik« macht Spaß und hilft Ihnen, einen Einblick in die Denkweise Ihres Kindes zu bekommen.

Versuchen Sie's zuerst mit freiem, kreativem Problemlösen. Bitten Sie Ihr Kind, sich vorzustellen, es sei in einem abgeschlossenen Raum und möchte nach draußen zum Spielen. Der Türgriff ist erreichbar, aber der Schlüssel hängt an einem Nagel, der viel zu hoch angebracht ist. Wie kann Ihr Sohn oder Ihre Tochter nun des Schlüssels habhaft werden, um herauszukommen? Sie werden vermutlich Antworten hören, die von »Ich stell' mich auf einen Stuhl« bis hin zu »Ich ruf' Mama oder Papa« reichen.

Jetzt verschärfen Sie die Anforderungen: Sagen Sie Ihrem Kind, daß der Raum leer ist – bis auf ein langes Lineal, etwas Bindfaden und ein paar Büroklammern. Wie kann man diese Gegenstände einsetzen, um damit den Schlüssel zu erreichen? (Mögliche Antwort: Man macht eine »Angel« mit einer Büroklammer als Haken und zieht damit den Schlüssel vom Nagel.)

Versuchen Sie auch, sich selbst ein paar Kopfnüsse auszudenken. Halten Sie sie einfach genug, und seien Sie auf viele »richtige« Antworten vorbereitet. Es geht darum, Ihr Kind zum Nachdenken anzuregen, nicht darum, es auf eine spätere Akademikerlaufbahn vorzubereiten.

***Man braucht:***
- *nur Ihre Zeit*

# Knobeleien Teil 2

Hier finden Sie eine Reihe von anspruchsvolleren Knobeleien für ältere Kinder: Sie erfordern Abstraktionsvermögen und logisches Denken.

Zunächst soll sich Ihr Kind einmal vorstellen, daß ein Tischtennisball in ein kurzes, unten geschlossenes und in den Boden eingelassenes Rohr gefallen ist. Das Rohr ist zu eng für die Hände Ihres Kindes. Neben dem Rohr befinden sich eine Cornflakes-Packung, ein paar kleine Magneten, eine Papprolle, ein Kamm und eine Flasche Apfelsaft. Wie kann man mit diesen Hilfsmitteln den Tischtennisball wieder herausbekommen?

(Antwort: Man gießt den Apfelsaft in das Rohr, so daß der Ball nach oben schwimmt. Die restlichen Gegenstände sind nur Ablenkungsmanöver.)

Damit sich Ihr Kind so richtig herausgefordert fühlt, versuchen Sie's doch mal mit dieser Variation einer klassischen Rätselfrage: Ihre Familie fährt in einem Wohnmobil eine Straße entlang und kommt plötzlich an eine niedrige Brücke. Sie halten an und stellen fest, daß die Brücke ein paar Millimeter zu niedrig ist, um mit dem Wohnmobil darunter durchfahren zu können. Um die Brücke herumfahren können Sie auch nicht. Was tun? (Antwort: Man läßt ein wenig Luft aus den Reifen.)

Erfinden Sie auch hier eigene Ratespiele. Die einzige Regel ist dabei, daß Sie keine Fragen stellen dürfen, die Sie nicht selber lösen können.

***Man braucht:***
- *nur Ihre Zeit*

# Raus aus der Schublade

**Man braucht:**
- *nur Ihre Zeit*

Kreatives Denken verlangt, daß wir uns zeitweise von den Schubladen entfernen, nach denen wir sonst unsere Welt ordnen. Diese Beschäftigung erlaubt Ihrem Kind, seine Phantasie ungehindert von irgendwelchen Konventionen schweifen zu lassen. Außerdem kann das Spiel »lebensrettend« sein, weil Sie es jederzeit, in jedem Raum und mit Kindern (oder Erwachsenen) jeden Alters spielen können.

Deuten Sie auf einen Gegenstand im Raum, und fragen Sie, wofür man ihn verwendet. In der Küche zeigen Sie beispielsweise auf einen Tortenheber. Nachdem Ihr Sohn oder Ihre Tochter die übliche Verwendung erklärt hat, fragen Sie, wozu man ihn noch benutzen könnte. Je nach Alter könnte Ihr Kind Antworten geben wie: »ein Loch graben«, »Sand schaufeln«, »Schneeblöcke ausschneiden oder einen Schneemann formen«, »ihn als Schläger benutzen«, »das Sonnenlicht damit reflektieren, um Hilfe zu holen, wenn man als Schiffbrüchiger auf einer Insel gestrandet ist«.

Versuchen Sie dasselbe mit anderen Küchengeräten – Löffeln, Gabeln, Schneebesen, Tellern und so weiter. Jeder Raum Ihrer Wohnung hat etwas zu bieten.

Übrigens: Haben Sie schon mal daran gedacht, Ihre Matratze zu benutzen, um Ihr Raumschiff vor Meteoriten zu schützen?

# Seifenblasenbasketball

Wir danken dem Seifenblasenfan Norie Huddle, daß sie uns dieses tolle Spiel verraten hat. Es gibt sowohl den Seifenblasen als auch dem Basketball einen ganz neuen Reiz.

Folgen Sie der Anleitung für Riesenseifenblasen (Nr. 198), und bringen Sie eine schöne große Blase zum Schweben. Nun lassen Sie Ihr Kind die Blase quer durch den Raum in einen Eimer, der in einiger Entfernung aufgestellt ist, pusten. Dabei darf die Blase natürlich nicht vorher zerplatzen, sonst zählt der Punkt nicht. Das bedeutet aber, daß man meistens ziemlich tief von unten blasen muß, damit die Seifenblase oben bleibt, und schließlich muß man auch noch gezielt blasen, wenn die Blase abwärts zum Eimer gleiten soll.

Das ist ganz schön kompliziert – macht aber viel Spaß! Sie können den Schwierigkeitsgrad des Spiels verändern, indem Sie den Eimer näher oder weiter von Ihrem Kind entfernt aufstellen, je nach Geschicklichkeit.

(Achtung: Das Blasengemisch ist nicht besonders »nett« zu manchen Oberflächen – halten Sie es von Fußböden und Teppichen fern.)

**Aufgepaßt!**

Nur unter Aufsicht

***Man braucht:***

- *Riesenseifenblasen*

# Käferhotel

**_Man braucht:_**
- *eine leere, kleinere Pappschachtel*
- *ein Stück Fliegengitter oder Tüll*
- *Gummiband*

Wenn Sie die Anleitung für die Ameisenfarm (Nr. 11) gelesen haben, aber keine Ameisen herbekommen, dann bietet das »Käferhotel« eine Alternative. Und, wie wir ja alle wissen: Käfer finden sich *überall*.

Zusammen mit Ihrem Sohn oder Ihrer Tochter können Sie ein Käferhotel aus fast jeder kleineren Schachtel bauen. Mit einem Gummiband befestigen Sie ein Stück Fliegengitter (oder Tüll) über der Öffnung, die sowohl als Fenster als auch als Tür dient. Sie können auch Fensteröffnungen hineinschneiden und Gitter mit Klebeband darüberkleben, um die Gäste am Entwischen zu hindern. Sorgen Sie dafür, daß genügend Blätter für die Gäste vorhanden sind, und gehen Sie dann mit Ihrem Kind auf Käferjagd mit einem Netz oder einem Marmeladenglas.

Vielleicht führen Sie auch die Regel ein, daß die Gäste immer nur einen oder zwei Tage bleiben und danach wieder freigelassen werden. (Sie könnten außerdem erklären, daß es den anderen Insekten gegenüber unfair wäre, sie mit Spinnen zusammenzutun.)

Die »Leitung« eines Käferhotels wird Ihrem Kind ein besseres Verständnis für die kleinen Lebewesen in seiner Umwelt vermitteln. Und wenn Sie furchtbare Angst vor Insekten haben und diese Angst gerne überwinden würden, dann ist dies vielleicht die ideale Heilmethode.

# Geschäft ist Geschäft

Sie können Ihrem Sohn oder Ihrer Tochter dabei helfen, eigene Visitenkarten zu entwerfen – selbst wenn die Firma, für die damit geworben werden soll, noch ein paar Jahre auf ihre Gründung warten muß.

Man braucht normales Papier, das auf das richtige Maß (etwa DIN-A8) zugeschnitten wird. Geschrieben wird mit einer Schreibmaschine, einem Computer, Drucker oder – das ist die Sparversion – mit einem guten schwarzen Stift, mit dem Ihr Kind den Text ein paarmal von Hand vervielfältigen kann. Die fertigen Karten können dann voll Stolz an die Familie, an Freunde, Geschäftspartner, mögliche Investoren und andere Verbindungen weitergegeben werden. Hier sind ein paar Beispiele als Anregung:

***Man braucht:***
- *kleine Stücke Papier*
- *Schreibmaschine, Drucker oder Stift*

Andreas Müller
Feine Säfte und Limonaden · Herstellung und Vertrieb
Waldmeisterweg 12
1234 Brombeerhausen Tel. 01234/5678
Wir beliefern auch Ihre Partys und Familienfeiern

Krimskrams & Co.
Eigentümer Max
Haben Sie Ordnungsprobleme?
Wir haben die Lösung:
Tel. 0555/878

# Seilbahn

**Aufgepaßt!**

Nur unter Aufsicht

***Man braucht:***
- *Klorolle*
- *Strohhalm*
- *Bindfaden*
- *etwas Knete oder kleines Spielzeug*
- *zwei Stühle*

***Wenn Sie wollen:***
- *Bunt- oder Filzstifte*

Sie müssen nicht erst mit der ganzen Familie in die Berge kutschieren, um dort eine Drahtseilbahn zu sehen. Statt dessen können Sie direkt in Ihrem Wohnzimmer eine Gondelbahn betreiben.

Um eine Drahtseilbahn zu installieren, befestigen Sie ein 5 cm langes Stück Strohhalm mit Klebstoff oder Klebestreifen an einer Papprolle. Achten Sie darauf, daß Strohhalm und Rolle parallel zueinander sind. Jetzt kann Ihr Kind die Rolle mit Bunt- oder Filzstiften verzieren und Fenster und Gesichter darauf malen.

Ziehen Sie nun einen etwa 2,50 m langen Bindfaden durch den Strohhalm, und befestigen Sie beide Enden des Bindfadens an zwei Stuhllehnen. Dabei sollte ein Ende höher als das andere liegen und der Faden gespannt sein. Legen Sie ein Gewicht in die Rolle; dazu eignet sich ein Stückchen Knete oder ein kleines Spielzeug. Befördern Sie die Rolle an den höchsten Punkt, und lassen Sie sie dann nach unten gleiten.

Die Kleinen werden ganz einfach ihren Spaß daran haben, die Seilbahn von oben nach unten schweben zu sehen. Oder sie vergnügen sich damit, Spieltiere, Autos etc. von der Berg- zur Talstation zu transportieren. Für ältere Kinder könnte man vielleicht eine zweite Seilbahn bauen und einen Papprollen-Grand-Prix veranstalten.

# Hauptstadt-Bingo

Mit diesem Spiel können Sie selbst Ihr Wissen auffrischen und zugleich Ihre älteren Kinder unterhalten.

Schreiben Sie die Namen der Hauptstädte der deutschen Bundesländer und/oder der europäischen Länder auf Stücke von Karteikarten, die klein genug sind, um auf einer Landkarte in die Umrisse der jeweiligen Länder zu passen. Lesen Sie die Namen der einzelnen Länder vor, lassen Sie Ihr Kind das Land auf der Karte suchen, und legen Sie dann die entsprechende Hauptstadt dazu. Wenn Sie sich so mit allen Ländern vertraut gemacht haben, fertigen Sie neue Bingo-Karten an mit den Namen der Länder, und ziehen nun abwechselnd eine Hauptstadtkarte vom Stapel.

***Man braucht:***
- *Karteikarten*
- *Deutschlandkarte*

Baden-Württemberg: Stuttgart
Bayern: München
Berlin: Berlin
Brandenburg: Potsdam
Bremen: Bremen
Hamburg: Hamburg
Hessen: Wiesbaden
Mecklenburg-Vorpommern: Schwerin
Niedersachsen: Hannover
Nordrhein-Westfalen: Düsseldorf
Rheinland-Pfalz: Mainz
Saarland: Saarbrücken
Sachsen: Dresden
Sachsen-Anhalt: Magdeburg
Schleswig-Holstein: Kiel
Thüringen: Erfurt

# Untertitel

Schneiden Sie interessante oder amüsante Fotos aus der Zeitung aus, und geben Sie sie an Ihre Kinder weiter. Deren Aufgabe ist es nun, neue Untertitel für die Bilder zu finden.

Natürlich müssen Sie Vorschulkindern dabei noch Hilfestellung leisten, aber das Spiel kann auch Ihnen großen Spaß machen. Wer Lust hat, kann anschließend die Bilder samt dem neuen Text in ein Heft oder Album kleben.

Eine uns bekannte junge Dame schlug den folgenden Untertitel für ein informelles Foto eines bekannten Politikers vor: »Dieser Mann arbeitet in einem Lebensmittelladen. Er hat die wichtige Aufgabe, unser Essen in Tüten zu verpacken.«

Suchen Sie nach Fotos von: Tieren, Menschen, Autos, Gebäuden, Sportveranstaltungen (Rennen sind toll), Feiern.

***Man braucht:***
- *Papier*
- *(Blei-)Stifte*
- *Zeitungsfotos*

***Wenn Sie wollen:***
- *Ringbuch oder Album*

# Berufsberatung

Als man ihn einmal fragte, was er werden wolle, wenn er groß ist, antwortete unser Sohn: »Ein Dinosaurier.« Er ist seitdem etwas realistischer geworden und hat beschlossen, sich auf die Tierfütterung im Zoo zu spezialisieren. Was will *Ihr* Sohn oder *Ihre* Tochter werden, wenn er oder sie erwachsen ist? Bei diesem Spiel können Sie's herausfinden.

***Man braucht:***
- *Papier und Bleistift*

Schreiben Sie eine Liste der verschiedensten Tätigkeiten untereinander auf die linke Seite eines Blatts Papier. Lesen Sie sie dann nacheinander vor. (Sie sollten nur Berufe nennen, die Ihrem Kind bekannt sind.) Nun lassen Sie Ihr Kind vorspielen, was eine Person in dem betreffenden Beruf macht. Sie können dabei gegebenenfalls mit ein paar Tips nachhelfen. Verschiedene Haushaltsgegenstände können als Requisiten dienen – Aktentasche, Vesperdose und so weiter. Am Ende der »Berufsberatung« fragen Sie Ihr Kind, welcher Beruf es am meisten interessieren und ihm den größten Spaß machen würde. Notieren Sie sich das Ergebnis rechts von Ihrer Liste.

Alle vier bis sechs Monate starten Sie einen neuen Durchlauf. Datieren Sie die Antworten, damit Sie sehen können, wie sich die Interessen Ihres Kindes verschieben. Wer hätte gedacht, daß Ihr Sohn oder Ihre Tochter, die Hirnchirurgin, ursprünglich einmal Zirkusdirektor werden wollte?

# Möhrengrün-Plantage

Wenn Sie einen Salat machen, was tun Sie dann mit den dicken Enden der Möhren mit dem Grün dran? Werfen Sie sie etwa weg? Damit bringen Sie sich um eine einmalige Gelegenheit, Ihrem Kind zu zeigen, wie Pflanzen wachsen.

Bewahren Sie diese Enden beim nächsten Mal auf. Ihr Sohn oder Ihre Tochter kann sie nun in Untertassen mit etwas Wasser legen. Stellen Sie die Untertassen in die Nähe eines Fensters, halten Sie den Wasserstand konstant, und markieren Sie die Höhe des Grüns am ersten Tag. Es wird nicht lange dauern, und Ihr Kind wird ein deutliches Längenwachstum feststellen können und sich damit auf dem besten Weg zu einer nutzbringenden Laufbahn in der Möhrengrün-Produktion befinden.

Wenn Ihr Sohn oder Ihre Tochter jeden Tag ein neues Möhrengrün »pflanzt«, wird er oder sie das Ergebnis noch viel deutlicher vor Augen haben: Bei sieben Pflanzen wird er oder sie am Ende einer Woche sieben verschiedene Höhen registrieren. (Vgl. auch Wurzelwunder Nr. 269.)

***Man braucht:***
- *Möhrengrün*
- *Untertassen*
- *Wasser*

# Farbwunder

Dieses kleine Experiment wird Ihre Kinder bestimmt entzücken und ihnen gleichzeitig zeigen, wie Flüssigkeiten durch das Adernetz einer Pflanze ziehen.

Suchen Sie sich eine kräftige Selleriestange mit vielen Blättern. Versehen Sie die Stange mit zwei »Beinen«, indem Sie einen 10 cm langen Schlitz in das Ende machen. Dann füllen Sie ein kleines Glas mit Wasser und lassen Ihr Kind ein paar Tropfen blauer Lebensmittelfarbe hineingeben. Füllen Sie ein zweites Glas mit Wasser, und geben Sie hier rote Lebensmittelfarbe dazu. Stellen Sie nun das eine »Bein« der Selleriestange in das rote und das andere »Bein« in das blaue Wasser. Lassen Sie das Ganze über Nacht stehen.

Am nächsten Morgen werden Ihre Kinder verblüfft sein, weil die eine Hälfte der Blätter mit blauen und die andere Hälfte mit roten Streifen durchzogen ist. Erklären Sie, daß die Lebensmittelfarbe in kleinen Röhren hochgewandert ist, die normalerweise dazu dienen, Wasser von den Wurzeln zu den Blättern hinaufzutransportieren, wenn die Pflanze in der Erde steckt.

Anschließend können Sie die Selleriestange quer durchschneiden, um Ihrem Kind genau zu zeigen, wie die Farbe in die Blätter gelangt ist. Das wird es bestimmt behalten!

***Man braucht:***

- *Selleriestange mit Blättern*
- *zwei Gläser*
- *rote und blaue Lebensmittelfarbe*

# Müsli-City

Schachteln von Müsli oder Cornflakes geben – genau wie alle anderen rechteckigen Lebensmittelkartons – phantastische Spielzeughäuser ab.

Noch mehr »Fertighäuser« lassen sich im Kühlschrank finden: Käseschachteln, Getränkekartons und vor allem Milchkartons, aus denen schmucke Gebäude mit schrägen Dächern werden können.

Um die »Häuser« anmalen zu können, schlägt man sie in Papiertüten, Bastelpapier oder unbedrucktes Zeitungspapier (siehe Vorwort) ein. Dann zeichnet man Fenster, Türen und andere Details. Man kann auch Türen und Fenster als Klappen hineinschneiden. (Achten Sie darauf, daß die Schneidewerkzeuge, die Sie zur Verfügung stellen, dem Alter und der Geschicklichkeit Ihrer Kinder angemessen sind. Scharfe Gegenstände sollten nur unter Aufsicht benutzt werden!)

Die hoffnungsvollen jungen Architekten können nun zu Städteplanern werden, Straßen und Häuserblocks auf ein großes Stück Papier zeichnen und dann die Spielhäuser darauf plazieren. Mit Ihrer Hilfe können sie sich außerdem als Landschaftsgärtner betätigen – fertigen Sie Büsche aus Watte, Gras aus grünem Filz, Straßenlaternen aus Watteböllchen und Bäume aus Tassen, Ton und (noch nicht gespitzten) Bleistiften.

Jetzt fehlen nur noch ein paar Spielzeugautos, dann können Ihre Kinder die Stadt auf eigene Faust erkunden.

***Man braucht:***
- *leere Lebensmittelschachteln*
- *Papier*
- *Malzeug*
- *Kinderschere*

***Wenn Sie wollen:***
- *Filz*
- *Watte*
- *Tassen*
- *Ton*

# Kettenzeichnung

Bei dieser Beschäftigung für zwei oder mehr können ziemlich wilde Kunstwerke entstehen.

Zunächst zeichnen Sie eine Linie oder Form auf ein Blatt Papier. Dann fordern Sie Ihr Kind auf, eine weitere Linie oder Form hinzuzufügen. Dann sind Sie wieder an der Reihe; so geht es im Wechsel, bis das Bild fertiggestellt ist. (Versuchen Sie mal, jede neue Runde mit einem verschiedenfarbigen Bleistift, Wachskreide oder Filzstift zu beginnen.)

Nach jeder neuen Linie beschreiben Sie, was Sie in dem Bild sehen. Das kann besonders lustig sein, wenn ein Spieler auf der gegenüberliegenden Seite der Zeichnung sitzt, weil Sie dann sehr verschiedene Perspektiven haben.

Um mehrere Kinder auf diese Weise zu unterhalten, nehmen Sie einen großen Bogen unbedrucktes Zeitungspapier (siehe Vorwort) oder Plakatkarton, damit sich die Zeichnungen ungehindert entfalten, zurück- und umeinanderwinden können. Für besonders produktive Zeichner sollten Sie einen Stapel großer Papierbögen bereithalten.

Wenn Sie und Ihre Kinder keine Lust mehr haben, Linien und Formen zu zeichnen, können Sie im Wechsel die entstandenen Flächen ausmalen. Zum Schluß sollten sich die Künstler noch einen passenden Namen für das Meisterwerk ausdenken.

***Man braucht:***

- *Papier*
- *Buntstifte, Wachsmalkreiden, Filzstifte*

# Kettenreaktion

Sie können in einer Kettenreaktion spontanes Gelächter mitten in Ihrem Wohnzimmer hervorrufen. Schutzmaßnahmen müssen dabei keine getroffen werden.

Um das Kettengelächter in Gang zu setzen, braucht man mindestens drei Leute (groß oder klein). Eine Person legt sich auf die Erde. Die zweite Person legt ihren Kopf auf den Bauch der ersten, die dritte legt den Kopf auf den Bauch der zweiten und so weiter. Die erste Person sagt nun »Ha«, worauf die zweite mit »Ha, ha« antwortet. Das Ganze setzt sich nun wie in einer Kette fort.

Schließlich wird etwas Seltsames passieren – die »Ha, ha« werden sich in echtes Gelächter verwandeln, vielleicht erfolgt sogar ein Lachanfall nach dem anderen.

Wenn sich alle wieder ein wenig beruhigt haben, können Sie ja mal die »Ha«-Richtung wechseln oder Ihre Selbstbeherrschung testen und sehen, wie lange es alle schaffen, die Fassung zu bewahren, ohne zu lachen. Irgend jemand wird es schließlich nicht mehr aushalten, und Wellen von Gelächter werden über der Gruppe zusammenschlagen.

***Man braucht:***

- *nur Ihre Zeit*

# Kettengeschichte

Diese Idee wird Ihnen immer dann willkommen sein, wenn Sie nach einer Beschäftigung für Ihre Kinder suchen, die nur wenig Aufwand erfordert. Wir haben sie »Kettengeschichte« genannt, weil jeder Teilnehmer (man kann auch schon zu zweit spielen) einen Teil zu der Entstehung einer Geschichte beiträgt. Sie beginnen ganz einfach mit: »Es war einmal...« (Wer mehr Lust auf Spannung hat, kann es ja mit »Es war eine dunkle, stürmische Nacht...« probieren.) Ihr Sohn oder Ihre Tochter fügt dann den nächsten Teil des Satzes zu einer Geschichte an und gibt den Faden an Sie zurück.

***Man braucht:***
- *nur Ihre Zeit*

Kleinere Kinder haben am Anfang vielleicht Schwierigkeiten, das Prinzip zu verstehen, so daß Sie zunächst mehrere Sätze der Geschichte vorgeben müssen. Eine andere Alternative wäre, die Grundidee aus einem Lieblingsbuch zugrunde zu legen und damit die Geschichte in Gang zu bringen. Möglicherweise werden Sie so nur das Buch nacherzählt bekommen, aber das ist doch auch nicht schlecht, oder?

Älteren Kindern macht es wahrscheinlich Spaß, unvollständige Sätze zu beenden, wie zum Beispiel: »Es war eine dunkle und stürmische Nacht, als ein grüner Wagen mit...« Mehrere Kinder können reihum erzählen, und jedes kann der Geschichte eine andere Richtung geben.

Wer sagt, daß große Literatur nicht von einem Ausschuß geschrieben werden kann?

# Schachrechner

Dieses Spiel eignet sich für Kinder, die gerade Rechnen lernen.

Man beginnt mit einem Schachbrett und acht Spielsteinen, vier weißen und vier schwarzen. Die Steine werden in einer Reihe am Rand des Brettes aufgestelt: links die schwarzen, rechts die weißen. Schwarz fängt an, und der Spieler mit den weißen Steinen nennt eine Zahl zwischen eins und sechs; sagen wir die Vier. Schwarz muß nun sagen, welche Zahl, wenn man sie mit vier addiert, einen Spielstein bis zum anderen Ende des Brettes bringen würde. Er oder sie würfelt dann mit *zwei* Würfeln: wenn einer der Würfel die korrekte Zahl zeigt, darf der Spieler bis zum Ende des Brettes vorrükken und den Stein aus dem Spiel nehmen. Das Ganze verläuft im Wechsel. Wer zuerst alle vier Spielsteine vom Brett hat, darf beim nächsten Durchgang als erster ziehen.

Man braucht bei diesem Rechner keine Tastatur, keine Batterien – nichts. Es lebe die Einfachheit!

**Aufgepaßt!**

Kleine Teile

***Man braucht:***
- *Schachbrett*
- *Spielsteine*
- *Würfel*

# Busfahrt ins Blaue

Eines der Lieblingsspiele unseres Sohnes Noah ist »Busfahrer«. Sein Bus besteht aus einem großen Armaturenbrett, das aus einem großen Pappkarton gebastelt werden kann (siehe Anleitung für die Herstellung eines Armaturenbrettes Nr. 138).

Wenn wir so richtig loslegen, stellen wir unsere Küchenstühle hintereinander auf und nehmen unsere Plätze im Bus ein. Unser Sohn sammelt die Fahrscheine ein und sitzt dann hinter dem Steuer. Bei den verschiedenen Haltestellen ruft er aus: »Supermarkt«, »Spielplatz«, »Museum«, »New York«, »Berlin«, »Australien«, »Keller« und »Mond«. (Vielleicht müssen Sie den Weg erklären.)

Ihr Kind kann Haltestellen nach Orten, die es kennt, benennen. Lange Fahrten kann man sich mit Liedern verkürzen, und bestimmt wären auch ein paar Erfrischungen nicht schlecht. Für Sonderfahrten können besondere Fahrkarten oder Reisegutscheine ausgestellt werden.

Dieses Spiel läßt sich auch ohne das Armaturenbrett aus Pappe spielen – vielleicht genügt es Ihrem Kind schon, einfach an der Spitze des Busses zu sitzen.

***Man braucht:***
- *Stühle*

***Wenn Sie wollen:***
- *Armaturenbrett aus Pappe (siehe Nr. 138).*

# Geheimcode

*Man braucht:*
- *Papier*
- *Bleistift*

Schon mal was von der B-Sprache (siehe Nr. 145) gehört? Die kann ja jeder entziffern, aber mit diesem Geheimcode ist das was ganz anderes!

Unser Code ist ein besonderes Alphabet, das dem normalen Alphabet entspricht und auf den Buchstabenzeichnungen beruht, die in den begleitenden Illustrationen zu sehen sind. Die Position des jeweiligen Buchstabens in der Zeichnung bestimmt sein Symbol für den Code. Der Buchstabe »E« ist beispielsweise einfach ein leeres quadratisches Kästchen. Der Buchstabe »P« sieht dagegen aus wie ein »L« mit einem Punkt zwischen den beiden Linien.

Kapiert? Unser Geheimcode läßt sich nur für Geschriebenes verwenden und dient nur dazu, auf Papier verschlüsselt oder entziffert zu werden. Aber er sieht doch sehr eindrucksvoll aus, oder nicht? Und wenn man diese Schrift erst einmal gut genug beherrscht ...

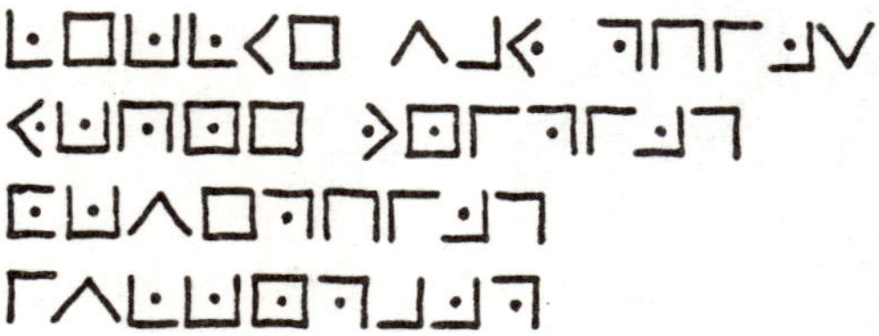

# Chisanbop

Chisanbop ist eine leichte, blitzschnelle Rechenmethode aus Korea, zu der man beide Hände braucht. Grundschüler können sie in wenigen Minuten lernen.

Legen Sie Ihre Hände mit gespreizten Fingern und den Handflächen nach unten auf einen Tisch. Das entspricht Null. Machen Sie nun zwei Fäuste. Jetzt zeigt Ihre »Rechenmaschine« 99 an, die höchste Zahl. Wenn man nun von links nach rechts liest, entspricht jeder der vier *Finger* ihrer linken Hand dem Wert 10; der linke *Daumen* entspricht 50; der rechte *Daumen* entspricht 5; und jeder der vier *Finger* an Ihrer rechten Hand entspricht 1. Wenn beide Daumen eingeklappt sind, entspricht das der Zahl 55; bei zwei Zeigefingern ist es die 11.

Lassen Sie uns ein Beispiel durchrechnen: 18 + 26. Zeigen Sie die Zahl 18, indem Sie den linken Zeigefinger und den rechten Daumen samt Zeige-, Mittel- und Ringfinger umklappen.

Jetzt stellen Sie sich die Zahl 26 als 10 + 10 + 5 + 1 vor. Die ersten beiden hinzuzufügenden 10er sind einfach: Klappen Sie den Mittel- und Ringfinger Ihrer linken Hand um. Für die 5 wechseln Sie zwischen den Händen hin und her, um auszugleichen. Klappen Sie den rechten Daumen wieder aus (damit subtrahieren Sie 5), dafür klappen Sie dann Ihren linken kleinen Finger um (damit addieren Sie 10, haben aber insgesamt nur 5 mehr). Für die fehlende 1 klappen Sie nun noch Ihren rechten kleinen Finger um und können jetzt die Zahl 44 ablesen – die richtige Antwort!

***Man braucht:***
- *nur Ihre Zeit*

18

44

# Aufräum-Spiele

Obwohl wir in diesem Buch sonst keine Wettspiele, sondern kooperative Spiele bevorzugen, machen wir hier eine Ausnahme, aus gutem Grund.

Viele Eltern – uns eingeschlossen – sind der Meinung, daß Kinder das Spielzeug-Chaos, das sie veranstalten, auch wieder beseitigen sollten. Um dieses Aufräumen aber nicht zu einem Kampf ausarten zu lassen, können Sie ein Spiel daraus machen.

Bei einem Kind nehmen Sie einen Küchenwecker oder eine Eieruhr und fordern es zu einem unwiderstehlichen Wettkampf heraus: »Wollen wir doch mal sehen, ob du alle deine Puppen wegräumen kannst, bevor der Wecker klingelt.« Der Trick dabei ist folgender: Man muß die Aufgaben begrenzt und überschaubar halten und nicht etwa sagen: »Geh und räum das Kinderzimmer auf.«

Bei mehreren Kindern kann man jedem eine ganz bestimmte Aufgabe zuweisen. Nun geht es darum, wer die ihm zugeteilte Ecke am schnellsten aufgeräumt hat.

In der Vorschule unseres Sohnes darf immer eines der Kinder eine Glocke läuten zum Zeichen, daß nun Aufräumzeit ist, und jedes Kind weiß dann, was es zu tun hat. Bei uns zu Hause macht es unserem Sohn großen Spaß, die Glocke zu läuten und sich selbst eine Aufgabe zuzuweisen. Mama und Papa suchen sich dann natürlich auch eine.

***Man braucht:***
- *Küchenwecker oder Eieruhr*

***Wenn Sie wollen:***
- *Glocke*

# Uhrzeit

So können Sie Ihr noch etwas kleineres Kind spielerisch an Uhrzeiten gewöhnen.

Verwenden Sie eine echte Uhr, oder basteln Sie eine aus Pappe. (Falls Sie letzteres tun, befestigen Sie die Zeiger mit einer Metallklammer oder einem Pfeifenputzer, so daß sie fest, aber dennoch beweglich sind.)

Jetzt stellen Sie die Uhr auf die Zeit, zu der Ihr Kind aufsteht. Bewegen Sie den kleinen Zeiger herum, und sprechen Sie über die verschiedenen Dinge, die Ihr Kind normalerweise zu den verschiedenen Tageszeiten tut.

Suchen Sie nach Bildern in Zeitschriften, auf denen die verschiedenen Tätigkeiten gezeigt oder dargestellt werden, über die Sie gesprochen haben (etwa ein Bild von einer Cornflakes-Packung für »Frühstück«). Befestigen Sie das Bild an der Uhr in der Nähe der entsprechenden Zeit, oder zeichnen Sie eine kleine Uhr samt Zeigern in die jeweilige Abbildung aus der Zeitschrift.

Drängen Sie Ihr Kind aber nicht, die richtige Uhrzeit zu lesen – unser Sohn hat lange auf die Uhr geguckt und gesagt, es sei »7 Pfund«. Aber immerhin wußte er, daß er um »7 Pfund« in die Badewanne gesteckt wurde.

***Man braucht:***
- *Uhr*
- *Papier*
- *Zeitschriftenbilder von alltäglichen Tätigkeiten*
- *Klebstoff oder Klebeband*
- *Bunt- oder Filzstifte*

***Wenn Sie wollen:***
- *Pappe, Metallklammer oder Pfeifenputzer*

# Wolkenkuckucksheim

*Man braucht:*
- *einen warmen Tag mit Wolken*

Wie oft zeigt Ihr Kind auf irgendeinen alltäglichen Gegenstand und »sieht« darin ein Gesicht, ein Tier oder ein anderes Gebilde? Leider haben die meisten von uns diese Fähigkeit verloren, seit wir gelernt haben, uns dem Ernst des Lebens zu stellen.

So können Sie wieder ganz unernst werden: An einem warmen Tag mit viel Sonne und plusterigenWolken suchen Sie sich ein Stück Wiese, Strand, Düne oder ähnliches. Legen Sie sich hin, und die Wolkenschau kann beginnen.

Für diese Beschäftigung gibt es keine festen Regeln. Sie müssen auch keine Anleitung geben. Jeder berichtet ganz einfach über seine oder ihre Eindrücke. Stellen Sie keine Fragen wie »Seht ihr den Hund?«. Wo der eine einen Wolkenhund sieht, kann die andere vielleicht einen Wolkenfrosch erkennen. Außerdem könnten Sie Ihrem Kind den Spaß an der Sache verderben, indem Sie den Eindruck vermitteln, es gäbe eine richtige und eine falsche Sichtweise. (Vgl. auch Farbkleckse Nr. 53.)

# Münzsammlung

Auch wenn das Sparschwein Ihres Kindes nicht gerade alte Münzraritäten aufzuweisen hat, kann es doch viel Spaß machen, eine einfache Münzsammlung aufzubauen.

Die grundlegenden Regeln sind ganz leicht: Bei uns gibt es acht verschiedene Münzen: Ein-, Zwei-, Fünf-, Zehn- und Fünfzigpfennigstücke; Ein-, Zwei- und Fünfmarkstücke. Jetzt geht es darum, von jeder Sorte je eine Münze der letzten zehn Jahrgänge zu finden. Alle Fundstücke werden dann mit Klebeband auf ein Stück Pappe geklebt und entsprechend gekennzeichnet.

Das macht alles in allem achtzig Münzen. Wenn Ihnen die Sache zu teuer wird, können Sie die Sammlung ohne weiteres auf die Ein- bis Fünfzigpfennigstücke beschränken. Damit käme man auf eine Sammlung von insgesamt fünfzig Münzen, überschaubar und dennoch groß genug. Das erste Mal, wenn Sie die vorhandenen Münzen sortieren, wird es allen großen Spaß machen. Von da an heißt es ein wachsames Auge auf das Kleingeld halten, das Ihnen in die Hände kommt. Vielleicht finden Sie sogar das eine oder andere besonders alte Stück. (Münzen sind kein Spielzeug für kleine Kinder.)

**Aufgepaßt!**

Kleine Teile

***Man braucht:***
- *Münzen*
- *Pappe*
- *Klebeband*

# Münzhochwurf

**Aufgepaßt!**
Kleine Teile

***Man braucht:***
- *Groschen*

Ein ganz gewöhnlicher Groschen kann ein vielseitiges Spielzeug für Kinder mit geschickten Daumen sein. Sie können die Münze in die Luft schnipsen und versuchen, den Weltrekord im Münzhochwurf zu brechen. Damit der Rekord auch zählt, müssen folgende Bedingungen erfüllt sein: Die Münze muß sich in der Luft drehen, und sie muß in der Handfläche aufgefangen werden, bevor sie an anderer Stelle aufkommt.

Als Spiel für zwei kann das eine Menge Spaß machen, und vielleicht müssen die Spieler sogar nach draußen gehen, wo keine störenden Decken ihren Höhenflug bremsen. Sie können sich auch mit Ihren Kindern die Münzen gegenseitig zuschnipsen oder einen Groschen drehen und sehen, wie lange er um sich selbst kreiselt. Rekordverdächtige Ergebnisse werden mit dem Familienbuch der Rekorde (Nr. 93) verglichen.

So ein alter verkratzter Groschen sieht vielleicht nicht besonders aus, aber Ihre Kinder werden darauf fliegen. (Münzen sind kein Spielzeug für kleine Kinder.)

# Farbkleckse

Lange Zeit war man der Meinung, daß Tinten- oder »Rorschach«-Kleckse in der Lage sind, die hintersten Winkel unsere Psyche zu durchleuchten. Ob Sie nun an diese Theorie glauben oder nicht: Tinten- (oder in diesem Fall Farb-)Kleckse können *der* Knüller für Sie und Ihre Kinder sein.

Sie falten ein Blatt Papier auf die Hälfte und öffnen es wieder. Setzen Sie nun verschieden dicke Tupfer Temperafarbe auf eine Seite des Falzes. Dann legen Sie das Papier wieder zusammen, so daß die Farbe verschmiert wird. (Es erfordert ein bißchen Übung, bis man einschätzen kann, wieviel Farbe für das jeweilige Papierformat notwendig ist.) Wenn Sie das Papier auffalten, werden Sie alle möglichen interessanten Muster und Farben entdekken.

Und was kann Ihr Sohn oder Ihre Tochter in den Mustern erkennen? Wenn es ein Gesicht ist, fahren Sie die Konturen nach (erst wenn die Farbe trocken ist natürlich). Ebenso bei Tierspuren. Sollte es sich um einen Schmetterling handeln, fahren Sie die Flügel und den Körper nach, und wenn Sie Lust haben, malen Sie noch ein Paar Fühler dazu. Es kann natürlich auch sein, daß Sie gar nichts mehr hinzufügen wollen. Die Farbkleckse sprechen oft für sich selbst.

Rote Panther? Lila Kekse? Orange Füße? Blaue Sonnen? Alles ist möglich, wenn Sie Ihrer Phantasie freien Lauf lassen.

***Man braucht:***
- *Papier*
- *Temperafarbe*
- *Bleistift, Buntstift oder Wachsmalkreide*

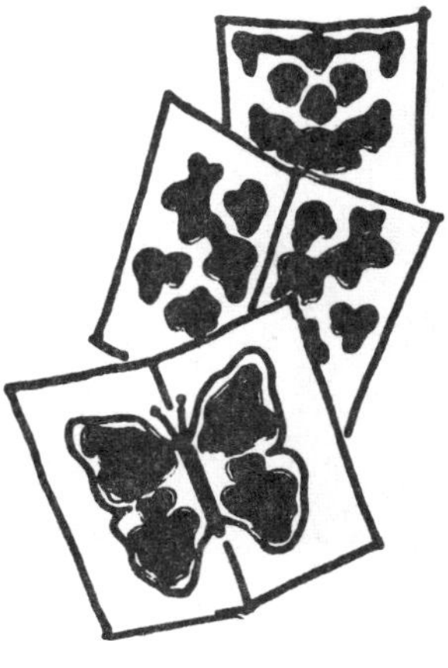

# Magische Kräfte

Sie können Ihrem Kind beibringen, wie man Farben »fühlt«, ohne sie zu sehen – zumindest wird es seinen Freunden so vorkommen.

Und so wird's gemacht: Ihr Kind wird behaupten, es könne Farben auseinanderhalten, ohne sie zu sehen. Zum Beweis läßt es einen Wachsmalstift von unbekannter Farbe in eine Papiertüte stecken. Ihr Kind wird nun – ohne diesen Stift jemals gesehen zu haben – seine Farbe benennen können, weil es beim Befühlen des Stiftes seine »magischen Kräfte« walten läßt und mit dem Fingernagel ein winziges Stück Farbe aus der Seite des Stiftes kratzt. Danach konzentriert es sich, murmelt ein paar Zauberworte und wirft einen *vorsichtigen* Blick auf seine Fingernägel, um den Farbton festzustellen.

(Ein kleineres Kind könnte versucht sein, zu offensichtlich auf seine Fingernägel zu schauen; deswegen könnte es seine Freunde höflich bitten, für einen Moment die Augen zu schließen.)

Geben Sie's zu: Bevor Sie Ihrem Kind diesen Trick verraten, werden Sie ihn selbst erst einmal vorführen, oder etwa nicht?

***Man braucht:***
- *Wachsmalkreiden*
- *Papiertüte*

# Farbenmischen

So können Sie auf schnelle und sichere Art Ihre Küche in ein Chemielabor für Kinder verwandeln:

Stellen Sie Behältnisse verschiedener Größe, Fläschchen mit Lebensmittelfarbe und verschiedene »Laborgeräte« – Pipetten, Gießkännchen, Löffel, Meßbecher etc. – bereit. Bevor Sie Ihre Kinder nun auf die »Hexenküche« loslassen, erklären Sie ihnen genau, daß man immer nur ein oder zwei Tropfen Lebensmittelfarbe braucht, um den gewünschten Effekt zu erzielen.

Die Kleinsten werden ganz einfach ihren Spaß daran haben, Farben herzustellen und farbige Flüssigkeit von einem Behälter in den nächsten zu kippen. Je nach Alter und Fähigkeiten Ihres Kindes können Sie anhand dieses Spiels auch die Grundfarben Rot, Blau und Gelb erklären und wie man aus ihnen eine Vielzahl anderer Farben mischen kann. (Blau + Gelb = Grün; Rot + Blau = Lila; Rot + Gelb = Orange.) Ältere Kinder mögen sich vielleicht Notizen über ihre »Versuchsreihe« machen und aufschreiben, was beispielsweise passiert, wenn man die doppelte Menge Rot mit Blau mischt, um Lila zu erhalten. Das Spiel ist außerdem eine günstige Gelegenheit, etwas über Maßeinheiten zu lernen. Wieviel Milliliter sind noch mal ein achtel Liter?

***Man braucht:***

- *Lebensmittelfarbe*
- *Behälter*
- *Pipette*
- *Gießkännchen*
- *Löffel*
- *Meßbecher*

# Kolumbus

Für dieses Spiel brauchen Sie nur einen glatten Tisch und einen Gegenstand, der darübergleiten kann, ohne Schaden anzurichten (wir verwenden einen Salzstreuer aus Plastik). Dann kann's losgehen.

Zwei Spieler sitzen sich am Tisch gegenüber, und jeder läßt den Gegenstand auf die jeweils andere Seite gleiten. Dabei geht es darum, so nah wie möglich an die Tischkante zu gelangen, *ohne daß der Gegenstand zu Boden fällt*. (Erzählen Sie, daß die Seefahrer früher Angst hatten, über den Rand der Welt zu fallen – bis Kolumbus sie eines Besseren belehrte.)

**Man braucht:**
- *einen glatten Tisch*
- *Salzstreuer o. ä.*

Wenn Sie ein Punktspiel machen wollen, könnten je zwei »Würfe« als ein Punkt zählen, aber vermutlich werden Sie feststellen, daß der Spaß bei diesem Spiel weit über Gewinnen oder Verlieren hinausgeht. Das größte Vergnügen bereitet, den Gegenstand schlittern zu sehen, wie er über die Tischkante rutscht, um dann endgültig abzustürzen.

(Hilfreicher Tip: Wahrscheinlich wäre es gut, ein paar Wolldecken oder anderes »Dämmaterial« auf den Boden unter jedem Spieler zu legen.)

Wenn das Spiel erst mal so richtig im Gange ist, werden Sie merken, daß man am liebsten gar nicht mehr aufhören möchte.

# Kompaß

57

Wenn Ihr Kind schon die Himmelsrichtungen kennt, wird es sicher Spaß an diesen Kompaß-Spielen haben. (Sie können einen billigen Kompaß in einem Camping- oder Sportgeschäft kaufen.)

Zeigen Sie Ihrem Kind, wie sich die Kompaßnadel nach dem magnetischen Nordpol ausrichtet und wie man die Himmelsrichtungen bestimmen kann, indem man die Nadel mit der Bezeichnung »Nord« in Deckung bringt. Sobald Ihr Kind das kapiert hat, machen Sie einen Gang durchs Haus, durch den Garten oder durch die Nachbarschaft und kontrollieren dabei immer wieder die Richtung.

Als nächstes lassen Sie Ihr Kind die Augen schließen; führen Sie es drinnen in ein anderes Zimmer oder draußen in eine andere Ecke des Gartens. Achten Sie darauf, mehrfach die Richtung zu wechseln, während Sie Ihr Kind herumführen. (Und halten Sie es dabei immer an der Hand!) Nun darf das Kind die Augen wieder öffnen und muß versuchen, mit Hilfe des Kompasses herauszufinden, wo Norden ist. (Eine Spielvariante wäre, das Kind zunächst die Himmelsrichtungen raten zu lassen und die Antworten dann mit dem Kompaß zu überprüfen.)

Was Sie auch tun, Sie können von nun an sicher sein, daß Ihr Kind Ihnen die Richtung weisen wird, falls Sie einmal verlorengehen.

**Aufgepaßt!**

Für draußen

***Man braucht:***

- *einen billigen Kompaß*

# Konzentration

Dieses Spiel ist eine Variante des beliebten »Memory«.

Zunächst stöbern Sie in Ihrer Zeitschriften-Fotomappe (siehe Nr. 112) und wählen verschiedene Abbildungen aus. Nun kleben Sie die Fotos zur Verstärkung auf dünne Pappe und lassen sie trocknen. Schneiden Sie dann jede Bildkarte in zwei Hälften, und verteilen Sie die Bildhälften auf dem Fußboden oder dem Tisch. Mischen Sie gut durch, und ordnen Sie die Karten dann mit der Bildseite nach unten in etwa quadratischer Form an.

Jeder Spieler darf nun zwei Karten umdrehen. Wenn sie zusammenpassen, dürfen sie aus dem Spiel genommen werden. Wenn nicht, ist der nächste an der Reihe. Indem sie sich merken, wo die verschiedenen Hälften liegen, die zunächst aufgedeckt, aber wegen Irrtums wieder hingelegt wurden, können die Spieler nach und nach das Spielfeld räumen.

Natürlich kann man auch alleine spielen, und für kleinere Kinder sollte die Zahl der Bilder eingeschränkt werden. Ältere Kinder könnten auch mal unter Zeitdruck spielen – und damit ihre Konzentration testen.

***Man braucht:***
- *Zeitungsausschnitte*
- *Pappe*
- *Klebstoff*

# Grußkarten-Werkstatt

Geben Sie Ihrem Kind ein paar Bögen buntes Tonpapier, ein Sortiment Bunt- oder Filzstifte und einen Umschlag – fertig! Sofort verschickbare Grußkartenkunst. Und keine Karte gleicht der anderen.

Falls Sie kein Tonpapier zur Hand haben, steht zunächst ein Besuch im Schreibwarenladen an. (Bringen Sie auch gleich Umschläge mit, wenn Sie schon dabei sind.) Falten Sie nun das Papier zur Hälfte, dann kann sich Ihr Kind gleich an die Arbeit machen.

Vorschulkinder können Muster oder »Stimmungsbilder« entwerfen, und Sie können dann den Gruß oder Spruch später einfügen. Kindern, die gerade schreiben lernen, können Sie die Buchstaben der Worte diktieren. Ältere Kinder lassen Sie am besten ihre Karten selbst beschriften.

Außer mit Malerei können Sie die Karten auch mit gepreßten Blättern (Nr. 172) oder Blumen (Nr. 110) verzieren, nur trokken genug müssen sie sein. Auch Sandbilder (Nr. 274) oder Kartoffeldruck (Nr. 255) wären eine Möglichkeit.

Egal, wie Ihr Kind die Karten bastelt, die Empfänger werden die ganz persönlichen Grüße und die Mühe bestimmt zu schätzen wissen.

***Man braucht:***
- *Tonpapier*
- *Bunt- oder Filzstifte oder Temperafarben*

***Wenn Sie wollen:***
- *gepreßte Blätter*
- *gepreßte Blüten*
- *Klebstoff*
- *Sand*

# Lesekekse

Abc-Kekse sind der Hit! Sie können Ihr eigenes Rezept verwenden oder das folgende ausprobieren. In jedem Fall wird Ihr Kind mit Begeisterung mitmachen beim Abmessen, Rühren, Ausrollen und so weiter – und beim allerwichtigsten Schritt, dem Essen, natürlich auch.

Zuerst kommen das Erhitzen und Vermischen (Erwachsenenaufgabe). ½ Tasse Sirup zum Kochen bringen und ¼ Tasse Zucker, 3 Eßlöffel Fett und 1 Eßlöffel Milch hinzufügen. In einer zweiten Schüssel 2 Tassen Mehl mit je ½ Teelöffel Backpulver, Salz, Muskat, Zimt, Nelken und Ingwer vermischen. Die trockenen Zutaten nun zu der Sirupmischung geben und gut verrühren. Den Teig auf einer bemehlten Fläche gut 0,5 cm dick ausrollen.

Nun helfen Sie Ihrem Kind, die Buchstaben des Alphabets aus dem Teig zu formen – vielleicht indem Sie gedanklich ein Tier oder einen bekannten Gegenstand mit jedem Buchstaben verbinden. (Sie können auch ohne besondere Buchstabenförmchen auskommen, wenn Sie mit einem Messer die Formen ausschneiden, die Ihr Kind in den Teig zeichnet.) Kinder, die schon Lesen lernen, können ganze Wörter aus Teig buchstabieren. Nun setzen Sie die Kekse auf ein gefettetes Backblech und backen sie fünf bis sieben Minuten bei 180°. Jetzt nur noch abkühlen lassen, und schon können Sie Ihre »A« und »O« verspeisen.

**Aufgepaßt!**

Herd

***Man braucht:***

- *Sirup*
- *Zucker*
- *Fett*
- *Milch*
- *Mehl*
- *Gewürze*
- *Backpulver*

# Farbkopierer

Natürlich kann sich Ihr Kind keinen hochkomplizierten Farbkopierer leisten, aber diese Beschäftigung ist fast ebenso gut. Sie brauchen dazu nur Wachsmalkreiden, einen Bleistift und ein paar Blatt Papier.

Lassen Sie Ihren Sohn oder Ihre Tochter ein Blatt Papier mit Wachsmalkreide vollkritzeln, bis die Fläche fast vollständig mit Farbe bedeckt ist. (Es macht aber gar nichts, wenn noch ein paar kleine weiße Lücken bleiben; es kommt nur darauf an, daß die Farbschicht ausreicht, um sich auf ein zweites Blatt übertragen zu lassen. Durch kleine Lücken können sich dabei sogar recht interessante Tupfeneffekte ergeben.)

Nun kann Ihr Kind das Blatt mit der Farbseite nach unten auf ein leeres Papier derselben Größe legen. Alles, was nun auf die Rückseite des farbigen Blattes gezeichnet wird, ergibt per Druck ein genaues Duplikat auf dem darunterliegenden Bogen.

Ein Tip: Am besten befestigen Sie die Blätter mit Klebeband, bevor Ihr Sohn oder Ihre Tochter mit der Bleistiftzeichnung beginnt; wenn die Papiere verrutschen, wird nämlich auch das unten liegende Bild verzerrt.

Ach, Sie wollen auch noch vergrößern oder verkleinern? Tja, da müssen wir erst bei unseren Design-Experten nachfragen ...

***Man braucht:***
- *Papier*
- *Bleistift*
- *Wachsmalkreiden*

***Wenn Sie wollen:***
- *Klebeband*

# Spiele mit Wachsmalkreiden

**Man braucht:**
- *gebrauchte Wachsmalkreiden*

**Wenn Sie wollen:**
- *Papier*

Die meisten Wachsmalkreiden führen wirklich ein trauriges Leben. Erst stehen sie stolz und prächtig mit schönen Spitzen in Reih und Glied, aber es dauert nicht lange, und sie enden als kurze Stummel, schäbig und stumpf in einem alten Schuhkarton.

Mit diesem Spiel können Sie den einstmals stolzen Stiften zu neuem Glanz verhelfen. Sie mischen eine Handvoll gebrauchter Wachskreiden und verteilen sie auf dem Tisch. Wenn Ihr Kind noch nicht zählen kann, lassen Sie es die Kreiden der Größe nach ordnen; zunächst die kleinen, dann die großen und schließlich umgekehrt.

Als nächstes bitten Sie Ihr Kind, die Wachskreiden nach Farben zu sortieren und dann wiederum innerhalb der einzelnen Farbgruppen nach Größe – von klein nach groß und von groß nach klein.

Älteren Kindern wird das allein nicht genügen. Ziehen Sie eine Linie, und lassen Sie Ihren Sohn oder Ihre Tochter die kleinste Zahl von Wachskreiden beliebiger Größe raten, mit denen sich die Länge der Linie abmessen läßt, wenn sie hintereinander aufgereiht werden. Anschließend kann Ihr Kind dann wirklich die Wachskreiden auslegen und kontrollieren, wie nah es der richtigen Antwort gekommen ist.

# Rubbelbilder

Mit einer Münze, einem Schlüssel, einem Kronkorken oder einem von hundert anderen haushaltsüblichen Gegenständen können Sie wahre Kunstwerke hervorbringen.

Lösen Sie das Papier von einigen Wachsmalkreiden, legen Sie dann verschiedene Münzen unter ein leeres Blatt Papier, rubbeln Sie mit der Wachskreide über die Münzen hinweg, und schon haben Sie ein Abbild der Münze. Sie können das Ganze nun einfach so lassen, wie es ist, oder die Rubbelbilder ausschneiden und sie für die Kinderbank (Nr. 165) oder für andere Spiele verwenden, bei denen Geld benötigt wird. (Wenn Sie die »Münzen« mit beidseitigem Klebeband auf Pappe kleben, halten sie länger.) Schlüssel lassen sich ebenfalls gut rubbeln – gemeinsam mit Ihrem Kind können Sie einen ganzen Satz Schlüssel rubbeln, sie auf Pappe aufkleben und für das Spiel-Armaturenbrett (Nr. 138) oder für ein Spielhaus verwenden. Ihr Kind kann aber auch Rubbelbilder von fast allem anfertigen, was eine Struktur hat und unter ein Blatt Papier paßt. (Bodenfliesen mit Muster sind sehr einladend.) Nur Ihre Kreditkarten sollten Sie besser versteckt halten.

**Aufgepaßt!**

Kleine Teile

***Man braucht:***

- *Münzen oder Schlüssel*
- *Papier*
- *Wachsmalkreiden*
- *andere Gegenstände mit Struktur je nach Bedarf*

# Die verrückte Neun

**Man braucht:**
- *nur Ihre Zeit*

Versucht Ihr Kind gerade, das Einmaleins zu lernen? Dieses Spiel wird ihm dabei helfen, die Neuner-Multiplikation in Null Komma nichts zu beherrschen.

Die Neun ist eine komische Zahl. Zunächst einmal kann man immer genau sagen, ob eine Zahl durch neun teilbar ist, indem man einfach die Quersumme der einzelnen Ziffern errechnet, bis man sie auf eine Stelle reduziert hat. Wenn diese Zahl dann eine Neun ist, ist auch die Ausgangszahl ein Vielfaches von neun. Das funktioniert mit 45 (4 + 5 = 9), aber auch mit 5625 (5 + 6 + 2 + 5 = 18; 1 + 8 = 9).

Jetzt kommt der witzige Teil: Um die ersten zehn Ergebnisse der Multiplikation mit neun zu erhalten, muß Ihr Kind nur die folgenden einfachen Schritte ausführen:

*Schritt 1:* Denk dir eine Zahl, die du mit neun multiplizieren willst. (Sagen wir die Drei.) Jetzt ziehst du die Zahl Eins ab. (Das gibt also zwei.) Das Ergebnis ist die erste Stelle deiner Lösungszahl.

*Schritt 2:* Jetzt mußt du nur noch fragen: »Wieviel müßte ich zu dieser Zahl dazuzählen, um auf neun zu kommen?« (In diesem Fall sieben.) Das Ergebnis ist die zweite Stelle der Lösungszahl.

*Schritt 3:* Gib die Lösung bekannt (27)!

# Verrückte Olympiade

Wie der Name schon sagt, geht es bei der verrückten Olympiade darum, sich möglichst blödsinnige Spiele und Sportarten auszudenken, wie zum Beispiel: auf einem Bein durchs Zimmer oder den Garten hüpfen, rückwärts laufen und dabei mit den Armen wedeln, auf allen vieren krabbeln und gleichzeitig ein Buch auf dem Kopf balancieren, und was dergleichen Verrücktheiten mehr sind. Fordern Sie Ihr Kind auf, sich selbst Spiele auszudenken und verschiedene Dinge miteinander zu kombinieren wie Hüpfen, Singen und einen Ball auf einem Löffel tragen (siehe Nr. 299). Sicherheitshalber sollten Sie alle Spiele gut beaufsichtigen!

Sie können mit Ihrem Sohn oder Ihrer Tochter wetteifern, wer eine bestimmte »Sportart« am schnellsten (oder am langsamsten) ausüben kann. Mehrere Kinder werden an den »Sportfesten« viel Spaß haben und können sich selbst Spiele aus dem Stegreif ausdenken. Sie könnten zum Beispiel einfach einen Start und ein Ziel markieren und allen Teilnehmern erklären, daß es nun darum geht, mit einer Hand auf der Erde und einer in der Luft bis ins Ziel zu laufen.

Was Sie auch tun, Sie und Ihr(e) Kind(er) haben die Chance, die Olympischen Spiele zu revolutionieren.

**Aufgepaßt!**

Nur unter Aufsicht

***Man braucht:***

- *nur Ihre Zeit*

# Figurenmischmaschine

Mit einem Stapel Karteikarten und ein paar Bunt- oder Filzstiften kann Ihr Kind eine fast unendliche Menagerie von seltsamen Figuren schaffen.

Zu Beginn müssen Sie nur drei Karten quer, eine über der anderen, auf den Tisch legen. Nun malt Ihr Kind einen Kopf auf die oberste Karte, einen passenden Körper auf die mittlere und ein Paar Beine auf die unterste Karte. Damit haben Sie das Grundmodell. Ihr Kind kann jetzt Dutzende von passenden Köpfen, Körpern und Füßen entwerfen, die sich auf überraschende und witzige Weise kombinieren lassen. Nach zehn oder zwölf solchen Figuren lassen Sie Ihr Kind die Karten mischen und neu kombinieren. Ein Roboterkopf mit einem pelzigen Körper und Schwimmflossen? Das und noch viel komischere Dinge erwarten Ihr Kind – jedes neue Element der Figurenmischmaschine erhöht die Zahl der seltsamen Kombinationen.

Nur auf eines sollten Sie achten: Die Köpfe müssen alle an ungefähr der gleichen Stelle auf den Karten sitzen, und dasselbe gilt für die anderen Körperteile. Vielleicht helfen Sie bei den ersten Karten nach dem Grundmodell ein bißchen mit: Ihr Kind wird den Dreh schnell raushaben.

***Man braucht:***
- *Karteikarten DIN-A7*
- *Bunt- oder Filzstifte*

# Kryptogramme

Kryptogramme sind verschlüsselte Botschaften. Hier eine ganz simple, die auf der Vertauschung von Buchstaben beruht.

Sie ordnen dazu ganz einfach jedem Buchstaben des Alphabets einen neuen Buchstaben zu. Ihr Lösungsschlüssel könnte dann folgendermaßen aussehen:

ABCDEFGHIJKLMNOPQRSTUVWXYZ
CEKPADJQUVIMLRWXNHBSYZOTGF

**Man braucht:**
- *Papier*
- *Bleistift*

Mit diesem Schlüssel ließe sich das Wort »Lexikon« als »Matuiwr« wiedergeben. (Versuchen Sie erst gar nicht, das auszusprechen.)

Was können Kinder nun mit diesem Schlüssel anfangen? Agenten können sich gegenseitig geheime Botschaften zuschikken. (»Komm um fünf Uhr ins Wohnzimmer, da gibt's Eis.«) Und die Experten können versuchen, den Code zu knacken. Dafür müssen Sie ihnen eine ziemlich lange Botschaft geben. Die Lösung kann man finden, indem man die besonders gebräuchlichen Buchstaben ausmacht; die verbliebenen Leerstellen lassen sich dann oft raten. Trotzdem ist es besonders am Anfang ziemlich schwierig, so ein Kryptogramm zu entschlüsseln. Geben Sie Hilfestellung, indem Sie ein paar der weniger häufigen Buchstaben verraten: »C entspricht K, und L entspricht M in dieser Botschaft.«

# Geldwerkstatt

***Man braucht:***
- *Papier*
- *Bunt- oder Filzstifte*
- *Kinderschere*

***Wenn Sie wollen:***
- *Klebstoff oder doppelseitiges Klebeband*

Mit diesem Spiel können Sie bei kleineren Kindern Verständnis für das komplizierte System der Währung wecken und gleichzeitig viel Spaß bei der Sache haben.

Mit einer Kinderschere kann Ihre Tochter oder Ihr Sohn Tonpapier in Stücke schneiden, die der Größe von Geldscheinen entsprechen. Auf etwas festerer Pappe umranden Sie nun kleine Flaschendeckel und schneiden die Formen aus; das ist das Kleingeld.

Ihr Kind kann nun als Finanzminister seine eigene Währung kreieren. Machen Sie es dabei auf wichtige Kennzeichen aufmerksam: Menschen, Gebäude; natürlich dürfen auch die Nummer und das Ausgabedatum nicht fehlen. Mit ungiftigem Klebstoff oder beidseitigem Klebeband kann Ihr Sohn oder Ihre Tochter auch Bilder aus Zeitschriften aufkleben.

Wenn Ihr Kind schon rechnen kann, können Sie ihm helfen, ein richtiges Währungssystem aufzubauen: Ein blauer Schein entspricht fünf roten, ein roter entspricht zehn Gorillakopf-Pfennigen und so weiter.

Das Geld kann auch bei verschiedenen anderen Spielen in diesem Buch verwendet werden, beispielsweise für die Kinderbank (Nr. 165) oder das Restaurant (Nr. 263). Aber behalten Sie die Scheine und Münzen im Haus, damit Ihnen nicht plötzlich die Kriminalpolizei auf den Hals rückt!

# T-Shirt-Unikate

Wir wissen alle, daß man auf seinen Kleidern nicht herummalt – oder etwa doch?

Manchmal lohnt es sich, hier und da eine Regel zu brechen – natürlich nur unter entsprechender Aufsicht. Mit einem neuen weißen T-Shirt und einem Satz ungiftiger Stoffmalstifte können Sie Ihrem Kind zu einem ganz persönlichen Kleidungsstück verhelfen, das seine künstlerischen Fähigkeiten so richtig zur Geltung bringt. Ein selbstgemachtes T-Shirt wird mit großem Stolz getragen werden.

Machen Sie Platz auf dem Boden oder dem Tisch, und legen Sie ein paar Lagen Zeitungspapier aus. Das ist Ihr Arbeitsplatz. Schieben Sie dann eine zusammengefaltete große Papiertüte (oder ein Stück Pappe) in das T-Shirt, damit die Farben nicht auf die andere Seite durchgedrückt werden. Spannen Sie den Stoff mit Tesakrepp, und los geht's.

Mögliche Motive sind:
Meine Familie
Sonnenschein
Lieblingstiere
Geschwister
Unser Haus
Selbstbildnis
Mein Haustier
Calvin Klein, wir kommen!

***Man braucht:***
- *T-Shirt*
- *ungiftige Stoffmalstifte*
- *Zeitungen*
- *Papiertüte oder Pappe*

# Mein allererster Geburtstag

*Man braucht:*
- *leeres Buch oder Heft*
- *Schreibzeug*

Der Tag, an dem Ihr Kind geboren wurde, gehört sicher zu Ihren wertvollsten Erinnerungen. Warum erzählen Sie Ihrem Kind nicht davon und machen ein ganz persönliches Buch daraus, ein Buch, das die Ereignisse dieses Tages beschreibt?

Dazu brauchen Sie nur ein leeres Buch oder Heft und ein paar Schreibutensilien. Sie sind für die Grundzüge der Geschichte zuständig und müssen jüngeren Kindern natürlich noch beim Schreiben helfen. Illustrationen und die Anordnung von Fotos sollten dagegen Aufgabe der Hauptperson bleiben.

Das Schöne an dieser Beschäftigung ist, daß Sie die Chronik eines der wichtigsten Ereignisse im Leben Ihrer Familie in besonderer Form weitergeben. Außerdem bekommen Sie damit einen echten »Schatz«, ein selbstgemachtes Buch. Bewahren Sie's gut auf! Denn es wird mit den Jahren immer wertvoller werden. (Vgl. auch Geburtstagschronik Nr. 353.)

# Ein Tag im Leben von ...

Was tun Tiere eigentlich den ganzen Tag? Um das herauszufinden, müssen Sie nur Ihr Kind fragen.

Es soll sich einfach einmal vorstellen: Ich bin ein Tiger, ein Elefant, ein Vogel oder irgendein anderes Lieblingstier. Dann lassen Sie sich einen typischen Tag im Leben des Tieres seiner Wahl beschreiben, vom Aufstehen bis zur Schlafenszeit.

Um das kreative Denken und die Phantasie anzuregen und gleichzeitig das Wissen Ihres Kindes über die Tierwelt einzubeziehen, müssen Sie vielleicht Fragen stellen: »Was ißt das Kaninchen zum Frühstück?«, »Womit spielt das Kaninchen am Vormittag?« und so weiter. Wenn Sie alle wichtigen Fragen abgehakt haben, sind *Sie* an der Reihe. Jetzt darf Ihr Kind Ihnen Fragen über das Tier stellen.

Zur Abwechslung könnte Ihr Sohn oder Ihre Tochter auch das Leben eines Tierbabys beschreiben. Dann kann er oder sie erzählen, wie sich die Mutter oder der Vater um das Baby kümmert.

Wetten, daß Sie noch nicht wußten, daß manche Tierkinder Menschenbrötchen zu Mittag essen?

***Man braucht:***
- *nur Ihre Zeit*

# Ich sehe was . . .

*Man braucht:*
- *nur Ihre Zeit*

Für dieses kleine Spiel brauchen Sie überhaupt keine Requisiten. Sie können es spielen, während Sie das Essen vorbereiten, Ihre Kinder anziehen oder zu jeder anderen Zeit, wenn Sie die Hände voll zu tun haben. (Auch auf Autofahrten hat es sich bewährt.) Sie sehen sich im Zimmer um oder schauen aus dem Fenster und wählen einen Gegenstand aus. Dann sagen Sie: »Ich sehe was, das ist rot und ungefähr so groß wie . . .« und beschreiben dabei die allgemeinen Eigenschaften des Objekts. Passen Sie das Spiel den Fähigkeiten Ihres Kindes an, indem Sie mit einfachen äußeren Merkmalen beginnen und dann zu Funktionsweisen übergehen – beispielsweise, was der Gegenstand kann und wer ihn benutzen könnte. (»Ich sehe etwas, in das man Wasser füllen kann . . .«)

Mit kleineren Kindern beschreiben und raten Sie im Wechsel. Mit älteren Kindern führen Sie im Laufe des Spiels kompliziertere Regeln ein. Wem es beispielsweise gelingt, seine Mitspieler an der Nase herumzuführen, und wer ihnen schließlich den Gegenstand verraten muß, der darf auch bei der nächsten Runde wieder beschreiben. Sobald aber ein Spieler richtig rät, ist er als nächster an der Reihe.

Bei all Ihren Regeln sollte die Belohnung aber immer einfach bleiben und der Schwerpunkt auf dem Spiel selbst liegen. Auch sollten die Regeln nicht zu kompliziert werden. Die Schönheit liegt im Auge des Beschreibenden!

# Designer-Notizblock

Kann Ihr Kind schon Rechtecke zeichnen? Und wie steht es mit dem Schreiben (oder Abschreiben mittels Ihrer Hilfe) von einfachen Sätzen? Wenn beides schon zum Repertoire gehört, können Sie bei Ihrem Kind den Entwurf des nächsten Notiz- oder Nachrichtenblocks für die Familie in Auftrag geben.

Das Zeichnen macht am meisten Spaß. Geben Sie Ihrem Kind einen schwarzen Filzstift (der läßt sich am besten kopieren), und lassen Sie es auf einem Papier geeigneter Größe das Grundschema aufstellen. Die einzig notwendige Voraussetzung ist dabei, daß ungefähr in der Mitte der Seite genügend Freiraum bleibt, um dort Nachrichten zu notieren. Auch eine Überschrift ist empfehlenswert: »Nicht vergessen!« oder »Nachrichten« könnten geeignet sein. (Vielleicht hat Ihr Kind auch ein paar interessante Vorschläge für Überschriften, über die Sie sprechen sollten.)

Schließlich gehen Sie zusammen in den Copyshop. Wahrscheinlich wird man Ihnen die Blätter als Abreißblock binden können, aber auch einzelne Blätter lassen sich verwenden.

Könnten Sie sich einen schöneren Notizblock vorstellen?

***Man braucht:***

- *Papier*
- *einen schwarzen Filzstift*
- *Copyshop in der Nähe*

# Lexikonspiel

Dieses Spiel für drei oder mehr Spieler wird vor allem älteren Kindern viel Spaß machen.

Der Spielleiter nimmt ein (großes!) Lexikon und sucht sich darin ein seltsames, unsinnig klingendes Wort. Dann schreibt er oder sie das Wort – und seine richtige Erklärung – auf ein Blatt Papier. Das Wort selbst – aber nicht die Definition – wird dann der Gruppe bekanntgegeben. Jeder Spieler, einschließlich des Spielleiters, muß nun eine überzeugende Definition für das seltsame Wort finden. Wenn alle fertig sind, werden die Definitionen vorgelesen, und jeder Spieler muß sich nun für die Definition entscheiden, die ihm am plausibelsten erscheint. (Natürlich kann der Spielleiter nicht mit abstimmen.) Für jede richtige Antwort gibt es fünf Punkte. Dann geht es reihum, so daß jeder einmal Spielleiter sein und ein Wort heraussuchen darf.

Für den Anfang haben wir hier eine Liste zusammengestellt, um das Spiel in Gang zu bringen:

Ackerschotendotter (Kreuzblütler mit kleinen gelben Blüten); Rabulistik (Wortverdreherei, Haarspalterei); Giraffenflügel (in der 1. Hälfte des 19. Jh. gebautes aufrechtes Hammerklavier); Milchlinge (Gattung der Lamellenpilze); Sporaden (Inselgruppe vor Griechenland); Drahtseilriese (von Berg zu Tal gespanntes Drahtseil mit Gehänge zum Materialtransport).

***Man braucht:***
- *ein großes Lexikon*
- *Papier*
- *Bleistifte*

# Auf Dinosaurierjagd

Hat Ihr Kind vielleicht Spaß daran, Junior-Archäologe zu spielen? Wenn ja, dann wird ihm die folgende Beschäftigung gefallen.

Sammeln Sie so viele Eisstöckchen, wie Sie finden können – es dürfte kein Problem sein, einen Vorrat anzulegen. Die Stöckchen sollen nun zu Dinosaurierknochen werden. Falls Sie oder Ihre Kinder nichts für süße Sachen übrig haben, können Sie auch Pfeifenputzer verwenden. Drinnen können Sie die Eisstöckchen in »Ausgrabungsstätten« wie den Spalten zwischen Sofakissen, zwischen Teppichen und Unterlagen oder unter Möbeln verstecken. Draußen können Sie die »Knochen« in der Erde ungefähr zwei bis drei Zentimeter unter der Oberfläche vergraben. Stellen Sie auch ein paar archäologische Spezialwerkzeuge – beispielsweise einen Löffel – zur Verfügung, um die Knochen freizulegen, und einen Pinsel, um die lose Erde abzubürsten.

Sobald die Ausgrabungen beendet sind, kann Ihr Kind versuchen, ein Skelett zu rekonstruieren. Für die Eisstöckchen sollten Sie ungiftigen Klebstoff verwenden. Die Pfeifenputzer lassen sich ganz einfach zu Wirbelsäulen, Hälsen, Rippen und so weiter biegen.

Wenn das Skelett vollständig ist, wird es in einen geeigneten Schaukasten gesetzt und erhält einen bevorzugten Platz im Kinderzimmer.

***Man braucht:***

- *Eisstöckchen oder Pfeifenputzer*
- *ungiftigen Klebstoff*

76

# Dinosaurierparade

Dieser Bastelvorschlag ist *der* Hit für Dinosaurier-Fans. Zunächst sollten Sie noch mal bei Nr. 230 das Grundrezept für Pappmaché nachschlagen.

Jede Dinosaurierlandschaft braucht einen Vulkan. Verwenden Sie einen großen Trichter als Form. Wenn der Vulkan trocken ist, können Ihre Kinder rote Farbstreifen als Lava auf die Seiten malen. Ein Wattebausch auf der Spitze ergibt einen prima »Rauch«.

Als nächstes basteln Sie eine Dino-Höhle, indem Sie die feuchte Pappmaché-Mischung um einen länglichen Ballon wickeln. Wenn die Form getrocknet ist, muß Ihr Kind nur noch den Ballon platzen lassen, und schon haben Sie eine Höhle, die jeden Triceratops glücklich machen würde.

Mittels einer flachen, runden Aluform fertigen Sie nun einen Ur-See an. Ziehen Sie die Seiten etwas hoch, so daß sie ein Ufer bilden. Das getrocknete Modell wird dann blau und grün angemalt – wie geschaffen für den Plateosaurus. Umgedrehte Joghurtbecher geben gute Formen für kleine Berge ab, und aus den Papprollen von Haushaltspapier lassen sich prähistorische Bäume und Stämme formen.

Die fertigen Stücke können alleine stehen oder auf einem Brett befestigt werden. In jedem Fall fehlen jetzt nur noch ein paar Spielzeug-Dinosaurier – oder sogar nur Bilder von Sauriern aus Zeitschriften –, und Ihr Kind kann die Reise in die Jurazeit antreten.

**Aufgepaßt!**

Ballon

***Man braucht:***

- *Material für Pappmaché*
- *eine runde Aluform*
- *Trichter*
- *Temperafarbe*
- *Ballon*
- *Spielzeug-Dinosaurier*

# Dioramas

In Museen haben Dioramas, diese lebensechten Szenen aus fernen Ländern und vergangenen Zeiten, immer etwas Faszinierendes. Es ist, als wäre hinter der Glasscheibe die Zeit stehengeblieben. Um bei Ihnen zu Hause selbst ein Diorama herzustellen, brauchen Sie und Ihr Kind eine Schachtel (mindestens so groß wie ein Schuhkarton), etwas Plastikfolie (außer Reichweite von Kleinkindern halten) und Klebeband. Stellen Sie nun Spielzeugfiguren, Tiere, Dinosaurier, Autos oder andere Gegenstände in die Schachtel. Oder Sie schneiden Bilder aus, kleben sie auf Pappe und knicken die Fußteile als Ständer nach hinten. Hier ein paar Anregungen:

*Dschungelszene:* Dschungelbilder dienen als Hintergrund, vor dem Sie Dschungeltiere und einen Forscher aufstellen. Versuchen Sie auch eine Bambushütte aus Pappe und Eisstöckchen zu basteln.

*Weltraum:* Auf einem Hintergrund schwarzen Papiers malen Sie Sterne mit weißer Temperafarbe. Fotos oder Zeichnungen von Planeten und Kometen werden angeklebt. Und von der Decke hängen Sie ein Spielzeug-Raumschiff (oder eines aus Pappe) mit ein oder zwei Astronauten.

*Häusliche Szene:* Wählen Sie Fotos von Räumen aus Zeitschriften als Hintergrund (Wohnmagazine sind eine gute Quelle). Davor werden Menschen, Papp- oder Spielzeugmöbel und andere Gegenstände aufgestellt.

Verschließen Sie die Dioramas mit Plastikfolie und Klebeband.

**Aufgepaßt!**

Plastikfolie

***Man braucht:***

- *eine Schachtel (mindestens Schuhkartongröße)*
- *Plastikfolie und Klebeband*
- *Tonpapier*
- *Zeitschriftenfotos*
- *kleines Spielzeug und Figuren*
- *Deko-Material und Farben*

# B-U-C-H-S-T-A-B-E-N-S-P-A-S-S

**Man braucht:**
- *Zeitschriften*
- *Tonpapier*
- *Pfeifenputzer oder Modelliermasse*

Bei dieser Beschäftigung können Kinder spielend das Abc lernen.

Zunächst brauchen Sie einen Buchstabenvorrat. Sie werden aus Zeitungen oder Zeitschriften ausgeschnitten oder auf kleine Pappquadrate geschrieben. (Sie können auch Buchstaben aus Tonpapier ausschneiden oder sie aus Pfeifenputzern oder Modelliermasse formen.)

Machen Sie mindestens zwei Exemplare der gebräuchlichsten Konsonanten und drei von allen Vokalen. X, Q und Z wird man wohl nur einmal brauchen.

Für Kinder, die noch nicht fehlerfrei lesen können, denken Sie sich ein Wort aus (verraten es aber nicht) und nennen dann nacheinander die einzelnen Buchstaben. Ihr Kind kann diese nun auf dem Fußboden oder Tisch zusammenfügen. Helfen Sie beim Entziffern der Kombination etwas nach. (Auf diese Weise läßt sich auch gut demonstrieren, wie verschiedene Laute zusammenklingen.) Bei älteren Kindern gehen Sie umgekehrt vor: Sie geben ein paar Hinweise auf das Wort, das Sie sich ausgedacht haben, und die Kinder müssen es ausbuchstabieren.

Wenn Sie genug vom Buchstabieren haben, versuchen Sie's mit dieser Variante: Lassen Sie Ihren Sohn oder Ihre Tochter die Buchstaben nach dem Zufallsprinzip anordnen. Sie versuchen dann das Wort auszusprechen. Schnell – wie oft können Sie »MXTIZOPRKETL« sagen, ohne sich zu verhaspeln?

# Arztpraxis

Mit diesem Spiel wird der Arztbesuch zum Vergnügen, weil Ihr Kind selbst in den weißen Kittel schlüpfen kann. Und Sie können als Patient zeigen, daß die Behandlung nicht weh tut.

Zunächst müssen Sie für die Grundausstattung der Praxis sorgen. Dazu gehören eine Waage, ein Maßband und eine Taschenlampe, mit der man Augen und Ohren untersuchen kann. Aus Pappe können Sie ein Stethoskop basteln (machen Sie die Hörer so groß, daß Sie nirgendwo hineinpassen, wo sie nicht hingehören). Als Kittel kann ein altes weißes T-Shirt dienen, das vorne aufgeschnitten wird; dazu ein Revers und eine Tasche, die mit Filzstiften aufgemalt werden. Schließlich sollten Sie noch ein paar Mullbinden besorgen, damit es ganz echt wirkt.

Als Patienten lassen sich Mama und Papa einen Termin zur Vorsorgeuntersuchung geben, inklusive Wiegen und Messen. Dann lassen Sie sich wegen verschiedener Beschwerden, Verletzungen oder Krankheiten von Ihrem Kind behandeln: aufgeschlagene Knie, Windpocken und/oder Schnupfen sind besonders beliebt. Lassen Sie Ihre Krankheit diagnostizieren und sich ein Rezept verschreiben; betonen Sie dabei, wie angenehm der Arztbesuch ist und wieviel besser Sie sich nach der Behandlung fühlen.

Sie werden von der Beobachtungsgabe Ihres Kindes überrascht sein. Beim letzten »Vorsorgetermin« wurde uns gesagt, wir müßten jeder mindestens 100 Liter abnehmen, sonst...

***Man braucht:***

- *Waage*
- *Maßband*
- *Taschenlampe*
- *ein altes T-Shirt oder Bademantel*
- *Pflaster und Binden*

# Schein-Quiz

Ihr etwas älteres Kind wird sich für dieses kleine Geld-Quiz sicher begeistern können.

Geben Sie ihm einen neuen Zehnmarkschein, den es eine Weile betrachten darf. (Mit einer Lupe ist das besonders interessant.) Dann fragen Sie, ob es folgende Dinge auf dem Schein entdecken kann:

***Man braucht:***
- *Zehnmarkschein*

(1) Zweimal die Nummer des Geldscheins.
(2) Viermal die Aufschrift »Deutsche Bundesbank«.
(3) Zwei kleine Sechsecke.
(4) Häuser.
(5) Die Stadt Hamburg.
(6) Das Wort »Banknote« in Frakturschrift.
(7) Und schließlich können Sie fragen, wie oft Ihr Kind die Zahl 10 auf dem Schein finden kann.

Die Antworten erfahren Sie, wenn Sie die folgende Lösung umdrehen.

(1) Auf der Vorderseite links oben und rechts unten.
(2) Auf der Vorderseite links unten und am linken Bildrand. Auf der Rückseite im Wappen links in der Mitte und im Copyright-Vermerk am rechten Bildrand.
(3) Auf jeder Seite oben in der Mitte.
(4) Auf der Vorderseite links neben dem Porträt von Gauß.
(5) Als Punkt der Landkarte rechts unten auf der Rückseite.
(6) Auf der Vorderseite am linken Bildrand, auf der Rückseite am rechten Bildrand.
(7) Je zwei große Zahlen auf der Vorder- und Rückseite. Dann, schon etwas schwieriger, je zwölfmal entlang den Seiten der beiden kleinen Secksecke. (Das ergibt insgesamt schon 28.) Dazu kommen dann noch an die hundert Zehner innerhalb der großen Zehn rechts unten auf der Rückseite.

# Privat – Zutritt verboten!

Ältere Kinder sind immer bemüht, Ihrer Umgebung eine persönliche Note zu geben. Wie wäre es also mit einem individuellen Schild für die Türklinke, dessen Design und Aufschrift genau auf Ihr Kind zugeschnitten sind?

Sie brauchen nur ein Stück helle Pappe (wenn sie dünn ist, ist sie leichter zu schneiden). Die Grundform ist ganz einfach: ein Rechteck mit einem kreisförmigen Loch in der oberen Hälfte. Das Loch muß groß genug sein, um über den Griff außen an der Kinderzimmertür zu passen. Sie können die Schneidearbeiten übernehmen und dann das fertige, noch leere Schild an Ihr Kind zum Bearbeiten weitergeben.

***Man braucht:***

- *dünne Pappe*
- *Bunt- oder Filzstifte*
- *Schere (nur für Erwachsene)*

Stellen Sie Bunt- oder Filzstifte und andere Materialien zur Verfügung, die die künstlerische Phantasie anregen. Jetzt passen Sie auf, was geschieht. Alle möglichen faszinierenden (oder seltsamen) Mitteilungen und Bilder können entstehen. Unsere Freunde haben uns von folgenden Schildern ihrer Kinder berichtet: ZUTRITT NUR FÜR HSV-FANS; HIER ARBEITET EIN GENIE; KATASTROPHENGEBIET; ATOMWAFFENFREIE ZONE; und sogar JA, ICH BIN WIRKLICH DABEI, MEINE HAUSAUFGABEN ZU MACHEN.

Wir selbst haben versucht, ein Schild zu machen, auf dem steht: ZIMMERMÄDCHEN, BITTE BETTEN MACHEN, und es voller Optimismus an unsere Schlafzimmertür gehängt, aber es hat nicht funktioniert. Noch nicht.

# Punkt, Punkt, Punkt

Hier ist ein Vorschlag für Gemälde oder Zeichnungen mit besonderem Pfiff. Er wird Ihrem Kind eine ganz neue Welt der Wahrnehmung von Farben und Gestaltung eröffnen.

Die Regeln sind einfach. Ob Ihr Kind nun mit dem Pinsel malt, mit dem Bleistift skizziert oder mit Wachskreide zeichnet, es darf grundsätzlich nur ein Muster verwenden: Punkte, Punkte und nochmals Punkte. Manche Kinder werden besser damit zurechtkommen, wenn schon ein Entwurf leicht vorgezeichnet ist, bevor die Punktmalerei beginnt. Sie können auch die Bilder in einem vorgedruckten Malbuch verwenden. (Kunstgeschichte-Freaks werden sich erinnern, daß Georges Seurat ganz nette Ergebnisse mit dieser Technik erzielt hat.)

Wenn Ihr Kind mit Farben malt, können Sie ihm noch einen Trick verraten: Lassen Sie es nur die Grundfarben (Rot, Blau und Gelb) verwenden und sie »mischen«, indem es verschiedene Farbtupfer nebeneinandersetzt. Von nahem sehen sie wie separate blaue und rote Punkte aus; wenn Sie aber ein paar Schritte zurücktreten, werden Sie ein leuchtendes Violett erblikken.

***Man braucht:***
- *Papier*
- *Malzeug*

# Gemaltes Essen

Hier eine Idee, wie Sie Ihr Kind unterhalten können, während Sie das Essen vorbereiten.

Bedecken Sie den Tisch mit einem großen Bogen Papier, das Sie an den Ecken mit Tesakrepp befestigen. Geben Sie Ihrem Sohn oder Ihrer Tochter einen ordentlichen Vorrat an bunten Wachsmalkreiden. Nun kann er oder sie vor jedem Platz ein Set, einen Teller, eine Serviette, Besteck und ein Glas malen.

Während Sie das Essen kochen, erklären Sie, was es geben wird. Ihr Kind kann das jeweilige Gericht dann zeichnen und jedem etwas davon auf den Teller »legen«. Lassen Sie es dabei jedem Familienmitglied eine angemessene Portion zuteilen. Das Ganze wiederholen Sie nun für jeden Gang, den Sie servieren wollen. Und nehmen Sie's nicht persönlich, wenn die Zeichnungen Ihres Kindes keinerlei Ähnlichkeit mit Eßbarem haben – das hat nichts mit Ihren Kochkünsten zu tun.

Und noch ein Tip: Seien Sie nicht überrascht, wenn Sie blaue Tomaten, rote grüne Bohnen oder andere phantasievoll gefärbte Gerichte auf den »Tellern« finden. Das ist ja gerade der Witz an der Sache.

Übrigens ist es bestimmt interessant zu wissen, wer nach Meinung Ihres Kindes am meisten ißt. Wer das wohl sein wird?

***Man braucht:***

- *einen großen Bogen Papier*
- *Tesakrepp*
- *Wachsmalkreiden*

# Einfaches Vogelhäuschen

Ihre Kinder werden begeistert die Vögel beim Fressen im Garten beobachten.

Zunächst wird die offene Seite eines leeren 2-l-Milchkartons geschlossen und mit Heftklammern zusammengeknipst. Dann wird das obere Ende mit Klebeband verklebt und in der Mitte, etwa 6–7 mm vom Rand entfernt, mit einem kleinen Loch versehen, durch das ein Ring aus Draht oder Pfeifenputzern gezogen wird.

Nun stellen Sie den Karton aufrecht hin und schneiden zwei kleine Löcher auf den einander gegenüberliegenden Seiten, etwa 3 cm vom unteren Rand entfernt. Schneiden ist Aufgabe der Erwachsenen.) Stekken Sie nun ein Eßstäbchen oder einen unangespitzten Bleistift durch die Löcher, so daß die Enden an beiden Seiten herausragen. Das ist die Vogelstange. 3 cm oberhalb der Stange schneiden Sie auf jeder Seite eine quadratische Klappe mit 5 cm Seitenlänge, die sich nach oben öffnet. Halten Sie die Klappe mit einem Pfeifenputzer oder Draht geöffnet.

Mit Hilfe eines Trichters kann nun Vogelfutter durch die Klappen gestreut werden. (Falls Sie einen heimischen Lieblingsvogel haben, informieren Sie sich in der Bücherei über seine Ernährungsgepflogenheiten.) Hängen Sie das Vogelhäuschen auf, indem Sie einen Draht oben durch die Schlaufe ziehen, den Sie dann an einem Ast befestigen.

Nicht vergessen: Wenn Sie den Vögeln ein Festessen in Ihrem Garten bereiten, werden die eine Dauereinladung erwarten!

**Aufgepaßt!**

Nur unter Aufsicht

***Man braucht:***

- *2-l-Milchpakkung oder einen anderen länglichen Karton*
- *Hefter*
- *Klebeband*
- *Eßstäbchen oder einen unangespitzten Bleistift*
- *Draht*
- *Pfeifenputzer*
- *Vogelfutter*

# Hafttafel

Sie können ganz einfach eine Hafttafel zum Spielen herstellen, indem Sie ein dickes Flanellhemd oder eine Babydecke über ein Stück Pappe spannen und mit Büroklammern befestigen. (Ein einfarbiges Stück Flanell wäre natürlich am besten, aber das würde vermutlich einen Besuch im Stoffgeschäft erfordern.)

Nun fabrizieren Sie Gegenstände, die Ihre Kinder an die Tafel heften können. Formen aus Filz sind besonders gut, denn die dichten Fasern des Filz haften gut am Flanell. Oder Sie schneiden Bilder aus Zeitschriften aus, beziehen sie mit selbstklebender Klarsichtfolie und kleben dann Filz, Schmirgelpapier oder Klettband auf die Rückseite.

Die ganz Kleinen werden ihren Spaß am Wegziehen und Anheften der einzelnen Teile haben. Wenn Sie noch ein Stück Flanell übrig haben, können Sie für ältere Kinder ein Mühlespiel, Vier gewinnt oder ein anderes Spiel-»Brett« aufzeichnen.

Seien Sie nicht allzu betrübt, wenn Sie ein Hemd für das Spiel opfern müssen. Es bleibt Ihnen trotzdem erhalten. Sie dürfen nur nicht vergessen, die Filzstückchen wieder zu entfernen – sonst könnten Sie ein paar seltsame Blicke ernten, wenn Sie es das nächste Mal beim Einkaufen tragen.

***Man braucht:***
- *Flanellhemd oder Babydecke*
- *Filzreste*

***Wenn Sie wollen:***
- *Schmirgelpapier oder Klettband*
- *Klebstoff*

# Einfaches Kartenhaus

**Man braucht:**

- *Spielkarten oder DIN-A7-Karteikarten*
- *Kinderschere*

Wenn Ihr Kind alt genug ist, um mit einer Kinderschere umzugehen, wird es mit Begeisterung dieses einfache Kartenhaus bauen, das nicht gleich beim ersten Luftzug zusammenbricht.

Sie *müssen* dafür keine echten Spielkarten verwenden – DIN-A7-Karteikarten eignen sich ebensogut, wenn nicht gar besser. In jede Karte werden einfach Schlitze geschnitten, wie es in der Illustration zu sehen ist. Nun lassen sich die Karten fest zu allen möglichen Gebilden zusammenstecken, die sogar einem leichten Wind standhalten.

Helfen Sie Ihrem Kind zunächst, einfache Strukturen zu bauen, bevor es sich an anspruchsvollere Konstruktionen heranwagt. Bald werden Sie sich fragen, warum Sie sich jemals mit den herkömmlichen wackligen und hochempfindlichen Kartenhaus-Bauweisen herumgeplagt haben.

Kann Ihr Kind das alles bauen: einen Turm, eine Auffahrt, ein Flugzeug, ein Modell Ihres Hauses, einen Roboter, eine Burg? (Vgl. auch Kartenhaus Nr. 141.)

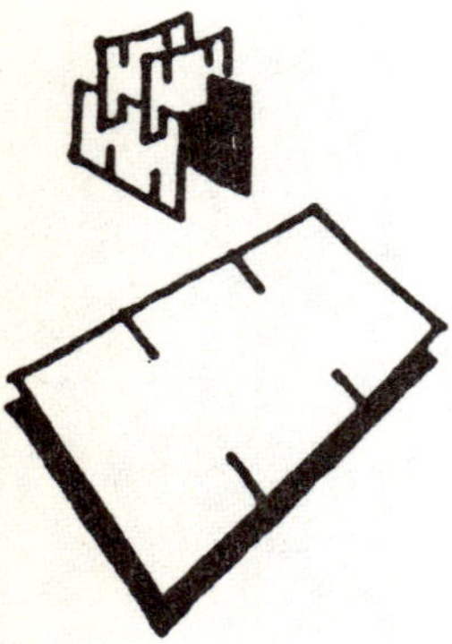

# Kraftfutter

Bevor Sie und Ihr Kind das nächste Mal auf Abenteuersuche gehen, mischen Sie sich doch eine Ladung Kraftfutter. Sie wissen nie, wann Sie einen neuen Energiestoß brauchen können.

Gehen Sie in den nächsten Bioladen oder in die Naturkost-Abteilung Ihres Supermarkts, und kaufen Sie Rosinen und anderes Trockenobst (Äpfel und Aprikosen eignen sich besonders), Nüsse, Karob- (oder Schoko-)plätzchen und Granola.

Stellen Sie Butterbrot-Tüten oder Plastikdosen bereit, und lassen Sie Ihr Kind in jede Tüte oder Dose etwas Granola streuen, als »Grundlage« für die Mischung. Dann kann es mit den anderen Zutaten herumexperimentieren. (Dabei werden Sie wahrscheinlich die Vorräte an Karob- oder Schoko-Plätzchen einschränken müssen.)

Aus irgendeinem Grund ist so ein selbst-»gekochtes« Kraftfutter wesentlich leckerer als fertig gekauftes. Sie sollten es wirklich mal versuchen. Essen soll ja schließlich schmecken.

Und nun – sind Sie abmarschbereit?

***Man braucht:***

- *Rosinen und Trockenobst*
- *Nüsse*
- *Karob- oder Schoko-Plätzchen*
- *Butterbrot-Tüten oder Plastikdosen*

# Essen und Trinken

Es war schon immer schwierig, Kinder zu einer vernünftigen Ernährung anzuhalten. Und heute ist das wichtiger denn je. Viele Kinderärzte sind der Meinung, daß sich eine Fehlernährung in der frühen Kindheit verheerend auf die Gesundheit im späteren Leben auswirken kann.

Bringen Sie Ihren Kindern spielerisch die Grundzüge gesunder Ernährung bei. Zunächst basteln Sie eine Lebensmittelliste, auf der die vier Grundbausteine der Nahrung zu sehen sind: Eiweiß, Milchprodukte, Gemüse/Obst und Brot/Körner/Müsli. Schneiden Sie nun Bilder von Nahrungsmitteln aus, die Sie den Gruppen zuordnen und auf einen großen Bogen Plakatkarton aufkleben. Erklären Sie, daß wir aus jeder Gruppe etwas essen müssen, um gesund zu bleiben.

Sie können die vier Grundbausteine auch folgendermaßen erklären: Sie nehmen einen großen Bogen Pappe oder Plakatkarton und teilen ihn in vier Bereiche, einen für jede Gruppe. Dann schneiden Sie Bilder von verschiedenen Nahrungsmitteln aus und kleben sie auf Karteikarten. Die Karten legen Sie auf einen Stapel, und Ihr Kind kann sie nach und nach der richtigen Gruppe zuordnen.

Wenn Ihr Kind die vier Grundbausteine erst einmal kennt, lassen Sie es die Bestandteile Ihres Mittagessens kategorisieren. Na, wie steht's mit Ihrer Ernährung?

***Man braucht:***

- *Plakatkarton oder Pappe*
- *Bilder von Nahrungsmitteln*

# Eiertanz

Wenn Sie Ihrem Kind diesen kleinen Trick verraten, wird es seine Freundinnen und Freunde damit verblüffen können.

Man braucht dazu zwei Eier, ein hartgekochtes, das andere roh. Ihr Kind kann nun mit seinem Freund oder seiner Freundin um einen Keks (oder um die sprichwörtlichen hunderttausend Milliarden Mark) wetten, daß es das hartgekochte Ei erkennen wird, selbst wenn die Eier hinter seinem Rücken vertauscht werden. Ihr Sohn oder Ihre Tochter wird das hartgekochte Ei siegessicher aufschlagen, ohne eine Sauerei befürchten zu müssen.

Und was ist der Trick? Hartgekochte Eier drehen sich eifrig um sich selbst, wenn man sie anschubst, während rohe Eier nach ein oder zwei Umdrehungen liegenbleiben. (Probieren Sie die verschiedenen Dreheigenschaften aus, bevor Ihr Kind den Trick vorführt – sonst könnte es zu einer unglücklichen Fehleinschätzung und damit zu einer unbezahlten Schuld von hunderttausend Milliarden Mark kommen.)

***Man braucht:***
- *ein rohes Ei*
- *ein hartgekochtes Ei*

# Der verflixte achte Kniff

Mit diesem Trick werden Ihre Kinder – und jeder, der es sonst lernt – wie Genies erscheinen. Und dabei ist er mehr als einfach.

Fragen Sie Ihr Gegenüber, ob er oder sie weiß, wie man Papier faltet. Die Antwort wird ein klares Ja sein. Dann fragen Sie, ob es auch möglich ist, ein Papier mehr als siebenmal zu falten – »Natürlich!«

Aber das ist es nicht. Egal, welches Papier Sie benutzen: Jedes beliebige Blatt wird zu dick, wenn man zum verflixten achten Kniff kommt. Sie können's ja selbst mal versuchen.

Fragen Sie uns nicht, warum dieser Trick immer funktioniert. Man hat uns gesagt, es habe etwas damit zu tun, wie sich die Papierfasern beim Herstellungsprozeß ineinander »verhaken«. Aber die Hauptsache ist, das Prinzip ist verläßlich, ob Sie nun einen Bogen Zeitungspapier oder schönes Briefpapier verwenden.

Nachdem er sich eine Weile an dem verflixten achten Kniff versucht hat, wird Ihr Partner schließlich einsehen, daß es unmöglich ist, und sich geschlagen geben.

***Man braucht:***
- *einen Bogen Papier*

# Elefantenspaziergang

Ein uns bekannter einfallsreicher Lehrer ließ seine Schülerinnen und Schüler einmal Elefantenmasken basteln und dann draußen damit spazierengehen, wo sie große Aufmerksamkeit erregten. Und so können Sie selbst einen Elefantenkopf herstellen:

Sie brauchen eine Einkaufstüte aus Papier, in die Sie Augen und ein Nasenloch schneiden. Dann rollen Sie ein großes Stück Packpapier zu einer etwa 75 cm langen und 5 cm breiten Röhre. Schneiden Sie das eine Ende viermal der Länge nach ein, so daß Sie die vier Teile wie Blütenblätter auseinanderfalten können. Stekken Sie die »Blütenblätter« nun in das Nasenloch, und befestigen Sie sie an der Innenseite der Tüte mit Klebeband – der Rüssel hält jetzt wie angewachsen.

Dann schneiden Sie ein Paar große Ohren aus dünner Pappe oder Plakatkarton aus. Die Ohren werden mit breitem Tesakrepp auf der ganzen Länge an die Tüte geklebt. Sie müssen nicht ganz fest sitzen – Elefantenohren sollen ja herumschlenkern.

Und jetzt lassen Sie Ihren Elefanten im Garten Walzer tanzen, oder Sie singen zusammen das Elefantenlied: »Was müssen das für Bäume sein, wo die großen Elefanten spazierengehn, ohne sich zu stoßen.« – Ihre Freunde und Nachbarn werden staunen.

***Man braucht:***
- *eine Einkaufstüte aus Papier*
- *ein großes Stück Packpapier*
- *ein Stück dünne Pappe*
- *ein breites Tesakrepp oder Paketklebeband*

# Riesenradio auf 92.92 MHz

*Man braucht:*
- *einen großen Karton*
- *Filzstifte oder Wachsmalkreiden*

*Wenn Sie wollen:*
- *Stoff*
- *Deckel von Joghurtbechern*

Erinnern Sie sich noch an die altmodischen Radios, die so groß wie ein Viermannzelt waren? Versuchen Sie mal eines aus einem großen Karton zu basteln. Mit den Verpackungen von Haushaltsgeräten geht das besonders gut. (Manchmal kann man in Elektrogeschäften die Kartons von Ausstellungsstücken bekommen.)

Malen Sie vorne einen Lautsprecher mit Wachsmalkreiden oder Filzstiften auf, oder kleben Sie ein Stück Stoff auf die Vorderseite des Kartons. Dazu kommen noch Lautstärkenregler und die Senderanzeige. Ihr Kind kann die Knöpfe mit Wachs- oder Filzstiften anzeichnen. Sie können aber auch Deckel von Joghurtbechern aufkleben, die mit Buntpapier oder Folienresten bezogen sind. Zum Schluß schneiden Sie noch eine Tür in die Rückseite, damit Ihr Kind hineinklettern kann, und zwei Seitenfenster für die Beleuchtung.

Jetzt können Sie sich auf ein abwechslungsreiches Radioprogramm einstellen. Ihr Kind kann singen, Gedichte aufsagen, Geschichten vorlesen, Nachrichten aus Schule und Familie präsentieren oder Kommentare über die Lage zu Hause, über den Zustand der Weltwirtschaft und über die Bedeutung des Kosmos abgeben.

Schlagen Sie Ihrem Kind vor, den Gast in einer Talkshow zu spielen. Wählen Sie ein Thema wie das Wetter oder Dinosaurier, und bombardieren Sie dann den Experten im Kasten mit Fragen: »Wie konnte dieser große Gorilla nur auf die Spitze des Empire State Buildings gelangen?«

# Das Familienbuch der Rekorde

Auch in Ihrer Familie gibt es zweifellos ein paar erstaunliche Geschichten von Kraft, Mut und Können, die für die Nachwelt aufgeschrieben werden sollten.

Besorgen Sie ein Ringbuch und ein Register (oder machen Sie das Register selbst aus Tonpapier). Beschriften Sie das Register mit Bezeichnungen wie Sport, Bauklötze und Spielzeug, Haushalt und so weiter. Sie sollten außerdem einen Stapel gelochtes Schmierpapier sammeln. Binden Sie das Ringbuch in dickes braunes Packpapier ein, und lassen Sie es von Ihren Kindern bemalen. Jetzt stellen Sie Fragen: »Was ist die größte Zahl von Bauklötzen, die du jemals aufeinandergetürmt hast? Dein weitester Sprung? Die längste Zeit, die du auf einem Fuß balanciert oder jemanden angestarrt hast, ohne zu lachen?« Sie können dabei das Konkurrenzdenken ausschalten, indem Sie jedem Kind einzeln dieselben Fragen stellen, so daß die Kinder nicht miteinander konkurrieren, sondern nur gegen sich selbst wetteifern.

Notieren Sie die Disziplin, den Rekord, den Rekordhalter, das Datum, und ordnen Sie diese Informationen in die jeweilige Kategorie ein. Kleben Sie noch ein Foto oder eine Zeichnung dazu, falls vorhanden.

Es gibt nur eine Regel: Keiner darf die Leistung eines anderen innerhalb von 24 Stunden zu überbieten versuchen – so kann sich jeder wenigstens einen Tag lang in seinem Ruhm sonnen.

***Man braucht:***
- *Ringbuch*
- *gelochtes Schmierpapier*
- *Register oder Tonpapier*
- *Packpapier*

# Familienkalender

So können Sie einen Kalender basteln, bei dem sich wirklich alles um das dreht, was Ihrem Kind wichtig erscheint.

Sie zeichnen ein Kalenderraster für einen bestimmten Monat, ein Viertel- oder das ganze Jahr auf einen großen Bogen Tonpapier. Wählen Sie Daten, für die sich Ihr Kind bestimmt interessiert: seinen Geburtstag zum Beispiel oder die Geburtstage anderer Familienmitglieder, größere Urlaubs- oder Reiseunternehmungen und so weiter. Bei jedem dieser Tage schneiden Sie eine Klappe, wie in der Illustration zu sehen.

Bringen Sie nun ein Stück Plakatkarton hinter dem Kalender an. Befestigen Sie beides mit Doppelklebeband oder etwas Klebstoff am Rand aneinander. Hinter jeder Klappe zeichnen oder kleben Sie nun ein passendes Bild oder Foto auf das hintere Blatt. Auf die Außenseite der Klappe kommt ebenfalls ein Bild.

Mit Hilfe dieses Kalenders können Sie Ihrem Kind erklären, wie viele Tage es noch bis zu einem bestimmten Ereignis warten muß. Außerdem können geplante Ausflüge ein paar Tage im voraus angekündigt werden, ein Zoobesuch zum Beispiel, ein Spaziergang im Park oder ein Besuch bei einem besonders guten Freund.

***Man braucht:***
- *große Bögen Tonpapier*
- *einen Bogen Plakatkarton*
- *Klebstoff oder Doppelklebeband*
- *Bunt- oder Filzstifte*
- *Fotos*

# Familienwappen

Auch wenn Sie nicht in einer Burg leben, können Sie ein Familienwappen kreieren – Ihr Kind kann es für Sie entwerfen.

Erklären Sie Ihrem Sohn oder Ihrer Tochter, daß ein Wappen ein besonderes Bild für die Familie ist. (Die meisten Wörterbücher und Lexika zeigen Bildbeispiele für Wappen.) Geben Sie Ihrem Kind für seinen Entwurf Papier, Wachsmalkreiden, Filzstifte und Farben. Vielleicht schneiden Sie auch ein Schild aus und legen ein paar runde Gegenstände als Schablonen sowie ein Lineal bereit.

Ihr Kind kann nun alle möglichen »heraldischen« Zeichen einsetzen: Lilien, Adler, Lastwagen, Tiere oder sogar Dinosaurier. Manchmal wird dabei eine ziemlich seltsame Mischung herauskommen. (Unser Sohn kreierte unser Familienwappen aus einem Tyrannosaurus Rex, umgeben von drei Blumen und auf einem Müllauto stehend.)

Wenn das Wappen fertig ist, wird es im Kinderzimmer aufgehängt. Und falls Sie Zugang zu einem Fotokopierer haben, können Sie das Wappen auch vervielfältigen, um es dann für Grußkarten zu verwenden, die Ihr Kind noch von Hand nachkolorieren kann.

***Man braucht:***
- *Papier*
- *Wachsmalkreiden, Filzstifte oder Temperafarbe*

# Familienflagge

**_Man braucht:_**

- *ein Stück Stoff oder alten Kopfkissenbezug*
- *Stoffmalfarben*
- *Hefter oder Nähzeug*
- *Holzstab oder Pappröhre*

**_Wenn Sie wollen:_**

- *Papier und Stifte*

Unter welcher Flagge segelt Ihr Familienschiff? Lassen Sie Ihr Kind entscheiden, und basteln Sie dann die Flagge.

Sie brauchen dazu ein Stück Stoff (das kann auch ein alter, aufgeschnittener Kopfkissenbezug sein) und einen Holzstab oder eine Pappröhre. Jüngere Kinder wollen wahrscheinlich gleich loslegen und die nächstbeste Fläche im Freistil bemalen. Ältere Kinder ziehen es vielleicht vor, zuerst einen Entwurf auf Papier zu machen, ihn auf den Stoff zu übertragen und dann erst anzumalen.

Wenn die Farbe getrocknet ist, rollen Sie eine Seite des Stoffes um den Stab oder die Pappröhre, stecken das Ende fest und ziehen Stab oder Röhre heraus. Dann nähen oder heften Sie das Ganze mit Heftklammern zusammen. (Das ist Aufgabe eines Erwachsenen.) Achten Sie darauf, auch die Oberkante zu schließen, damit die Flagge später nicht an der Röhre herunterrutscht.

Hissen Sie die Flagge von nun an bei allen wichtigen Familienereignissen und anderen Anlässen, wie beispielsweise zum Volleyballon (Nr. 17) oder zur Verrückten Olympiade (Nr. 65). Und wenn die Flagge nicht in Gebrauch ist, wird sie an gut sichtbarer Stelle aufgehängt.

# Unsere Allgemeine Zeitung

Sonderausgabe! Sonderausgabe! Lesen Sie alles über Teddybärs ersten Zahn, die Ergebnisse des letzten Klorollen-Kegelturniers oder die erste Wurmsuche des Jahres in unserem Garten.

Über solche und andere Themen können Ihre Kinder in einer Familienzeitung berichten. Für ein einfaches Blatt können Sie die Rückseiten von Schmierpapier verwenden und von Hand die Geschichten aufschreiben, die Ihnen Ihre kleineren Kinder erzählen. (Hängen Sie die Zeitung an die Kühlschranktür, so erreichen Sie die größte Leserschaft.) Älteren Kindern helfen Sie beim Schreiben ihrer eigenen Berichte und Nachrichten. Wenn Sie's ganz perfekt machen wollen, benutzen Sie eine Schreibmaschine oder einen Computer, um Texte in Spalten zu setzen.

Ältere Kinder werden es genießen, als Reporter selbst Geschichten zu schreiben. Bringen Sie ihnen die Grundzüge des Journalismus bei: die fünf »W« (wer? was? wo? wann? warum?). Dann schicken Sie sie zur Recherche durchs Haus oder in den Garten, um über Dinge wie den Stand der familieninternen Recycling-Kampagne zu berichten oder die Meinungen von einzelnen Familienmitgliedern zu brandaktuellen Themen (wie Lieblingsessen, -spielzeuge oder -länder) einzuholen.

Nicht vergessen: Für die Familienzeitung liefert das Leben selbst die Nachrichten, und diese Nachrichten sind es immer wert, gedruckt zu werden.

***Man braucht:***

- *Papier*
- *Blei-, Bunt- oder Filzstifte*

***Wenn Sie wollen:***

- *Schreibmaschine oder Computer*
- *Familienfotos*
- *Klebstoff*

# Chronist der Familie

Diese Beschäftigung paßt besonders gut zum Familienstammbaum (Nr. 99), obwohl sie natürlich auch für sich stehen kann.

Beim nächsten Familientreffen geben Sie Ihrem Kind eine Liste mit Fragen, die es den ältesten Verwandten stellen kann. Falls sie früher in einer anderen Stadt oder sogar einem anderen Land gelebt haben, kann Ihr Kind mit Fragen über das Leben vor und nach dem Umzug beginnen: »Wo bist du aufgewachsen?« »Was hatten deine Eltern für einen Beruf?« »In was für einem Haus habt ihr gewohnt?« »Was hast du gerne gespielt?« »Wie war die Schule damals?« »Warum seid ihr umgezogen?« »Was hast du gearbeitet?«

Auch bei den anderen Verwandten kann Ihr Kind Fragen über Elternhaus, Heimatstadt, Freunde, Schulzeit, über den jetzigen Beruf, interessante Reisen und so weiter stellen.

Übernehmen Sie das Aufschreiben der Antworten, damit sich Ihr Kind ganz auf die Interviews konzentrieren kann. Wenn möglich, nehmen Sie die Interviews auch auf Kassette auf. Sie können Fotos der Verwandten neben die Aufschriebe kleben, die dann in einem Heft gesammelt werden. Das Heft und die Kassetten werden wunderbare Erinnerungsstücke für die ganze Familie sein.

***Man braucht:***
- *Papier und Bleistift*
- *Heft*

***Wenn Sie wollen:***
- *Kassettenrecorder*
- *Familienfotos*

# Familienstammbaum

Irgendwann kommt einmal der Zeitpunkt, daß es Kindern Spaß macht, die verschiedenen Verwandtschaftsbeziehungen kennenzulernen. Das fasziniert sie und vertieft ihr Bewußtsein, in diese Gemeinschaft eingebunden zu sein.

Geben Sie Ihrem Kind einen großen Bogen Papier und Bunt- oder Filzstifte. Zeigen Sie ihm, wo und wie man kleine Kästchen für die einzelnen Familienmitglieder zeichnet. Sie beginnen dabei am oberen Rand mit der ältesten noch lebenden Generation. (Vielleicht lassen Sie Ihr Kind auch verschiedene Farben für die väterliche und die mütterliche Seite seiner Familie verwenden.) Buchstabieren Sie die Namen für Kinder, die noch nicht schreiben, aber schon Buchstaben malen können. Ältere Kinder dürfen die Familiennamen schon selbst eintragen.

Noch aussagekräftiger wird der Stammbaum, wenn Sie Fotos der verschiedenen Verwandten neben ihren Namen aufkleben. Falls ausreichend Platz auf dem Papier vorhanden ist, können Sie auch eine kurze Geschichte über jedes Familienmitglied schreiben. Ermuntern Sie Ihr Kind, so viele Geschichten wie möglich zusammenzutragen.

Diese Beschäftigung wird Ihnen wahrscheinlich eine gute Gelegenheit bieten, so schwer faßbare Begriffe wie Großeltern, Cousin und Cousine, Tanten, Onkel und Verwandte zweiten und dritten Grades zu erklären.

***Man braucht:***
- *einen großen Bogen Papier*
- *Bunt- oder Filzstifte*

***Wenn Sie wollen:***
- *Fotos von Verwandten*

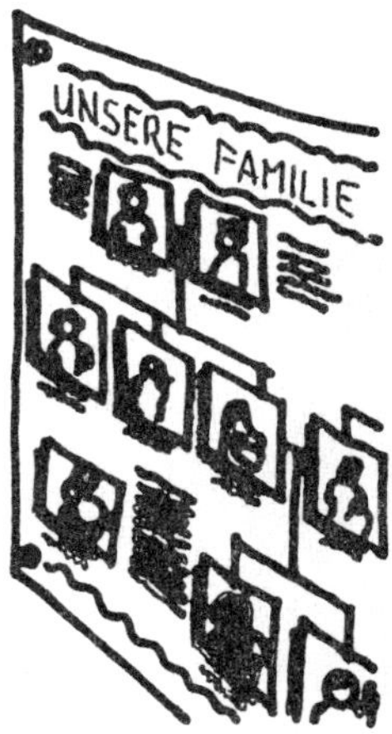

# Fixe Füße

Bestimmt können Sie und Ihr Kind mit konventionellen Mitteln ganz schön revolutionäre Zeichnungen produzieren. Aber was passiert, wenn Sie zu radikaleren Methoden übergehen und den Stift mit den Zehen halten?

Versuchen Sie's doch mal. Alles, was Sie dazu brauchen, sind ein paar große Bögen Papier und etwas Platz auf dem Fußboden. Wahrscheinlich wird es nicht lange dauern, bis sich Ihr Kind zum Experten für Fußmalerei entwickelt hat.

Diese Beschäftigung macht nicht nur viel Spaß, sie verdeutlicht auch unsere menschliche Vielseitigkeit. Erzählen Sie Ihrem Kind, daß Leute, die ihre Hände nicht mehr gebrauchen können, sich oft zu helfen wissen, indem sie das Schreiben, Malen, Zeichnen, Zählen, das Halten von Gegenständen und alle möglichen anderen Tätigkeiten mit den Füßen verrichten. Sie sollten's aber fürs erste beim Zeichnen belassen. Sie werden überrascht sein, wie »gut zu Fuß« Ihr Kind ist (vgl. auch Ambidextrie Nr. 5).

***Man braucht:***
- *große Bögen Papier*
- *Wachsmalkreiden*

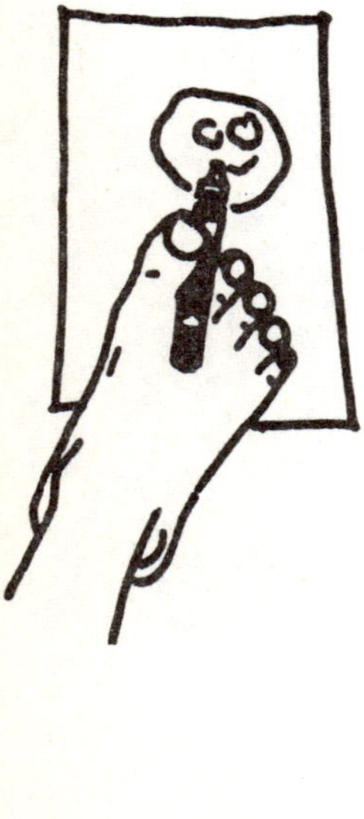

# Fabelwesen

Im Laufe der Geschichte haben wir Menschen uns eine ganze Reihe ziemlich seltsamer Tiere ausgedacht, ausgefallene Wesen, die nur in unserer Vorstellung existieren und die auf Kinder meist eine große Anziehungskraft haben. Warum erzählen Sie also nicht einmal von diesen berühmten klassischen Tieren aus anderen Welten und schlagen Ihrem Kind vor, Bilder dazu zu malen?

*Die Chimäre:* Kopf eines Löwen, Körper einer Ziege und Schwanz einer Schlange
*Der Zentaur:* halb Mensch, halb Pferd
*Der Drache:* ein riesiges, feuerspeiendes Reptil mit Flügeln
*Der Minotaurus:* halb Mensch, halb Stier
*Pegasus:* ein geflügeltes Pferd
*Der Satyr:* halb Mensch, halb Ziegenbock
*Die Sphinx:* Kopf einer Frau, Körper eines Löwen, Flügel
*Das Einhorn:* ein kleines Pferd mit einem langen, geraden Horn, das aus der Mitte seiner Stirn wächst

***Man braucht:***
- *Papier*
- *Bunt- oder Filzstifte*

# Papierschiffchen

***Man braucht:***
- *rechteckiges Blatt Papier beliebiger Größe*

Ein Blatt Papier findet sich fast überall, und das ist alles, was man zu diesem Schiffchen braucht. Es ist schnell gefaltet, dann kann man es auf dem Teppich oder auf dem Tisch, im Auto oder im Wartezimmer vom Stapel laufen lassen. Sogar eine kurze Fahrt in der Badewanne kann der Dampfer heil überstehen.

Man braucht ein rechteckiges Blatt Papier; das kann eine Zeitung sein oder ein Notizzettel, entsprechend groß oder klein wird dann das Schiff.

1. Das Rechteck wird auf die Hälfte zusammengelegt. 2. Die Ecken der geschlossenen Seite werden auf die Mitte gefaltet. 3. Die überstehenden offenen Enden werden vorne und hinten nach oben geknickt, so daß ein Hut entsteht. 4. Dieser Hut wird in der Mitte auseinandergezogen und bildet dann ein nach unten offenes Quadrat. 5. Die unteren Ecken des Quadrates werden zur Spitze gefaltet, und der dadurch entstandene kleine Dreieckshut wird wie in 4. zum Quadrat nach unten gezogen. 6. Das Quadrat läßt sich nun von der Spitze her quer auseinanderziehen. Das Schiff ist bereit, in See zu stechen.

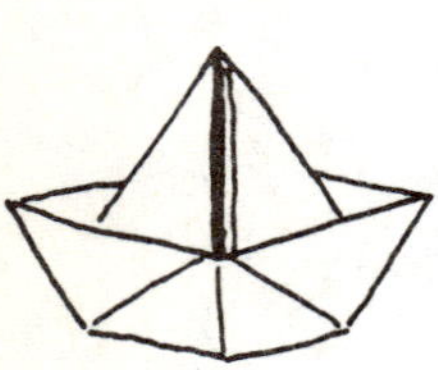

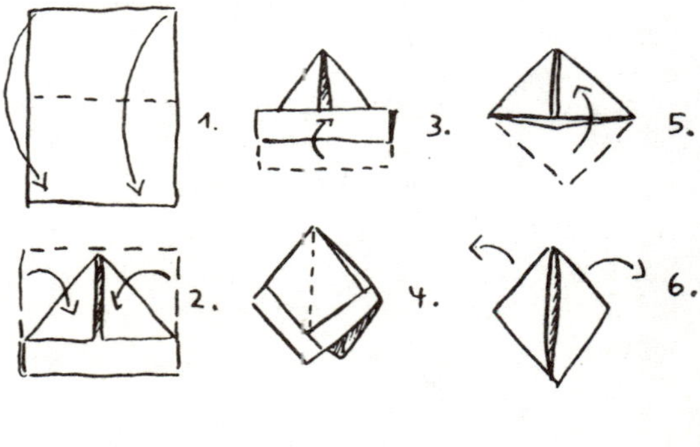

# Das Hemd des Kapitäns

Diese Geschichte hat eine verblüffende Pointe, die leicht zu merken ist.

Als Requisit brauchen Sie ein nach der Anleitung in Nr. 102 gefaltetes Papierschiffchen. »Das Schiff liegt im Hafen, Passagiere und Mannschaft gehen an Bord. Die Anker werden gelichtet, es ist ein schöner Tag auf hoher See. Doch plötzlich kommen schwarze Wolken auf, und bald bricht ein schreckliches Unwetter los. Der Kapitän bemüht sich verzweifelt, das Schiff wieder in Richtung Heimathafen zu lenken, doch vergebens: Es schlingert hilflos herum und wird von den Wellen hin- und hergeworfen, so daß schließlich der Mast abbricht.« An dieser Stelle reißen Sie die dreieckige Spitze, also den Mast des Papierschiffchens, ab. »Der Sturm treibt das Schiff nun auf eine Felsenküste zu, es wird gegen einen Felsblock unter Wasser geschleudert, und dabei bricht das Heck des Schiffes auseinander.« Hier reißen Sie nun die hintere Ecke des Schiffchens ab. »Da das Boot nun völlig manövrierunfähig geworden ist, wird es mit der nächsten größeren Welle gleich wieder gegen den Felsen geworfen, wobei nun auch noch der Bug abbricht.« An dieser Stelle wird die vordere Ecke des Schiffchens weggerissen. »Alle können sich mit Müh und Not an Land retten, aber das Schiff ist verloren und geht unter. Alles, was am nächsten Tag an Land gespült wird, ist das Hemd des Kapitäns.« Zum Schluß falten Sie das Wrack des Papierschiffchens auseinander und erhalten das »Hemd des Kapitäns«.

***Man braucht:***

- *Papierschiffchen aus Nr. 102*

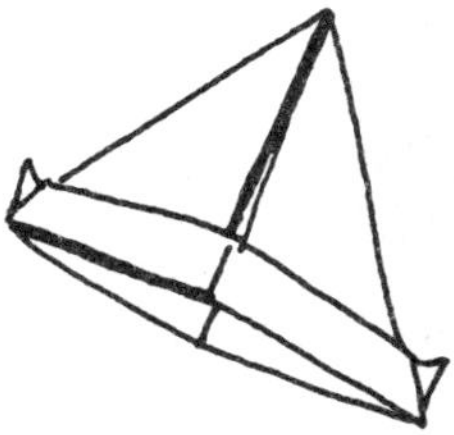

# Schnellsprecher

*Man braucht:*

- *Uhr*
- *Papier*
- *Bleistift*

*Wenn Sie wollen:*

- *Kassetten-recorder*

Dieses Spiel ist ganz einfach: Wie schnell können Sie sprechen? Wählen Sie ein Gedicht oder einen Spruch, den in Ihrer Familie alle auswendig können. (»Hoppe, hoppe, Reiter...« und »Morgens früh um sechs kommt die kleine Hex...« sind besonders beliebt.) Holen Sie die Uhr heraus, und auf »Los« rasseln Ihre Kinder den Text nun so schnell wie möglich herunter. Aber keine Wörter auslassen! Notieren Sie die verschiedenen Zeiten auf einem Stück Papier, das Sie gut aufbewahren. Schließlich wollen Sie ja wissen, ob Sie einen Weltrekord gebrochen haben (vgl. die Vorschläge für »Das Familienbuch der Rekorde« in Nr. 93).

Ein besonderer Gag ist es, die Schnellsprechversuche auf Kassette aufzunehmen. Wahrscheinlich wird es sich ungefährsoanhörenundSiemüssendasGanzeeinpaarmalanhörenumgenauzuverstehenwaseigentlichgesagtwird.

(Was soll das überhaupt für eine Sprache sein?)

# Vogelfutter

Wenn man sich wirklich um die Vögel draußen kümmern will, gehört mehr dazu, als nur ein bißchen Vogelfutter auf die Erde oder in ein Vogelhäuschen zu streuen. Hier sind zwei Vorschläge, wie das Füttern von Vögeln besonderen Spaß machen kann. Wenn Sie Nadelbäume in der Nachbarschaft haben, lassen Sie Ihr Kind Erdnußbutter auf einem Tannen- oder Kiefernzapfen verteilen, der dann in Vogelfutter gewälzt wird. Befestigen Sie eine Schnur an dem Zapfen, und hängen Sie ihn an einen Baum oder Haken in der Nähe eines Fensters.

Eine andere Möglichkeit wäre, anstelle des üblichen Meisenknödels eine »Meisenglocke« herzustellen. Bewahren Sie etwas Bratenfett auf, und mischen Sie es mit der doppelten Menge Vogelfutter oder Brotkrümeln. Nun stoßen Sie ein Loch in einen Joghurtbecher und ziehen einen Faden als Schlaufe hindurch, wobei die Enden jeweils etwa 30 cm lang sein sollten. Während Sie den Faden festhalten, damit er sich nicht zusammenrollt, gießen Sie nun die Mischung in den Becher und lassen sie erstarren. Wenn das Ganze abgekühlt und hart geworden ist, ziehen Sie den Joghurtbecher ab und können nun die frische »Meisenglocke« an einen Baum hängen.

Egal, für welche Möglichkeit Sie sich entscheiden, die Vögel in Ihrer Nachbarschaft werden sich über die Mahlzeit freuen, und Ihre Kinder werden Spaß daran haben, die neuen Nachbarn kennenzulernen.

**Aufgepaßt!**
Herd

***Man braucht:***
- *Erdnußbutter*
- *Tannenzapfen*
- *Bratenfett*
- *Vogelfutter oder Brotkrümel*
- *Joghurtbecher*
- *Schnur*

# Fingerpüppchen

**Man braucht:**

- *alte Handschuhe oder Erdnußschalen, Heftpflaster, Fingerhüte*
- *Material zum Verzieren*

**Wenn Sie wollen:**

- *Pappschachtel (etwa 30 cm Seitenlänge)*

Haben Sie nicht schon immer nach einer Möglichkeit gesucht, wie Sie gleichzeitig ein Spielzeug für Ihr Kleinkind und ein Faschingskostüm für Ihr älteres Kind herkriegen? Opfern Sie ein Paar Handschuhe, und schneiden Sie die Finger ab, um daraus Fingerpüppchen zu basteln. Die Überreste der Handschuhe geben Sie Ihren älteren Kindern, die sie für eine klassische Landstreicher- oder Hexenverkleidung oder für ein anderes Kostüm, das gerade angesagt ist, verwerten können.

Falls Sie kein altes Paar Handschuhe (oder ältere Kinder) haben, können Sie auch aus Erdnußschalen, Filzresten, Fingerhüten und sogar aus Heftpflaster Fingerpüppchen zaubern. Mit Filzstiften werden die Gesichter gemalt, und aus Wolle oder Watte entstehen Haare, Bärte und ähnliches.

Selbst ein richtiges Theater können Sie bauen, indem Sie ein quadratisches Fenster (von etwa 15 cm Seitenlänge) in die obere Hälfte eines Pappkartons schneiden. Entfernen Sie nun alle Klappen bis auf die obere bei dem Fenster, und stellen Sie die Schachtel aufrecht hin, so daß sich das Fenster an der oberen Außenseite befindet. Fahren Sie mit der Hand unter die Klappe, und lassen Sie die Püppchen im Fenster eine Show abziehen.

# Fingerabdrücke

Diese Beschäftigung wird Ihr Kind verblüffen, und möglicherweise finden Sie auch heraus, wer da schon wieder die Hand in der Keksdose hatte.

Erklären Sie zunächst, daß jeder Mensch andere, einmalige Fingerabdrücke hat. (Selbst bei Zwillingen ist das so.) Dann kann Ihr Kind die Fingerabdrücke der ganzen Familie nehmen. Dazu benutzt man am besten ein Stempelkissen mit auswaschbarer Farbe, oder man macht sich ein »Stempelkissen«, indem man mit einem Bleistift eine dicke Farbschicht auf ein Blatt Papier rubbelt. Zeigen Sie Ihrem Kind, wie man den Finger eines »Verdächtigen« hält und ihn vorsichtig auf dem Farbkissen hin und her rollt. Dann wird der Finger auf ein Blatt Papier gesetzt und auch dort von einer auf die andere Seite gerollt, so daß sich ein deutlicher Fingerabdruck ergibt. (Falls Sie nach der Graphit-Methode arbeiten, müssen Sie etwas Tesafilm über den Abdruck kleben, damit sich der Graphit nicht abreibt oder verschmiert.) Zum Schluß werden die Abdrücke mit Namen versehen.

Im nächsten Schritt zeigen Sie, wie man verschiedene Gegenstände mit Speisestärke und einem kleinen weichen Pinsel bestäubt. Auf harten und glatten Oberflächen bekommt man die besten Abdrücke. Blasen Sie die Stärke weg und fertig! Sie sehen die Fingerabdrücke desjenigen, der den Gegenstand berührt hat. Nun können Sie versuchen, sie den verschiedenen Familienmitgliedern zuzuordnen. Dabei ist eine Lupe hilfreich.

***Man braucht:***

- *Bleistift oder auswaschbares Stempelkissen*
- *Papier/Heft*
- *Klebefilm (nicht notwendig, wenn Sie ein Stempelkissen benutzen)*
- *Speisestärke und Pinsel*

***Wenn Sie wollen:***

- *Lupe*

# Farblichtspiele

Die meisten Kinder finden Farben faszinierend. Bei Nr. 55 wurde am Beispiel Lebensmittelfarbe deutlich, wie alle Farben aus den drei Grundfarben entstehen; hier läßt sich dasselbe mit Licht zeigen.

Sie müssen dafür drei Luftballons opfern: einen roten, einen blauen und einen gelben. (Luftballons sind nichts für kleine Kinder.) Spannen Sie ein Stück Ballon über eine Taschenlampe, und befestigen Sie es mit einem Gummiband. Dann lassen Sie Ihr Kind in einem verdunkelten Raum mit der Lampe an Wände oder Decke leuchten. Durch Hinzufügen verschiedener Ballon-»Filter« können Sie eine Vielzahl von Mischfarben entstehen lassen (Blau + Gelb = Grün; Rot + Blau = Lila; Rot + Gelb = Orange). Wenn Sie mehrere Taschenlampen besitzen, können Sie jede mit einer Grundfarbe überziehen und dann die Farben an der Wand oder Decke »mischen«.

Eine Variante setzt drei Taschenlampen mit Ballon-»Filtern« (einen für jede Grundfarbe) voraus. Diese werden in eine nicht zu kleine Papiertüte gehalten, in deren Boden Löcher geschnitten wurden. Es geht am einfachsten, wenn Sie und Ihr Kind jeweils eine Taschenlampe in der Tüte halten. Richten Sie die Löcher gegen die Decke, und bewegen Sie die Lampen in der Tüte – es entsteht ein regenbogenartiger Tanz von Licht und Farben, bei dem Spaß und Vergnügen garantiert sind.

**Aufgepaßt!**

Ballon

***Man braucht:***
- *eine oder mehrere Taschenlampen*
- *drei Ballons (rot, gelb und blau)*

***Wenn Sie wollen:***
- *Papiertüte*

# Daumenkino

Haben Sie als Kind auch mit einem »Daumenkino« gespielt? Indem man die Seiten des Buches schnell mit dem Daumen aufblättert, lassen sich Bilder vorwärts oder rückwärts »bewegen«.

Schneiden Sie dazu Karteikarten in zwei Hälften. Entscheiden Sie sich für ein Motiv, beispielsweise einen hüpfenden Ball, ein startendes Flugzeug oder einen Vogel in der Luft – je nachdem, was Ihr Kind bevorzugt. Dann zeichnen Sie nach und nach die sich bewegenden Objekte in leicht unterschiedlichen Positionen auf die Seiten der einzelnen Kärtchen.

Wenn Sie beispielsweise das Ball-Motiv gewählt haben, lassen Sie den Ball in der oberen rechten Ecke auf dem ersten Kärtchen beginnen. Ziehen Sie eine Hilfslinie am unteren Rand des Kärtchens, ebenso auf allen anderen Kärtchen. Auf jeder folgenden Seite zeichnen Sie nun den Ball etwas näher zu dieser Linie hin, bis er »auf dem Boden aufkommt« und wieder »nach oben springt«.

Nun lassen Sie Ihr Kind einen Umschlag für die als Buch gebündelten Kärtchen entwerfen. Heften Sie die Kärtchen und den Umschlag links zusammen, wobei Sie das erste Kärtchen an den Schluß und das letzte Kärtchen an den Anfang setzen. Blättern Sie das Buch vorwärts und rückwärts; der Ball oder irgendein anderer von Ihnen gewählter Gegenstand wird sich wie durch Zauberei bewegen. Beim nächsten Mal kann Ihr Kind ja das Zeichnen übernehmen.

***Man braucht:***
- *Karteikarten*
- *Bunt- oder Filzstifte*

# Blumenpresse

Das Pressen von Blumen ist eine alte Kunst, die auch Ihrem Kind gefallen wird.

Zuerst machen Sie eine kleine Expedition in die Natur und sammeln einen Vorrat von kleinen Blüten, wie beispielsweise Veilchen, Butterblumen, Gänseblümchen oder Stiefmütterchen. Breiten Sie die Blumen zwischen zwei Blättern Löschpapier aus, die Sie dann unter ein schweres Buch legen. (Jetzt wissen Sie auch, warum die Blüten klein sein sollen.) Nehmen Sie das Gewicht erst weg, wenn die Blumen ganz ausgetrocknet sind.

Mit den getrockneten Blumen kann man eine Vielzahl von Dingen schmükken, unter anderem selbstgemachte Grußkarten oder Sets. Oder man kann damit Naturbilder wie Blumen- und Blättercollagen herstellen. (In Nr. 172 finden Sie die Anleitung zum Trocknen und Pressen von Blättern.)

Eine weitere Möglichkeit wäre ein Blumenschaukasten: Sie befestigen die Blumen mit Klebstoff oder Klebestreifen auf der Innenseite einer flachen Schachtel und spannen dann Plastikfolie darüber, die auf der Rückseite mit Klebestreifen fixiert wird.

Schreiben Sie den Namen der Pflanze auf die Innenseite der Schachtel, oder kleben Sie ein kleines Schildchen daneben. Nun wird die Schachtel so aufgestellt, daß sie von Freunden und Verwandten, die zu Besuch kommen, gesehen und bewundert werden kann.

**Man braucht:**
- *kleine Blumen*
- *Löschpapier*
- *ein schweres Buch*

**Wenn Sie wollen:**
- *eine flache Pappschachtel*
- *Plastikfolie*

# Pfeiljagd

Überraschen Sie Ihr Kind doch mal mit diesem Einfall! Sie müssen allerdings Vorbereitungen treffen, wenn Ihr Sohn oder Ihre Tochter am Abend zu Bett gegangen ist, damit am nächsten Morgen alles startklar ist, wenn er oder sie aufwacht.

Und was genau gibt es dann zu entdecken? Pfeile – jede Menge Pfeile. Verteilen Sie Papierschilder mit großen gemalten Pfeilen darauf überall im ganzen Haus. Ihr Kind wird Ihnen vom ersten bis zum letzten Pfeil folgen, um zum Ziel zu gelangen, wo Sie bereits ein besonders leckeres Frühstück, die Eintrittskarten für einen heißersehnten Familienausflug oder eine Geburtstagsüberraschung vorbereitet haben.

Wie kompliziert darf die Anordnung der Pfeile sein? Das bleibt Ihnen überlassen – richten Sie sich nach den Fähigkeiten Ihres Kindes. Aber Sie müssen auch wirklich etwas Besonderes ans Ende des Parcours legen. Sonst könnte es zu einer schweren Erschütterung Ihrer Glaubwürdigkeit kommen.

***Man braucht:***
- *Papier*
- *Filzstifte*
- *Klebestreifen*
- *einen »Schatz«*

# Arcimboldo

***Man braucht:***
- *Zeitschriften, Werbebroschüren*
- *Papier*
- *Filzstifte*

Die dekorativen Köpfe und Figurenkompositionen des Malers Arcimboldo (1520–1593) sind heute sehr beliebt. Sie können mühelos eine moderne Version seiner Kunstwerke schaffen.

Wahrscheinlich fällt Ihnen die meiste Werbung für Lebensmittel schon gar nicht mehr auf, wenn Sie Zeitschriften lesen. Achten Sie in Zukunft mal darauf, und schneiden Sie Bilder und Fotos von Obst, Gemüse, Eiern und anderen Nahrungsmitteln aus. (Wenn's ganz schnell gehen soll, suchen Sie sich eine Zeitschrift aus, die viele Rezepte enthält, oder am besten nehmen Sie die Werbebroschüren vom Supermarkt.)

Wenn Sie eine ausreichende Sammlung von Bildern haben, lassen Sie Ihre Kinder daraus ein Gesicht basteln – eine Banane als Mund, Tomaten als Augen, Trauben als Haare und so weiter. Mit einem Klebestift oder mit Klebestreifen können die Bilder auf Papier fixiert werden. Oder Sie fertigen eine Hafttafel-Version an, dann lassen sich die Bilder immer wieder verwenden. Übrigens: Zeichnen Sie selbst die Umrisse der Gesichter, oder geben Sie Ihren Kindern Teller, Töpfe oder andere Haushaltsgegenstände als Schablonen.

Sie können auch auf Autos oder Maschinen zurückgreifen. Dann wird aus der Straße ein Mund, aus den Rädern werden Ohren und so weiter. Wenn Sie erst einmal auf den Dreh gekommen sind, Werbeanzeigen als Fundgrube zu betrachten, werden Sie bald einen automatischen »Ausschneidereflex« entwickeln.

# Baumschmuck und Blätterkrone

Im Park oder im Wald lassen sich die schönsten Materialien für wahrhaft königlichen Schmuck finden.

Für eine Krone oder einen Kranz sammeln Sie ein paar frische Blätter (im Herbst wird der Schmuck am farbenprächtigsten). Bohren Sie in den Stiel eines Blattes ein Loch, durch das Sie dann den Stiel eines zweiten Blattes ziehen. Fahren Sie so fort, bis alle Blätter eine Kette bilden. Das gleiche geht übrigens auch mit Kleeblättern oder Blumen, wenn man in die unteren Enden der Stiele einen Schlitz macht, durch den dann der nächste Stiel gezogen wird, so daß eine Kette entsteht.

Eine weitere Art von Naturschmuck ist das Samenarmband. Für ein Ahorn-Armband sammeln Sie beispielsweise einen Schwung frischer Ahornsamen. (Aber vergessen Sie nicht, zunächst damit »Hubschrauber« zu spielen.) Dann stanzen Sie Löcher in die Samen am Ende des Stiels und ziehen ein Stück Schnur hindurch. Binden Sie es so zusammen, daß die Hand Ihres Kindes gerade noch hindurchpaßt, ohne daß das Armband wieder herunterrutschen kann. Am besten geht das mit dünnem Gummiband.

Vorsicht beim nächsten Waldspaziergang, sonst treten Sie vielleicht auf wertvolle Juwelen!

***Man braucht:***
- *Blätter, Blüten, Samen*
- *Schnur*

# Fuchs, du hast die Gans gestohlen ...

Schnee bietet vielfältige Spielmöglichkeiten und kostet nichts (wenn man verlorene Arbeitstage und schmerzende Rücken nicht mitzählt). Das Fuchs-und-Gans-Spiel ist eine Ergänzung zum traditionellen Schlittenfahren, Schneemannbauen und anderen winterlichen Beschäftigungen. Und das beste ist: Man kann es auch in einem kleinen Garten oder in der Garageneinfahrt spielen.

***Man braucht:***
- *Neuschnee*

Zuerst machen Sie ein »Spielfeld«, indem Sie einen Kreis von drei bis sechs Meter Durchmesser in den Schnee trampeln. (In einer Einfahrt müssen Sie vielleicht eine Ellipse machen.) Als nächstes legen Sie vier bis acht Pfade an, die sich in der Mitte überschneiden und den Kreis in lauter »Kuchenstücke« teilen.

Jetzt kann's losgehen: Ein Spieler ist der Fuchs, der andere die Gans. Der Fuchs muß versuchen, die Gans zu fangen, wobei beide nur die getrampelten Wege und den Kreis betreten dürfen. Die Trampelpfade sind raffinierte Abkürzungen, aber glücklicherweise ist in der Mitte der »Gänsestall«, in dem die Gans nicht gejagt werden kann.

Wenn der Fuchs die Gans gefangen hat, darf er sich nicht satt essen. Im Gegenteil: Jetzt wird er zur Gans, und die Gans wird zum Fuchs.

# Das Stiefelprinzip

Selbst Leute, die behaupten, keine Ahnung von Geographie zu haben, können problemlos die Form von Italien beschreiben – weil Italien nämlich wie ein Stiefel aussieht und ein Stiefel einfacher zu behalten ist als irgendeine andere, abstraktere Form. Wir nennen das das »Stiefelprinzip«.

Mit ein wenig Phantasie können Sie sich mit Ihrem Kind auch andere Länder und Erdteile einprägen – indem Sie ganz einfach das Stiefelprinzip anwenden. Das heißt also, Sie versuchen, eine abstrakte Form zu verlebendigen und herauszufinden, ob sie einem bekannten Gegenstand oder Lebewesen ähnelt. Pausen Sie die Umrisse eines Landes oder Kontinents ab, und lassen Sie Ihr Kind die Ähnlichkeit bestimmen. Wenn Sie sich auf einen geeigneten Gegenstand geeinigt haben, rücken Sie die Buntstifte raus, damit Ihr Kind seine neue Vorstellung illustrieren und »verwirklichen« kann.

Sie werden entdecken, daß Norwegen, Schweden und Finnland wie ein springender Tiger, Frankreich wie ein Schaffell und Großbritannien wie ein Hirsch mit Geweih aussieht.

***Man braucht:***
- *Papier*
- *Stifte*
- *eine Landkarte zum Abpausen*

# Riesenbauklötze

Für diese Beschäftigung brauchen Sie ausreichend Stauraum. Aber wenn Sie merken, wieviel Spaß es Ihrem Kind macht, lebensgroße Gebilde aus Bauklötzen zu bauen, werden Sie sich überlegen, ob Sie nicht Ihre Möbel abschaffen – oder sogar in eine größere Wohnung umziehen sollten.

***Man braucht:***
- *verschiedene Kartons*
- *Material zum Verzieren*

Fangen Sie an, die Pappkartons von Ihren Einkäufen, von Waren, die Sie über Postversand bestellt haben, oder von Geschenken zu sammeln. Wir empfehlen eine Größe von mindestens 30 cm Seitenlänge. (Natürlich können Sie im Schreibwarenladen auch Versandkartons kaufen. Auf diese Weise bekommen Sie schöne gleichmäßige Bauklötze, aber Sie können damit nicht die endlose Zahl von Pappkartons recyceln, die in den meisten Haushalten ohnehin anfallen.)

Verschließen Sie die Kartons mit Klebeband, und lassen Sie dann Ihrem Kind freie Hand, die Würfel mit Filzstiften, Wachsmalkreiden, Packpapierresten oder ähnlichem in kindgerechte Bauklötze zu verwandeln. Wenn die Verschönerungsarbeiten beendet sind, kann Ihr Kind Mauern, Türme, Häuser (ein großes Stück Plakatkarton kann als Dach dienen), Tunnels und andere Gebäude bauen, die groß genug sind, um hineinklettern (aber nicht darauf herum-) zu können.

Ein Tip: Lassen Sie ein paar Kartons auf einer Seite offen, damit Sie kleinere Schachteln und Spielsachen darin unterbringen können. Dann müssen Sie Ihr Sofa vielleicht doch nicht verkaufen.

# Riesenwürfel

Wie wäre es mit einem kleinen Glücksspiel, das jugendfrei und dazu noch lehrreich ist?

Messen und schneiden Sie die untere Hälfte von zwei Milchkartons mit quadratischer Grundfläche so ab, daß sich zwei nach oben offene Quader von gleicher Seitenlänge ergeben. Schneiden Sie einen dieser Quader an den Ecken ein Stück ein, und stecken Sie ihn mit der Öffnung nach unten fest in den zweiten Quader. Auf diese Weise bekommen Sie einen Milchkarton-Würfel. Schlagen Sie den Würfel sauber und ordentlich in weißes Papier ein, das Sie mit Klebestreifen befestigen. Basteln Sie dann noch einen zweiten Würfel nach dieser Anleitung.

Darauf verzieren Sie die sechs Seiten des Würfels mit Formen, Mustern, Tieren, Bildern,Buchstaben, Zahlen oder Worten. Die Seiten des zweiten Würfels werden mit identischen Mustern versehen. Jetzt haben Sie ein Paar Riesenwürfel und können eigene Spiele erfinden. Oder Sie zählen die Versuche, bis Ihr Kind einen grünen Hut, ein Schiff, einen Hund und so weiter gewürfelt hat.

Mit einem älteren Kind können Sie jeder mit einem Zahlenwürfel würfeln. Das Kind kann dann die Zahlen addieren (oder multiplizieren). Wenn Sie einen Buchstabenwürfel verwenden, können Sie versuchen, sich zu jeder gewürfelten Buchstabenkombination einen Namen mit diesen Initialen auszudenken. Die oberen Hälften der Kartons lassen sich übrigens gut für Müsli-City (Nr. 40) verwenden!

***Man braucht:***
- *zwei Milchkartons*
- *Papier*
- *Wachsmalkreiden oder Filzstifte*

# Riesenbilderbücher

*Man braucht:*
- *Bilder aus Zeitschriften*
- *große Bögen festes Papier*
- *Doppelklebeband oder ungiftigen Kleber*
- *Schnur*

Unsere Riesenbilderbücher sind große Sammelalben, in die Bilder von Autos, Flugzeugen, Tieren, Menschen und allem, was Ihrem Kind gefällt, geklebt werden. Es macht viel Spaß, diese Bücher zusammenzustellen.

Schneiden Sie zunächst aus verschiedensten Zeitschriften Bilder aus, die Sie in Briefumschlägen sammeln und dann auf große feste Papierbögen mit Doppelklebeband oder ungiftigem Klebstoff aufkleben. Lassen Sie Ihr Kind die Bilder nach eigenen Kriterien anordnen.

Nun stanzen Sie drei oder vier Löcher in die linke Seite der Papierbögen und ziehen eine Schnur als Schlaufe hindurch. Die Schlaufen dienen als Bindung. (Sie können auch einzelne Ringe im Schreibwarenladen kaufen.) Bevor Sie die Bögen binden, kann Ihr Kind vielleicht noch einen Einband mit einer Illustration machen und einen Titel benennen.
Hier ein paar Beispiele:

»Meine Lieblingsautos«
»Männer mit Schnurrbärten«
»Fußballspiele«

Am besten datieren Sie die Bücher und bewahren sie gut auf – Sie werden sich später darüber freuen!

# Peng!

Dieses lustige Spiel für zwei ist eine friedlichere Variante des bekannten »Schiffchen versenken«. Anstelle der Schiffe werden hier nur Luftballons zerstört.

Sie nehmen zwei oder vier Blatt (Karo-) Papier und zeichnen vier gleiche quadratische Raster mit zehn Kästchen Seitenlänge auf. Die waagrechten Kästchen werden mit Buchstaben, die senkrechten mit Zahlen versehen. Jeder Spieler bekommt zwei Raster. Jeder Raster stellt einen Luftraum dar: einen für die eigenen Ballons des Spielers und einen, um die Versuche, die Ballons des anderen zu treffen, einzutragen.

***Man braucht:***
- *(Karo-)Papier*
- *Bleistifte*

Bevor es losgeht, muß jeder Spieler seine Ballons positionieren, indem er Kreuzchen in verschiedene Kästchen macht. (In der Illustration ist ein Beispiel für eine mögliche Anordnung gegeben.) Jeder Spieler muß einen Ballon mit fünf Kästchen *Länge,* zwei mit vier Kästchen, drei mit dreien und zwei mit zweien unterbringen. (Nein, die Ballons können nicht abgeknickt oder diagonal gelegt werden!)

Der erste Spieler schießt nun einen Pfeil ab: »A4«. Der andere Spieler muß mit »Treffer« oder »daneben« antworten. Ein einziger Treffer genügt, um einen Ballon zum Platzen zu bringen. Alle Schüsse eines Spielers werden auf seinem zweiten Raster verzeichnet. Die Spieler dürfen abwechselnd zielen, bis einer auch seinen letzten Ballon verloren hat. Auf geht's zum nächsten Spiel!

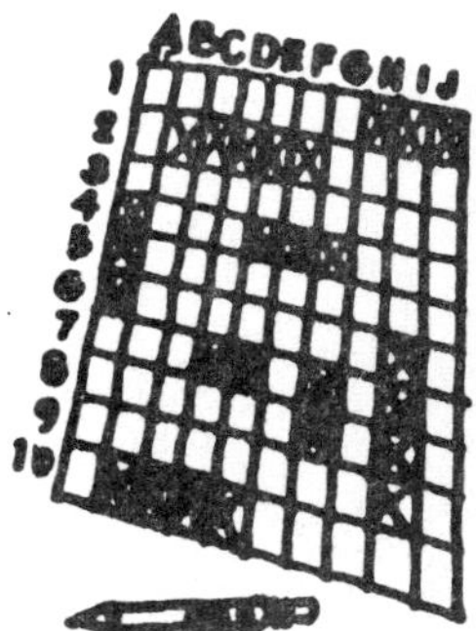

# Kofferpacken

Haben Sie als Kind auch so gerne Kofferpacken gespielt? Falls nicht, haben Sie jetzt Gelegenheit, eine Lücke in Ihrer Vergangenheit zu schließen. Sie können mit einem oder mehreren Kindern spielen.

Die erste Person sagt: »Ich packe in meinen Koffer: einen Hut« (oder irgendeinen anderen Gegenstand). Die zweite Person sagt darauf: »Ich packe in meinen Koffer: einen Hut und einen Mantel« (oder einen anderen Gegenstand). Der nächste Spieler »packt« noch ein weiteres Teil in den sich füllenden Koffer und so weiter, bis die Aufzählung zu lang wird. Ältere Kinder können ihre Koffer auch einmal ganz trickreich alphabetisch pakken (eine Autokarte, eine Bananenschale, chinesische Eßstäbchen und so weiter).

Als Spielvariante könnte man sich alle Gegenstände auch in die Hosentaschen stopfen: »Meine Taschen sind so schwer, so schwer, denn ich trag' ein Nilpferd drin umher.« Der nächste Spieler steckt dann seinen Gegenstand ebenfalls in die Tasche – bis sich keiner mehr die ganze Liste merken kann, die Tasche platzt oder das Gekicher zu laut wird.

***Man braucht:***
- *nur Ihre Zeit*

# Graspfeife

Man kann nur froh sein, daß dies ein Spiel für draußen ist – die Pfiffe, die man mit diesen biologisch-organischen Krachmachern produziert, können nämlich reichlich laut sein. Wir haben allerdings den Verdacht, daß sie gerade deswegen bei Kindern so beliebt sind.

Sie suchen sich einen frischen Grashalm und halten ihn flach zwischen den äußeren Kanten Ihrer beiden Daumen, so daß sich ein Rohrblatt bildet. (Ihre Daumennägel sollten dabei nach oben zeigen.)

Direkt unter dem obersten Gelenk wird sich eine längliche ovale Öffnung zeigen, durch die Sie blasen können. Pusten Sie los, man wird Sie fast bis nach Amerika hören können.

Ein hilfreicher Tip: Der häufigste Fehler bei Graspfeifen ist, daß das Gras zu lose zwischen den Daumen hängt. Der Halm muß richtig gespannt sein. Vielleicht probieren Sie mal, die Spitze des Grashalms über die Kuppe des einen Daumens zu ziehen, bevor Sie den anderen daranlegen.

Versuchen Sie's – jeder kann pfeifen!

***Man braucht:***
- *einen frischen Grashalm*

122

# Anatomie einer Heuschrecke

***Man braucht:***
- *einen Plastikbehälter mit Deckel*
- *eine Heuschrecke*

Insekten haben Körper, die sich sehr stark von unseren unterscheiden – das Problem ist nur, daß sie so klein sind und sich so schnell bewegen, daß wir normalerweise kaum eine Chance haben, sie besonders lange in Augenschein zu nehmen.

Versuchen Sie eine Heuschrecke zu fangen, die Sie dann in einen durchsichtigen Plastikbehälter mit Deckel setzen. Mal sehen, wie viele Körperteile des Insekts Sie mit Hilfe der Liste und Zeichnung unten identifizieren können. (Bringen Sie Ihren Gast wieder dorthin zurück, wo er hingehört, sobald Sie Ihre anatomischen Studien beendet haben.)

Pst – hat da nicht gerade jemand seine Flügel aneinandergerieben?

Kopf (a)
Brustkorb (b)
Hinterleib (c)
Vorderbein (d)
Hinterbein (f)
Vorderflügel (g)
Hinterflügel (h)

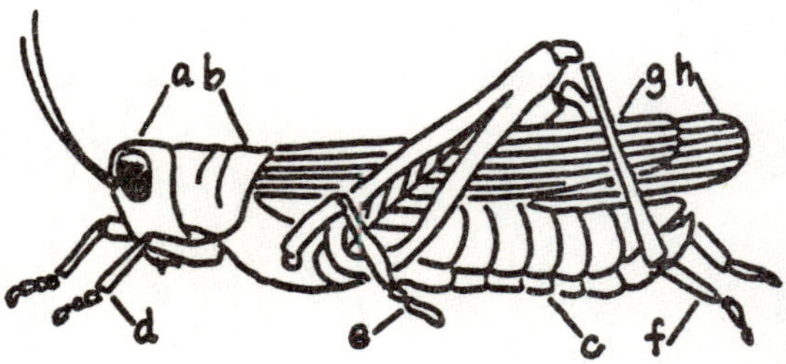

# Grünes Haar

Bei dieser Beschäftigung können Sie mit Ihrem Kind Figuren und Tiergesichter mit wachsenden »Haaren« herstellen. Das Haar ist in Wirklichkeit Gras, und es funktioniert so:

Geben Sie Ihrem Kind gebrauchte weiße Pappbecher, auf die es nun mit Filzstiften oder Wachsmalkreiden ein Menschen- oder Tiergesicht malen darf. Vielleicht haben Sie auch kleine Korkstückchen und Filzreste, mit denen sich Gesichtszüge, Ohren, Bärte etc. (alles außer den Haaren) auf die Becher kleben lassen.

Dann füllen Sie die Becher mit Blumenerde und streuen eine Schicht Grassamen darauf. Nun gießen Sie die Töpfchen und stellen sie an einen feuchten Ort. Achten Sie darauf, daß die Erde nicht austrocknet. Nach ein oder zwei Wochen werden sich über dem Bechergesicht die ersten feinen grünen Härchen zeigen, die sich schnell zu dicken Haarschöpfen entwickeln und bald einen ordentlichen Schnitt vertragen können.

Unter Ihrer Aufsicht kann Ihr Kind dann vom Gärtner zum Friseur werden und nach Belieben schneiden und kürzen (natürlich mit einer Kinderschere).

***Man braucht:***

- *Pappbecher*
- *Filzstifte oder Wachsmalkreiden*
- *Grassamen*
- *Erde*
- *Kinderschere*

# Rateraster

Für dieses Spiel braucht man nicht nur Glück, sondern auch Können. Außerdem sind das Bildgedächtnis und die Beobachtungsgabe Ihres Kindes gefragt.

Besorgen Sie ein großes Stück Papier oder Plakatkarton (mindestens 1 m × 1 m). Zeichnen Sie einen Raster von fünf Spalten und fünf Querreihen. Jedes Quadrat im Raster sollte mindestens 20 cm Seitenlänge haben. Oben über die Spalten schreiben Sie Eigenschaften wie »weich«, »hart«, »glatt«, »glänzend« etc. Links notieren Sie fünf Farben.

Von einem bestimmten Punkt aus lassen Sie Ihr Kind nun ein Bohnensäckchen auf den Raster werfen. (In Nr. 19 wird gezeigt, wie man ein Bohnensäckchen macht.) Wenn das Säckchen in das Quadrat »glänzend« und »rot« fällt, muß Ihr Sohn oder Ihre Tochter einen glänzenden roten Gegenstand in Ihrer Wohnung suchen.

Sie können auch einen Raster für Tiere, Autos und andere Dinge anfertigen, die Ihr Kind aus dem Gedächtnis nennen kann. Ein Tierraster könnte beispielsweise Eigenschaften wie »glatte Haut«, »vier Beine«, »lebt im Wasser« etc. enthalten. Die Möglichkeiten sind wirklich unbegrenzt – und: Ein Spielchen am Morgen vertreibt Langeweile und Sorgen!

***Man braucht:***
- *einen großen Bogen Papier*
- *Filzstift*
- *Bohnensäckchen*

# Rembrandts Einkaufszettel

Wenn Sie das nächste Mal einen Einkaufszettel schreiben, dann lassen Sie sich etwas mehr Zeit dafür. Dadurch, daß Sie die Liste nicht erst in letzter Minute hinkritzeln, können Sie Ihr Kind kreativ mitbeteiligen und den Einkauf wesentlich unterhaltsamer machen.

Geben Sie Ihrem Kind ein großes Stück Papier und ein paar Stifte. Jetzt erzählen Sie, was Sie alles einkaufen wollen, und helfen ihm bei der Niederschrift oder bei der Zeichnung.

Kümmern Sie sich nicht um die fragenden Blicke, die Ihnen andere Kunden vielleicht zuwerfen. Sie haben eben einen ganz besonderen Einkaufszettel!

***Man braucht:***
- *Papier*
- *Stifte*

# Klamottentausch

Können Sie sich noch daran erinnern, daß Sie sich als Kind mit den Sachen Ihrer Eltern verkleidet haben? Haben Sie sich nicht furchtbar groß und stark gefühlt, wenn Sie Papas Jackett oder Mamas Handtasche und Stöckelschuhe trugen?

Schlagen Sie Ihren Kindern dieses Spiel doch mal vor, und ermuntern Sie sie zu erzählen, wer sie gerade sind. Lassen Sie sich beschreiben, was Mama und Papa bei der Arbeit tun, wie sie sich entspannen, wie sie miteinander und mit ihren Kindern und Freunden umgehen, wie sie sich zu Hause verhalten etc.

Und dann vertauschen Sie die Rollen: Sie ziehen sich eine Kindermütze auf und spielen die Rolle Ihres Kindes in verschiedenen Situationen: glücklich und traurig, ernst und albern und so weiter.

Abgesehen davon, daß es unterhaltsam ist, bietet diese Art von Rollenspiel auch eine fruchtbare Möglichkeit, sich mit schwierigen oder sensiblen Themen auseinanderzusetzen. Sie werden eine Menge über sich selbst lernen, was Sie in Ihrer täglichen Rolle als Mutter oder Vater nicht sehen können.

Ob man nun erwachsen oder ein Kind ist, ist es letztendlich nicht immer nur die Frage, was für einen Hut man trägt?

***Man braucht:***
- *Ihre Kleider*
- *Kindermützen oder -hüte*

# Was klappert denn da?

Für dieses Spiel werden sich Kinder aller Altersstufen begeistern können. Tragen Sie vier oder fünf (für ältere Kinder noch mehr) Gegenstände aus verschiedenen Materialien zusammen. Wählen Sie zum Beispiel etwas aus Hartplastik (etwa einen Tischtennisball), etwas aus Holz (einen Bauklotz), etwas aus Metall (ein Spielzeugauto), einen weichen Gegenstand (ein Spieltier) und schließlich noch etwas aus Pappe (eine kleine Schachtel).

Zeigen Sie Ihrem Kind die Gegenstände, damit es sie berühren und untersuchen kann. Dann muß es sich umdrehen, während Sie einen der Gegenstände in einer undurchsichtigen Plastikdose mit Deckel verstecken; räumen Sie auch den Rest außer Sichtweite. Achten Sie darauf, daß der Gegenstand genug Spielraum in der Plastikdose hat. Nun darf Ihr Kind die Dose schütteln und den Gegenstand klappern lassen. Kann es den Gegenstand am Klang erkennen?

Wenn Ihre Kinder erst einmal etwas Übung in diesem Spiel haben, können Sie auch mehrere Gegenstände gleichzeitig in die Dose tun, oder Sie lassen sie das Ratespiel gegen die Zeit antreten.

Das Schöne an diesem Spiel ist, daß niemals Mangel an neuen Gegenständen besteht – so ziemlich alles, was die richtige Größe hat, läßt sich für dieses Spiel verwenden.

***Man braucht:***

- *gewöhnliche Gegenstände aus verschiedenen Materialien*
- *eine undurchsichtige Plastikdose mit Deckel*

# Halb und halb

Dies ist eine faszinierende Methode, um geheime Botschaften zu verschlüsseln. Sie werden merken, daß sie Ihnen und Ihrem Kind für alle Arten von vertraulichen Mitteilungen dient, ob es sich nun um ein Treffen unter vier Augen handelt oder darum, über die neuesten Ereignisse im Haus unterrichtet zu werden, oder wenn es etwa – Gott bewahre – Zeit sein sollte, eine »geheime Aufräumaktion« im »geheimen Kinderzimmer« durchzuführen.

***Man braucht:***
- *Papier*
- *Bleistift*

Sie nehmen dazu ein Stück Papier und falten es waagrecht, so daß sich zwei ungleiche Hälften ergeben und die eine Seite oben etwa 2 cm übersteht. Der Trick ist nun, die Botschaft so auf die Kante zu schreiben, daß ein Teil der Schrift auf dem überstehenden Papier und der andere Teil darunter zu stehen kommt.

Wenn Sie Ihre geheime Botschaft formuliert haben, falten Sie das Papier noch ein paarmal an beliebigen Stellen. (Damit wird der entscheidende Falz vor denen versteckt, die noch nicht in das Geheimnis eingeweiht worden sind.) Zum Schluß wird das Blatt auseinandergefaltet. Nur wer die ursprüngliche Faltung genau wiederholt, wird die Nachricht lesen können.

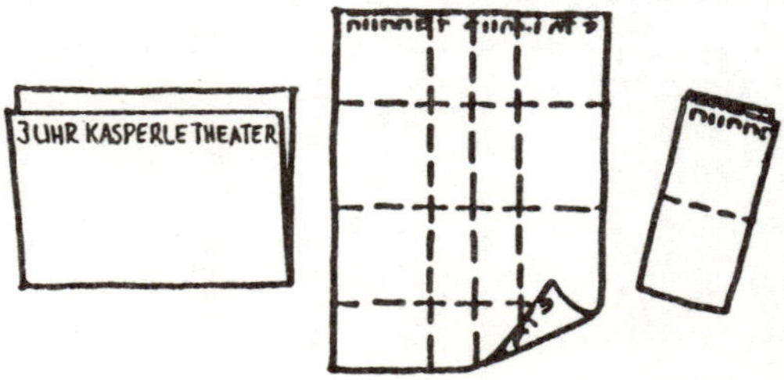

# Schattenspiele

Für diese Beschäftigung brauchen Sie nur einen verdunkelten Raum, eine Lampe und ein bißchen Phantasie.

Stellen Sie die Lampe so ein, daß sie klare Schatten wirft und niemandem im Wege steht. (Schließlich wollen Sie ja nicht, daß es durch unbedachte Bewegungen von begeisterten Zuschauern zu Unfällen kommt.) Dann versuchen Sie sich an folgenden Formen – oder erfinden selbst welche.

*Ein fliegender Vogel.* Haken Sie Ihre Daumen ineinander, und wedeln Sie mit den Fingern, während Sie Ihre Hände diagonal aufwärts bewegen.

*Eine quakende Ente.* Falten Sie die Hände. Dann strecken Sie beide Zeigefinger aus und drehen Ihre Hände so, daß die Handflächen parallel zum Fußboden sind. Tippen Sie die Zeigefinger gegeneinander.

*Ein Schmetterling.* Legen Sie Ihre Daumen aneinander, und halten Sie dabei die Finger geschlossen (nicht abgespreizt). Nun schließen Sie die Hände, so daß sich die Handflächen berühren, und öffnen sie wieder zur Ausgangsposition. Wiederholen Sie das Ganze.

Es ist schon verblüffend, wie viele Tiere Sie in Ihren Händen halten!

***Man braucht:***
- *einen verdunkelten Raum*
- *eine Lampe*

# Hut ab!

Bei diesem Spiel geht es nicht etwa um Zauberei, sondern schlicht darum, Spielkarten in einen Hut zu befördern.

So ziemlich jeder Hut ist geeignet – vom Cowboyhut bis zum Zylinder, es kann aber auch eine Baseballmütze sein. Sie legen den Hut auf den Fußboden in die Mitte eines größeren Raumes und verteilen Spielkarten gleichmäßig an alle Teilnehmer. (Sie können auch leere DIN-A7-Karteikarten nehmen, die Hauptsache ist, daß alle die gleiche Anzahl bekommen.)

Nun dürfen die Spieler im Wechsel ihre Karten werfen. (Das ist schwerer, als es zunächst aussieht – aber vergessen Sie nicht, daß die Entfernungen immer dem Können und der Geduld der Spieler angepaßt werden müssen.) Wem es gelingt, eine Karte in den Hut zu befördern, der darf weiterwerfen. Der Spieler mit den meisten Karten ist bei der nächsten Runde als erster dran.

Falls es wirklich einmal vorkommen sollte, daß ein Spieler oder eine Spielerin alle Karten hintereinander in den Hut werfen kann, ohne ein einziges Mal danebenzutreffen, dann bekommen alle anderen Spieler Gelegenheit, dieser Glanzleistung nachzueifern. Und ganz ehrlich: Hut ab vor dem, der es schafft, zwanzig Treffer hintereinander zu landen!

***Man braucht:***
- *Hut*
- *Spielkarten*

# Wie es euch gefällt!

Was ist das absolute Spitzenspiel für Kinder? Natürlich eines, das sie sich selbst ausgedacht haben!

Geben Sie Ihrem Kind mehrere Pappkärtchen von gleicher Größe, ein Stück dicken Plakatkarton (der sich als Spielbrett eignet), Wachsmalkreiden, Filzstifte, sehr große Knöpfe (die hervorragende Spielsteine abgeben, aber außerhalb der Reichweite von kleinen Kindern unter drei Jahren gehalten werden sollten). Jetzt fehlen nur noch Riesenwürfel (Nr. 117), etwas Schmierpapier und eine Stoppuhr oder ein Küchenwecker. Nun bekommt Ihr Kind die Aufgabe, ein eigenes Spiel samt Regeln zu entwerfen. Wenn Ihr Sohn oder Ihre Tochter damit zunächst Schwierigkeiten hat, zeichnen Sie ein geschlängeltes Band aus Quadraten (die später noch angemalt werden können) und vereinbaren besondere Spielanweisungen für die einzelnen Quadrate, oder Sie geben Anregungen, wie sich die Pappkärtchen im Spiel einsetzen lassen. Nur Geduld – irgendwann wird schon ein ganz einzigartiges Spiel daraus werden.

Wenn es trotzdem nicht in Gang kommt, können Sie Ihrem Kind DASSGOR beibringen. DASSGOR steht für »Das Spannende Spiel Ganz Ohne Regeln«. Am meisten Spaß macht es, DASSGOR mit einem Erwachsenen zu spielen, der meint, daß dem Ganzen doch irgendwo und irgendwie ein System zugrunde liegen müßte.

***Man braucht:***
- *ein großes Stück Plakatkarton*
- *etwas Pappe und Papier*
- *Wachsmalkreiden und Filzstifte*
- *große Knöpfe*
- *Würfel*
- *Stoppuhr oder Küchenwecker*

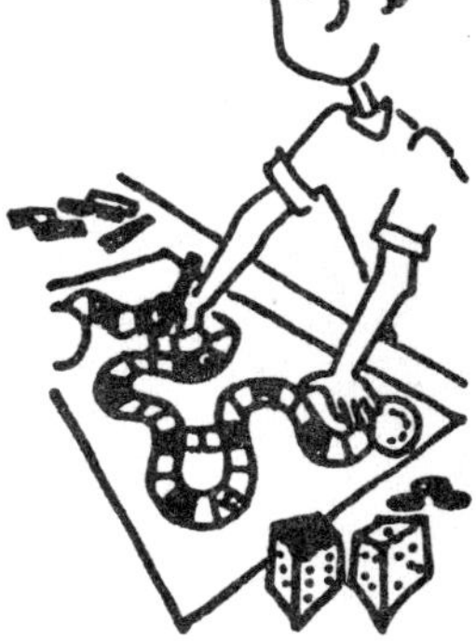

# Herz ist Trumpf

Kinder haben Spaß daran, die Funktionsweisen ihres Körpers zu erkunden, und der Puls ist eine einfache Möglichkeit, sie mit dem Kreislaufsystem bekanntzumachen.

Erklären Sie zunächst, daß das Herz nichts anderes als eine Pumpe ist. Lassen Sie Ihr Kind sein Ohr auf Ihre Brust legen, um das Pochen der Herztöne zu hören. Als nächstes beschreiben Sie das Kreislaufsystem als viele kleine Schläuche, die Adern, die das Blut vom Herzen zur Lunge und zu allen Körperteilen und dann wieder zurück zum Herzen transportieren.

***Man braucht:***
- *nur Ihre Zeit*

Zeigen Sie Ihrem Kind, wie man den Puls an seinem oder Ihrem Handgelenk oder Hals mißt. Sie können auch vormachen, wie das Herz infolge verschiedener Tätigkeiten schneller oder wieder langsamer schlägt, indem Sie rennen, springen, sich auf dem Fußboden ausstrecken und tief und langsam atmen und so weiter. Jüngeren Kindern wird es wahrscheinlich schon genügen zu sehen, wie ihr Puls langsamer und schneller wird. Bei älteren Kindern schauen Sie auf die Uhr, sagen »Los« und »Halt« und lassen sie zählen. (Sie können ja das Multiplizieren übernehmen und die Pulsfrequenz berechnen.)

Am besten ist es vielleicht, wenn Sie sich dieses Spiel für einen Regentag aufsparen. Prüfen Sie den Puls Ihres Kindes bei vielen verschiedenen Tobereien, und lassen Sie das Ganze mit einer schönen langen Ruhepause auf dem Fußboden ausklingen.

# Was Waagen wiegen

Glaubt Ihr Kind auch, daß ein Kilo Steine mehr wiegt als ein Kilo Federn? Bei dieser Beschäftigung werden Sie überraschende Einsichten in die physikalische Denkweise Ihres Kindes erhalten.

Bauen Sie zuerst eine Waage, indem Sie einen Holzstab oder eine feste Pappröhre über die Sitzflächen von zwei Stühlen legen, die einen guten halben Meter auseinanderstehen. Stabilisieren Sie den Stab oder die Röhre mit Büchern; über den Stab hängen Sie nun einen Bügel, an dessen Enden Sie zwei Schnüre von gleicher Länge geknotet haben (auf jeder Seite eine). Ein Stück Klebeband über den Knoten verhindert, daß die Schnüre verrutschen. Dann hängen Sie zwei gleiche Obst- (vgl. Nr. 308) oder Papierkörbchen an die Schnüre. Mit etwas Knetgummi oder Ton, den Sie auf den Bügel oder die Körbchen setzen, können Sie die »Waage« ins Gleichgewicht bringen.

Kleinere Kinder können nun eine Vielzahl von Gegenständen zusammensuchen und sie auf der Waage miteinander vergleichen – beispielsweise ein Plastiktier und ein Tütchen, das mit Papierstreifen gefüllt ist. Oder zwei ungefähr gleich große Spielzeuglaster, einer aus Holz und einer aus Metall. Erklären Sie, daß der schwerere Gegenstand die Waage weiter nach unten zieht als der leichtere und daß zwei gleich schwere Gewichte die Waage ausbalancieren würden.

**Aufgepaßt!**

Nur unter Aufsicht

***Man braucht:***

- *einen Stab oder eine feste Pappröhre (etwa 1 m lang)*
- *Drahtbügel*
- *Schnur*
- *Knetgummi*
- *Obst- oder Papierkörbchen*

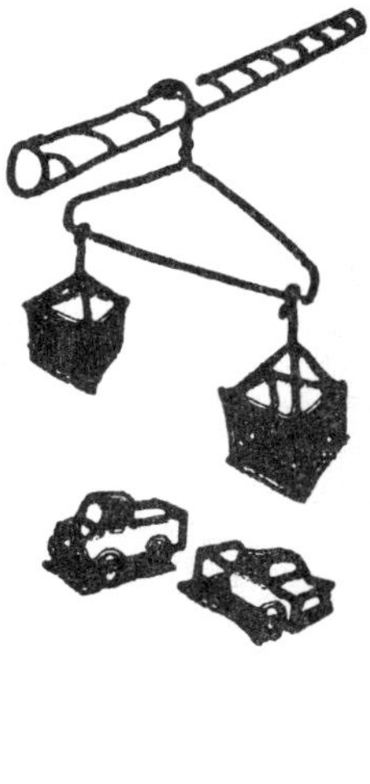

# Bonjour

Wahrscheinlich wird Ihr Kind begeistert lernen, mit welchen Worten man die Leute in verschiedenen Sprachen begrüßen kann. Im folgenden ist angegeben, wie man in acht Sprachen guten Tag sagt:

Chinesisch: Neehow
Englisch/Amerikanisch: Hello
Französisch: Bonjour
Hebräisch: Shalom
Holländisch: Goeden dag
Italienisch: Bon giorno
Japanisch: Konichee-wa
Spanisch: Buenos dias

Sie können jede Menge Spiele mit diesen Grußformeln erfinden. Reservieren Sie für jeden Morgen eine neue, oder Ihr Kind soll sich eine Geschichte ausdenken und versuchen, alle Begrüßungen innerhalb eines Zeitraums von fünf Minuten unterzubringen. Das Ergebnis wird die reinste babylonische Sprachverwirrung sein! Und vielleicht entwickelt sich aus diesem Spiel auch ein lebenslanges Interesse am Lernen fremder Sprachen.

Na tschüs denn – oder Habari za jioni, wie es auf Suaheli heißt.

***Man braucht:***
- *nur Ihre Zeit*

# Sachensucher

Dieses einfache Versteckspiel kann so ziemlich überall und jederzeit gespielt werden.

Lassen Sie Ihre Kinder ein paar kleine Spieltiere, Autos, Puppen oder ähnliches zusammentragen. Alles, was klein und handlich ist, eignet sich. Nun muß Ihr Kind in ein anderes Zimmer gehen oder die Augen schließen. Sie verstecken währenddessen die Gegenstände im Raum und lassen dann Ihre Kinder danach suchen. Richten Sie sich in der Schwierigkeit der Verstecke nach dem Alter und dem Können Ihres Kindes. Denken Sie daran, daß Kinder auf Augenhöhe und damit tiefer nach Dingen suchen – das Spiel wird also anspruchsvoller, wenn Sie die Spielsachen oder andere Gegenstände an etwas höheren Stellen verstecken. Geben Sie ein paar Tips und Hilfestellung mit »warm« und »kalt«. Sobald Ihr Kind alles gefunden hat, vertauschen Sie die Rollen.

Wenn Sie mit dem Suchen an der Reihe sind, nutzen Sie das Spiel, um Ihren Kindern beizubringen, wie man Tips gibt. Sie dürfen aber nicht überrascht sein, wenn Ihr Kind Ihnen gleich verrät, wo genau sich der gesuchte Gegenstand befindet – manche Geheimnisse sind einfach zu gut, um sie für sich zu behalten!

***Man braucht:***
- *kleine Spielsachen oder Haushaltsgegenstände*

# Ei Ei Ei

Es war einmal eine Zeit, da verband man mit dem Namen Fabergé nicht nur ein Parfüm: Es war der Name des Mannes, der die Kunst der Verzierung von ausgeblasenen Eiern mit wertvollem Schmuckwerk aus Diamanten und Gold zur Perfektion brachte. Auch wenn Ihr Kind mit etwas bescheideneren Materialien hantieren wird, kann es doch ein paar Meisterwerke fabrizieren, denen durchaus Dauerhaftigkeit beschieden ist, wenn man das Ei zuvor ausbläst.

Den ersten Arbeitsgang erledigen Sie: Mit einer Nadel stechen Sie vorsichtig ein Loch in das untere und obere Ende eines rohen Eis. Das untere Loch sollte dabei etwas größer als das obere sein. Jetzt kann Ihr Kind mitmachen: Lassen Sie es durch das obere Loch blasen und dadurch das Eiweiß und Eigelb in eine Schüssel entleeren. Die leeren Eierschalen werden widerstandsfähiger, wenn Sie sie vor dem Bemalen mit Wasserfarben oder Filzstiften einen Tag trocknen lassen. Sie können auch kostbare »Edelsteine« (das heißt rohe Nudeln oder Getreidekörner) mit ungiftigem Klebstoff anbringen. Bemalt wirken sie noch besser und würden selbst dem alten Fabergé ein anerkennendes Nicken entlocken.

**Aufgepaßt!**

Nur unter Aufsicht

***Man braucht:***

- *Eier*
- *Schüssel*
- *Wasserfarben*
- *Filzstifte*
- *Nudeln oder Getreidekörner*

# Sterngucker

Ein guter Planetariumsprojektor kostet heutzutage mehr als 500 000 DM. Auch wenn Ihnen das zu teuer sein sollte, können Sie dennoch eine ziemlich starke – und sogar lehrreiche – Lightshow abziehen und brauchen dazu nicht mehr als eine Taschenlampe und ein paar gebräuchliche Haushaltsgegenstände.

Um einen Projektor für Ihr Heimplanetarium zu bauen, zeichnen Sie ein Sternzeichen oder ein beliebiges Sternbild auf ein quadratisches Papier von etwa 20 cm Seitenlänge. (Ein Besuch in Ihrer Stadtbücherei oder im Buchladen kann hilfreich sein, wenn Sie ein korrektes Sternbild haben wollen.) Jetzt kommt eine Aufgabe für Erwachsene: Sie schneiden die Sterne mit einem Tapeziermesser aus, oder falten das Papier an der Stelle, an der Sie einen Stern haben möchten, und schneiden mit der Schere hinein. Dann entfernen Sie beide Deckel einer Konservendose und wickeln das Papier um die eine Öffnung. Befestigen Sie es mit einem Gummiband. In die andere Öffnung stecken Sie nun eine Taschenlampe und leuchten damit an die Decke eines abgedunkelten Raumes. Richten Sie das Licht eher auf die Innenwand der Dose als direkt auf das Papier, damit das Bild nicht verzerrt wird. Ihre Kinder können nun die Taschenlampe halten und die Sterne über die Decke ziehen lassen. Das macht Spaß – und überlegen Sie mal, was Sie mit den 499 999 DM machen können, die Sie bei dem Projektor gespart haben!

**Aufgepaßt!**

Nur unter Aufsicht

***Man braucht:***
- *Taschenlampe*
- *Konservendose*
- *Klebe- oder Gummiband*
- *Schere oder Tapeziermesser*

# Selbstgemachte Armaturenbretter

**Aufgepaßt!**

Kleine Teile

***Man braucht:***
- *Pappkarton*
- *Plastikdeckel*
- *Flaschendeckel*
- *Metallklammern*
- *Wachsmalkreiden und Filzstifte*
- *Pappröhren*

Eines der größten Erziehungsprobleme, mit dem wir je konfrontiert wurden, war, unseren Sohn vom Fahrersitz unseres Autos wegzulocken. Das gelang erst, als er sein eigenes Armaturenbrett bekam.

Suchen Sie sich einen stabilen Pappkarton, ungefähr einen halben Meter breit. Dann bringen Sie Hebel und Knöpfe an – möglichst viele. (Jetzt zahlt es sich aus, daß Sie alle diese Plastikdeckel und all die anderen komischen Plastikdinger, von denen im Vorwort die Rede war, aufbewahrt und gesammelt haben.) Stoßen Sie ein Loch in den Deckel eines Joghurtbechers, den Sie dann mit Hilfe einer Metallklammer am Karton befestigen. (Metallklammern zum Verschließen von Versandtaschen bekommen Sie in jedem Schreibwarenladen.)

Nun haben Sie eine frei bewegliche Wählscheibe. Mit Strichen auf der Scheibe und der Kiste wird daraus eine Meßskala. Ein Pappteller, den Sie auf die gleiche Weise befestigen, stellt das Steuerrad dar.

Eine Papprolle von Haushaltspapier ergibt einen phantastischen Ganghebel, und Kronkorken sind prächtige Knöpfe. Je mehr Anzeigen, Knöpfe und bewegliche Teile das Armaturenbrett hat, desto interessanter ist es. Vergessen Sie nicht, einen Schlitz für den Schlüssel zu schneiden!

# Teekesseln

Ein »Teekessel« ist ein Wort, das zwei oder mehrere unterschiedliche Bedeutungen haben kann. Beispiele: Ball (Spielzeug/Tanzfest), Steuer (Mehrwertsteuer/Lenkrad), Schimmel (Pferd/Pilz), Golf (Meeresgolf/Sport), Tau (Tautropfen/Seil), Kiefer (Mund/Baum) oder Birne (Obst/Lampe/Kopf).

Zwei Spieler gehen hinaus und vereinbaren ein solches Teekessel-Wort. Der eine meint mit »Tau« beispielsweise ein dickes Seil, der andere versteht darunter die Wassertropfen auf einer Wiese am Morgen. Die beiden unterhalten sich nun vor den anderen Mitspielern, die das Wort erraten müssen, aber keine Fragen dabei stellen dürfen.

Der erste Spieler könnte also sagen: »Meinen Teekessel kann man auf Schiffen finden.« Darauf erwidert der zweite: »Mein Teekessel ist naß.« Der erste: »Mein Teekessel ist besonders lang und dünn.« Der zweite: »Mein Teekessel entsteht über Nacht.« Und so weiter. Wer das Wort richtig erkannt hat, verrät es nicht den anderen, sondern darf ebenfalls mit beschreiben, bis auch der letzte kapiert hat, worum es sich handelt.

***Man braucht:***
- *nur Ihre Zeit*

# Hausdetektiv

*Man braucht:*
- *nur Ihre Zeit*

*Wenn Sie wollen:*
- *Schmierpapier*

In Nr. 135 haben Sie das klassische »Warm«-»kalt«-Suchspiel mit Ihrem Kind gespielt. Jetzt schicken Sie Ihr Kind auf die Suche nach allen möglichen Gegenständen, die irgendwo in der Wohnung versteckt sind. Passen Sie die Suchhinweise dabei den Fähigkeiten Ihres Kindes an.

Bei einer Variante geht es gegen die Zeit. Mit einem Küchenwecker oder einer Eieruhr können Sie die Spannung steigern. Wenn sich mehrere Kinder am Spiel beteiligen, stellen Sie klar, daß sie nicht gegeneinander, sondern gegen die Zeit kämpfen.

Bei älteren Kindern können Sie geschriebene Suchkarten (aus Schmierpapier oder Karteikarten) einsetzen. (»Ich befinde mich in etwas Quadratischem.« – »Ich befinde mich neben einer Flasche.« – »Ich befinde mich im größten Gegenstand im Wohnzimmer.«) Auf jeder Karte sollte nur ein Hinweis stehen, und das Kind muß versuchen, mit möglichst wenigen Hinweisen den Gegenstand zu finden.

Lassen Sie sich nicht die Gelegenheit entgehen, Ihr Kind auf Dinge aufmerksam zu machen, die eine persönliche Geschichte haben, wie Erbstücke oder Antiquitäten oder andere Gegenstände, die Ihre Familiengeschichte illustrieren.

# Kartenhaus

Spielkarten sind ein wunderbares Baumaterial. Mit den folgenden Spielen können Sie Ihr Kind unterhalten und seine Feinmotorik fördern.

Beginnen Sie mit ein paar Grundformen. Ein Zelt ist einfach und kann zu einem quadratischen Türmchen weiterentwickelt werden, wenn man an die offenen Seiten zwei Karten mit leichter Neigung anlehnt, an deren Seiten man dann wiederum zwei weitere Karten setzt (siehe Abbildung).

Ihr Kind wird schnell begreifen, wie vorsichtig man die Karten positionieren muß und wie leicht ein Kartenhaus einstürzen kann. Atmen Sie nicht zu stark – sonst zerstören Sie vielleicht noch das Werk eines ganzen Nachmittags.

Wenn Ihr Kind erst einmal etwas Übung in der Kartenarchitektur hat, schlagen Sie ihm doch vor, ein mehrstökkiges Gebäude zu errichten. Andere herausfordernde Bauwerke wären eine Unterführung oder eine Brücke.

Vorschläge für eine einfachere Version dieser Beschäftigung für kleinere Kinder finden Sie in Anleitung Nr. 86 einfaches Kartenhaus.

***Man braucht:***

- *einen Satz Spielkarten*

# Hochstapler

*Man braucht:*
- *gebrauchte Einwegbecher (gesammelt und gesäubert)*

Was fängt man bloß mit diesen nervigen, nicht recycelbaren Einwegbechern an? Am besten bewahren Sie sie gesäubert auf und holen sie an einem Regentag wieder hervor, um eine Weltmeisterschaft im Hochstapeln damit zu bestreiten.

Kartenhäuser zu bauen ist ja schön und gut, aber manchmal hat man mit dem Stapeln von Bechern mehr Erfolg, vor allem wenn es darum geht, kleineren Händen und kürzeren Konzentrationsspannen gerecht zu werden. Das Spiel eignet sich bestens für zwei oder mehr Kinder, bietet aber auch einzelnen spannende Unterhaltung.

Vielleicht können Sie und Ihr Kind die Becher im Wechsel aufeinanderstapeln – vorsichtig natürlich. Wenn Ihr Kind das plötzliche Verlangen überkommt, den untersten Becher herauszuziehen, ist das aber auch in Ordnung.

Wie hoch können Sie bauen, bevor das Ganze von selbst zusammenstürzt? Wie viele Becher braucht man, um eine ordentliche Nachbildung des Londoner Towers zu konstruieren? Können Sie verschiedene Sorten von Bechern stapeln, ohne eine Lawine auszulösen? Mit Hilfe von Zeit, Geduld und genügend »Bauland« auf dem Tisch werden Sie es herausfinden!

# Heimfabrik

Produktionsmaschinen können Kinder ebenso wie Erwachsene begeistern. Bei dieser Beschäftigung kann Ihr Kind so tun, als würde es Metallteile ausstanzen oder Spielzeug und Haushaltsgegenstände produzieren.

Kleben Sie die Klappen eines großen Kartons mit Klebeband fest. Der Karton sollte einigermaßen stabil sein. Schneiden Sie eine Klappe in der Nähe des unteren Randes, durch die Ihr Kind nach innen greifen kann. In die Rückwand schneiden Sie ein quadratisches Loch, das groß genug für Spielsachen ist. Nun fehlen nur noch ein paar Löcher im Deckel, von denen zwei gerade so groß sein sollten, daß eine Papprolle von Toiletten- oder Haushaltspapier fest darinnen sitzt. Jetzt wird das Ganze noch mit Wachsmalkreiden angemalt. Bei der Anleitung für Armaturenbretter Nr. 138 finden Sie Hinweise, wie man aus Plastikdeckeln und anderen gebräuchlichen Materialien bewegliche Knöpfe und Rädchen baut.

Tragen Sie ein paar Spielsachen, Plüschtiere und Haushaltsgegenstände wie Radios oder Uhren zusammen. Bitten Sie Ihr Kind, die Augen zu schließen, dann stekken Sie einen Gegenstand zur »Herstellung« in die hintere Öffnung. Nun kann Ihr Kind an den Knöpfen drehen, die Schalter umlegen und andere wichtige Handgriffe tätigen. Ihr Kind entscheidet, wann das jeweilige Produkt fertig ist, dann öffnet es einfach die vordere Klappe, und da liegt es, bereit zum Weitertransport...

***Man braucht:***

- *einen großen Pappkarton*
- *Klebeband*
- *Papprollen von Toiletten- und Haushaltspapier*
- *Wachsmalkreiden oder Filzstifte*
- *Materialien für ein Armaturenbrett (vgl. Nr. 138)*
- *Spielsachen, Plüschtiere, Haushaltsgegenstände*

# Rasende Reporter

Machen Sie aus Ihrem Kind einen rasenden Reporter: Geben Sie ihm ein Klemmbrett, Papier und Bleistift, und seien Sie auf Überraschungen gefaßt!

Bald werden Sie wissen, was die einzelnen Mitglieder Ihrer Familie wirklich zu so wichtigen Fragen wie Lieblingsfarben, Lieblingstieren, den besten Eissorten und Ferienplänen zu sagen haben oder wann sie abends ins Bett gehen wollen. Sie werden die Macht der hausinternen Meinungsumfrage kennenlernen.

Die Grenzen dieses Spiels liegen nur in der Phantasie Ihres Kindes. Nachdem Sie die Grundzüge einer Meinungsumfrage erklärt haben (älteren Kindern können Sie dabei vielleicht sogar ein paar Matheaufgaben unterjubeln), müssen Sie nur noch bereitwillig Rede und Antwort stehen und den Reporter an andere auskunftswillige Personen verweisen. Dann können Sie sich zurücklehnen und auf die Ergebnisse warten.

Hundertprozentig werden Sie feststellen, daß Ihre Kinder der Meinung sind, sie sollten länger aufbleiben dürfen. Aber Gott sei Dank sind die ermittelten Befunde unwissenschaftlich genug, um angefochten werden zu können.

***Man braucht:***
- *Klemmbrett*
- *Papier*
- *Bleistift*

# B-Sprache

Können Sie die B-Sprache sprechen? Sie ist witzig und für den Nichteingeweihten kaum zu verstehen, besonders wenn sie schnell gesprochen wird.

Und so geht's: Nach jedem Vokal wird einfach ein »B« eingefügt und der betreffende Vokal noch einmal wiederholt. Aus »Erdbeere« wird also »Eberdbeberebe«.

Mit ein bißchen Übung kann man sich wirklich in der B-Sprache unterhalten. Hier ein Beispielsatz: Wenn Sie sagen wollen: »Bitte, Barbara, gib mir doch meine lila Sandalen wieder«, dann klingt das so: »Bibittebe, Babarbabaraba, gibib mibir doboch meibeinebe libilaba Sabandabaleben wiebiedeber.« Der Trick ist dabei der, daß man sich nur nach den *Lauten* und nicht nach der Schreibweise richtet.

Kabapiebiert?

***Man braucht:***
- *nur Ihre Zeit*

# Eisverkäufer

Mit dieser Beschäftigung können Sie zur Erhaltung einer gefährdeten Art, dem altmodischen Eiswagen, beitragen.

Suchen Sie sich einen Pappkarton, der mindestens 75 cm lang und 50 cm breit und hoch ist. Schneiden Sie eine Klappe in die Mitte des Deckels, und falten Sie sie zurück, so daß sich eine Tür in das Innere der Schachtel öffnet (siehe Abbildung). Schneiden Sie Räder von ungefähr 15 cm Durchmesser aus dicker Pappe aus. Befestigen Sie diese Räder mit Metallklammern oder Pfeifenputzern, so daß sie sich drehen können. (Falls Sie Metallklammern – zum Verschließen von Versandtaschen – verwenden, achten Sie darauf, daß die spitzen Enden in das Innere des Kartons zeigen.) Die Räder sind eigentlich nur als Dekoration gedacht; sie sollten so befestigt werden, daß sie gerade noch den Boden berühren. Lassen Sie Ihr Kind nun den Wagen mit Wachsmalkreiden, Filzstiften oder Temperafarbe bemalen.

Jetzt fehlt nur noch das Innenleben. Machen Sie ein paar Eistüten: Dafür rollen Sie dünne Pappe zu einer Spitze zusammen und kleben etwas zusammengeknülltes Papier als Eiskrem hinein. Auch Eis am Stiel sollte nicht fehlen: Dazu befestigen Sie Eisstöckchen an Klorollen. Und Papierservietten braucht man natürlich auch. Gerade diese Sorte Eis kann eine ziemliche Schmiererei verursachen.

**Aufgepaßt!**
Kleine Teile

***Man braucht:***
- *einen großen Pappkarton*
- *einen Bogen dicke Pappe (oder die Klappen des Kartons)*
- *einen Bogen dünne Pappe*
- *Papier*
- *Eisstöckchen*
- *Klorollen*
- *Stifte und Farben*
- *Klebstoff oder Klebeband*

# Unglaubliche Gerichte

Unser Sohn und seine Freunde haben manchmal die größte Freude daran, ein paar ziemlich seltsame Gerichte vorzuschlagen. Probieren Sie das mit Ihrem Kind auch mal, einfach um sich die Zeit zu vertreiben (oder während Sie darauf warten, daß das Essen gar wird). Hier sind ein paar Lieblingsgerichte aus unserer Familie (Vegetarier bitten wir um Entschuldigung):

französische gegrillte Schneckenzehen auf Schwarzbrotklötzchen

glasiertes Mausegeweih auf Roggensokken

Erdnußbutter und Eidechsenflügel an Telefonbüchern

Fischfüße mit Bananensülze

kalte Nilpferdfedern

scharfe Hühnerflossen an Zaunpfählen

Vogelzahnpastete bestreut mit Mäuseflossen

Kamelflügeleintopf

Die Liste ließe sich natürlich noch fortsetzen. Wie viele extravagante Vorspeisen kann sich Ihr Kind ab jetzt bis zum Essen noch ausdenken? Wie wäre es mit einem Froschohr und Schweizer Käse auf dunklem Flanell?

***Man braucht:***
- *nur Ihre Zeit*

# Bube, Dame, König, As

Mit einem Satz Spielkarten können Sie Ihr Kind stundenlang unterhalten, ohne daß Sie erklären müssen, wie man Poker oder Black Jack spielt.

Zeigen Sie Ihrem Kind all die schönen Bilder von Menschen und die Symbole auf den Karten. Dann schlagen Sie ihm vor, sich doch ein eigenes Spiel auszudenken, wobei es sich von folgenden Vorschlägen anregen lassen kann: Alle Karten derselben Farbe gehören zusammen. – Die Karten werden nach solchen mit Bildern und solchen mit Zahlen sortiert. – Zwei Karten werden miteinander verglichen, und man kann raten, welche den höheren Wert hat. Und so weiter.

Aber wundern Sie sich nicht, wenn Ihr Kind fesselnd findet, was für Sie eine gängige Variante ist. Und all die komplizierten Regeln, die sich obendrein mit jedem neuen Blatt zu ändern scheinen. Wenigstens müssen dabei alle aufpassen.

Aber Achtung! Ihr Kind sticht vielleicht Ihr letztes As weg, hebt dann alle schwarzen Karten auf und verkündet: »Schachmatt!«

***Man braucht:***

- *einen Satz Spielkarten*

# Fühltüte

Die meisten von uns orientieren sich in der Welt vor allem durch Hören und Sehen – und das so sehr, daß sie die Vielzahl von Strukturen und Oberflächen um sich herum überhaupt nicht mehr wahrnehmen. Dieses Spiel hilft Ihrem Kind, für die vielfältige Welt der Berührungen empfänglich zu bleiben und jede Menge Spaß zu haben.

Stecken Sie ein paar gebräuchliche Gegenstände in eine Papiertüte. Sie können Lieblingsspielzeug wählen und/oder Plüschtiere; Haushaltsgegenstände wie Schwämme und Küchengeräte; Lebensmittel wie Selleriestangen, Karotten, Gurken; und so weiter. Dann lassen Sie Ihre Kinder in die Tüte greifen und fühlen, ohne daß sie hineingucken dürfen. Dabei sollen sie die Gegenstände identifizieren. Geben Sie ein paar Tips, wenn nötig, und richten Sie sich in der Auswahl des Tüteninhalts nach dem Erfahrungsbereich und den Fähigkeiten Ihres Kindes.

Sie können den Schwierigkeitsgrad steigern, indem Sie Ihre Kinder ähnliche Gegenstände durch Abtasten identifizieren lassen. Zeigen Sie ihnen beispielsweise mehrere Spielzeugautos (oder Puppen, Bauklötze, Schlüssel), die ungefähr die gleiche Größe und Form haben, und stecken Sie diese dann in die Tüte. Die Kinder sollen die Gegenstände *nur* durch Tasten erraten.

**Aufgepaßt!**

Kleine Teile

***Man braucht:***

- *Papiertüte*
- *Haushaltsgegenstände und Spielsachen*

# Wohnzimmer-Safari

***Man braucht:***
- *Papier*
- *Stifte*
- *Schere*
- *Klorollen*
- *Klebstoff oder Klebeband*

Ist das nun eine Stehlampe oder eine Giraffe mit einem Lampenschirm auf dem Kopf? Sie können das nur herausfinden, wenn Sie Ihr Kind den Safari-Führer spielen lassen.

Ihre Tochter oder Ihr Sohn kann direkt im Wohnzimmer – oder in jedem anderen Raum der Wohnung – eine Safari veranstalten; man braucht nur ein bißchen Vorbereitungszeit. Zunächst schneiden Sie verschiedene Fußspuren aus Papier aus. Zeichnen Sie ein paar Füße mit Tatzen und Krallen für die Löwen und Tiger; Hufe für die Gazellen, Zebras und Antilopen; Füße mit »Daumen« für die Gorillas und Schimpansen und große runde Fußstapfen für die Elefanten und Nilpferde.

Darauf rüsten Sie jeden Teilnehmer der Safari mit einem Fernglas aus, indem Sie jeweils zwei Klorollen aneinanderkleben. (Vielleicht schlagen Sie die Rollen vorher sogar noch in schwarzes Papier ein.)

Legen Sie nun eine Fußspur, die in verschiedene Winkel Ihrer Wohnung führt. Vielleicht sind die Elefanten und Nilpferde zum Trinken Richtung Badewanne gezogen. Die Affen verstecken sich vielleicht in den Hängepflanzen. Und die Tigerfamilie hat es sich wahrscheinlich auf einem Lager aus Sofakissen bequem gemacht.

Passen Sie auf, daß Sie alle bei der Suche ganz ruhig bleiben – zuviel Lärm, und die Tiere könnten schnell über alle Berge sein.

# Luftballonrennen

Dieses tolle Ballonspiel können Sie starten, ohne daß Sie zuvor einen Heliumtank beschaffen müssen.

Befestigen Sie ein kurzes Stück Plastikstrohhalm an der Oberseite jedes Ballons. Stellen Sie zwei Stühle an entgegengesetzten Seiten des Raumes auf. Ziehen Sie eine Schnur durch den Strohhalm auf dem Ballon, und verknoten Sie die Enden an den Lehnen. Jeder Spieler bekommt einen Ballon und eine gespannte Schnur, dann kann es losgehen. Diesmal müssen die Ballons im Gehen geblasen werden. Dabei gilt eine wichtige Regel: Die Spieler dürfen die Ballons auf gar keinen Fall berühren!

Auf die Plätze, fertig, pusten!

**Aufgepaßt!**

Ballon

***Man braucht:***

- *große Luftballons*
- *Strohhalme*
- *Klebeband*
- *Schnur*
- *Stühle*

# Initialenspiel

**Man braucht:**
- *Papier*
- *Bleistifte*

Für dieses Spiel brauchen Sie nur etwas Papier und ein paar Bleistifte.

Ziehen Sie eine senkrechte Linie auf der linken Seite eines Blattes. Links davon schreiben Sie nun untereinander das Alphabet auf. Danach denken Sie sich irgendeinen Buchstaben und schreiben ihn rechts von der Linie neben den Buchstaben »A« oben auf die Seite. Dann fahren Sie in alphabetischer Reihenfolge fort bis zum »Z« und beginnen dann wieder mit »A«, bis Sie alle 26 Buchstaben durch haben. Kopieren Sie dieses Blatt nun entsprechend der Anzahl der Spieler. Sie sollten dann also zwei oder mehrere identische Bögen mit Spalten auf der linken Seite haben, die in etwa so aussehen:

| | | |
|---|---|---|
| AQ | EU | IY |
| BR | FV | JZ |
| CS | GW | KA (usw.) |
| DT | HX | |

Es geht nun darum, so viele Berühmtheiten, Personen aus der Geschichte oder Freunde wie möglich zu finden, *die allen Mitspielern bekannt sind* und deren Initialen mit denen auf der Liste übereinstimmen.

Derjenige, der die Liste geschrieben hat, liest die Initialen vor. Alle zusammen können dann versuchen, Personen zu jedem Buchstabenpaar zu finden. Zum Schluß zählen Sie nach, wie viele Namen Sie insgesamt gefunden haben. Dann gehen Sie zurück und füllen die Lücken mit so verrückten Einträgen wie »Franz Vekkenbauer«.

# Das Küchenorchester

Die folgenden einfachen Musikinstrumente sind altbewährt und bringen garantiert alle Füße und Köpfe in Schwung. Vielleicht werden Ihre Kinder nicht immer ganz sauber spielen, aber das ist wohl auch nur Ansichtssache.

*Der umweltfreundliche Kamm- und Seidenpapier-Synthesizer:* Umwickeln Sie einen Kamm mit zwei oder drei Lagen Seidenpapier, und »schalten« Sie ein. Zeigen Sie Ihrem Kind, wie es mit leicht geöffneten Lippen summen und dabei den Synthesizer an den Mund halten muß. Strom wird nicht benötigt.

*Die leere Waschmittel-Trommel:* Heutzutage haben die Pappzylinder oft Plastikdeckel; Puristen bevorzugen die Standardausführung mit Pappdeckel. Ein hölzerner Kochlöffel ist der beste Schlegel.

*Das Flaschen-Bläserensemble:* Eine oder mehrere (Plastik-)Flaschen ergeben einen hervorragenden Klang. Die Musiker müssen nur sanft über die Öffnung blasen. Mit Wasser läßt sich die Tonhöhe variieren.

Und nun im Dreiertakt...

***Man braucht:***
- *Kamm*
- *Seidenpapier*
- *Waschmittel-trommel*
- *Kochlöffel aus Holz*
- *(Plastik-) Flaschen*

***Wenn Sie wollen:***
- *Wasser*

# Bedienungsanleitung

Fast jeder kann ein Glas Wasser trinken, Cornflakes in eine Schüssel geben oder eine Schleife binden. Aber wie steht es damit, detaillierte *Anleitungen* für andere zu schreiben, die solche Tätigkeiten ausführen sollen?

Von kleineren Kindern können Sie sich diktieren lassen, wie man beispielsweise Bauklötze stapelt, einen Briefumschlag öffnet oder eine Tür schließt. Dann lesen Sie die Anleitungen vor und überprüfen, ob Ihr Kind die jeweiligen Tätigkeiten ausführen kann, wenn es ganz genau der Anleitung folgt. »Stell die Schuhe in den Abstellraum.« Das klingt ziemlich einfach, aber wenn die Tür geschlossen ist, sollte Ihr Kind am besten noch die Anleitung geben, wie man die Klinke drückt, die Tür öffnet, das Licht anknipst und so weiter.

Ältere Kinder können kompliziertere Aufgaben beschreiben, wie etwa Seilspringen oder wie man einen Papierflieger faltet.

Und was ist nun mit dem Schleifebinden? Das ist wirklich *sehr* knifflig – versuchen Sie's selbst einmal!

***Man braucht:***
- *Stift*
- *Papier*

# Internationale Hauptstädte

Wissen Sie, wie die Hauptstadt von Uruguay heißt? Wenn Sie mit diesem Spiel fertig sind, werden Sie (oder zumindest Ihr Kind) es wissen.

Lassen Sie sich von Ihrem Kind irgendein Land sagen, das ihm gerade einfällt. Sie versuchen nun, die Hauptstadt zu nennen. Jetzt ist Ihr Sohn oder Ihre Tochter an der Reihe: Sie nennen ein Land (nicht zu ausgefallen). Mal sehen, ob er oder sie den Namen der Hauptstadt weiß.

**Man braucht:**
- *nur Ihre Zeit*

Es ist natürlich vorteilhaft, wenn Sie ein Lexikon oder einen Atlas griffbereit haben, um die Richtigkeit zu überprüfen. Wenn Sie erst einmal die einfachen Länder wie Großbritannien (London) und Frankreich (Paris) durchhaben, können Sie sich an »Exoten« wie Zaire (Kinshasa) und Guatemala (Guatemala City) heranwagen.

Die Hauptstadt von Uruguay ist übrigens Montevideo. Aber das wußten Sie ja sowieso, oder?

*Weitere internationale Hauptstädte:* Canberra (Australien); Havanna (Kuba); Abidjan (Elfenbeinküste); Ottawa (Kanada); Moskau (Rußland); Madrid (Spanien); Stockholm (Schweden); Bern (Schweiz); Washington (USA).

# Internationale Nachrichten

*Man braucht:*
- *Papier*
- *Blei-, Bunt- oder Filzstifte*

*Wenn Sie wollen:*
- *Heft oder Ordner*
- *Bild der Erdkugel*

Selbst wenn Ihr Kind noch nicht lesen und schreiben kann, wird ihm diese Beschäftigung Spaß machen und gleichzeitig Wissen über andere Kulturen vermitteln.

Auf ein Blatt Schmierpapier schreiben Sie den Namen eines Landes, gefolgt von den Wörtern »Nachrichten« oder »Zeitung«, also zum Beispiel »Japanische Nachrichten« oder »Japanische Zeitung«. Jetzt denken Sie sich zusammen mit Ihrem Sohn oder Ihrer Tochter ein paar »Artikel« aus. Zunächst erkunden Sie, was Ihr Kind alles über Japan weiß – die Sprache, das Essen, wo es auf der Karte liegt und so weiter. Dann schreiben Sie ein paar Sätze zu jedem Thema. Wenn Sie irgendwo japanische Schriftzeichen auftreiben können, lassen Sie Ihr Kind einige abmalen. Und vergessen Sie nicht, auch Bilder aus Zeitschriften, die sich auf das jeweilige Land beziehen, zu sammeln und aufzukleben. (Sie müssen übrigens kein Experte für die einzelnen Länder werden – ein paar allgemeine Tatsachen genügen schon. Und wenn Sie so richtig loslegen wollen, liefert Ihnen jedes Lexikon oder ein Reiseführer für das bestimmte Land ausreichend Gesprächsstoff mit Ihrem Kind.)

Wenn Sie so nach und nach mehrere Zeitungen für verschiedene Länder angelegt haben, stellen Sie das Ganze in einem Heft oder Ordner zusammen. Mit einem Bild der Erdkugel auf dem Titelblatt können Sie sich die ganze Welt ins Kinderzimmer holen.

# Tiererfinder

Bei dieser Beschäftigung stößt selbst die Phantasie Ihres Kindes an ihre Grenzen.

Stellen Sie verschiedene Bedingungen, die ein Tier erfüllen muß, und lassen Sie sich überraschen, mit welchen Lösungen Ihr Kind aufwarten kann. Wie steht es zum Beispiel mit dem imaginären Tier, das an Land lebt, aber gerne unter Wasser taucht? Das Tier kann nicht den Atem anhalten und muß Luft atmen. Was für ein Tier könnte diese Voraussetzungen erfüllen? Ein paar mögliche Antworten: ein Tier mit Nasenlöchern oben auf dem Kopf oder mit einer Rüsselnase, die als Schnorchel dienen kann, oder mit einer Schnorchelröhre auf dem Rücken.

Und wie wär's mit einem Tier, das schnell fliegen *und* rennen kann – Flügel können den schnellen Lauf behindern, und lange Beine würden sich wahrscheinlich mit schnellen Flügeln verheddern? Mögliche Antworten: ein Tier mit Flügeln, an deren Spitzen sich Füße befinden, oder mit Beinen, die sich nach Bedarf in Flügel verwandeln.

Ihr Kind kann einigen dieser Geschöpfe noch einen Namen geben und sie malen, wenn es Lust dazu hat. Sammeln Sie das Ganze in einem »Verrückten-Zoo«-Ordner, den Sie dann in die Sammlung der anderen Kunstwerke Ihres Kindes einreihen.

***Man braucht:***

- *Papier*
- *Bunt- oder Filzstifte*
- *Ordner*

# Listige Listen

Nur mit einem Bleistift und Papier ausgerüstet, kann Ihr Kind gleichzeitig sein logisches Denken und seine Phantasie trainieren, indem es sich Listen ausdenkt. Sie müssen dabei nur die Kategorien liefern. (Für Kleine, die noch nicht schreiben können, müssen Sie vielleicht auch den Sekretär spielen.)

***Man braucht:***
- *Bleistift*
- *Papier*

Im folgenden finden Sie ein paar Anregungen. Lassen Sie Ihr Kind in seiner unmittelbaren Umgebung nach Dingen Ausschau halten und sie auflisten, die ...

... auf etwas anderem liegen,  
... kleiner als eine Streichholzschachtel sind;  
... größer als eine Streichholzschachtel sind;  
... der Familie geschenkt wurden;  
... mit Strom funktionieren;  
... den Boden berühren;  
... wiederverwendet oder recycelt werden können.

Sie können die Beschäftigung dem Alter und dem Können Ihres Kindes anpassen, indem Sie die Zahl der zu suchenden Gegenstände variieren. Fünf oder sechs sind für die ganz kleinen Listenschreiber schon eine große Herausforderung. Ältere Kinder werden mehr finden. Nach einer Weile wird sich Ihr Kind vielleicht sogar ein paar überraschende eigene Kategorien ausdenken.

# Düsenjets

Bei dieser Beschäftigung spielt Können überhaupt keine Rolle. Gewinnen ist hier reine Glückssache.

Mit Bindfaden, Garn oder Klebeband markieren Sie Zielpunkte oder -linien auf dem Fußboden. Dann blasen Sie für jedes Kind einen Luftballon auf. (Man kann aber auch mit nur einem Kind spielen.) Zählen Sie von drei rückwärts – bei »Los« läßt jeder seinen Ballon fliegen. Das Ziel hängt von den räumlichen Gegebenheiten ab. Vielleicht versuchen Sie, die Düsenjets in einem bestimmten markierten Bereich landen zu lassen. Vielleicht geht es aber auch nur darum, daß die Jets die Ziellinie überschreiten.

Zur Abwechslung können Sie ganz leichte Papiertüten bemalen, die Ballons in diesenTüten aufblasen und dann loslassen. Tip: Die Tüten müssen wirklich so leicht wie möglich sein – schneiden oder reißen Sie alles überstehende Papier ab.

Für eine weitere Variante dieser Idee befestigen Sie ein 5 cm langes Stück Strohhalm an einer leeren Papiertüte. Fädeln Sie ein 2,5 m bis 3 m langes Stück Schnur durch den Halm, und spannen Sie sie dann zwischen zwei Stühlen. Nun ziehen Sie die Tüte an ein Ende, blasen den Ballon darin auf (nicht zuknoten) und lassen los. Machen Sie das Spiel mit zwei Paar Stühlen gleichzeitig, und schon haben Sie das schönste Ballonrennen.

Viel Spaß beim Spielen! Aber nehmen Sie's nicht *zu* ernst – schließlich ist es ja alles nur heiße Luft.

**Aufgepaßt!**

Ballon

***Man braucht:***
- *Luftballons*
- *Schnur, Garn oder Klebeband*

***Wenn Sie wollen:***
- *Bunt- oder Filzstifte*
- *Papiertüten*
- *Strohhalm*

# Judys Salzteig

**Aufgepaßt!**

Herd

***Man braucht:***

- *Mehl*
- *Salz*
- *Wasser*
- *Plaka- oder Temperafarben*

***Wenn Sie wollen:***

- *Plätzchen-ausstecher*
- *Plastikdosen*

Mit diesem Rezept für selbstgemachte Modelliermasse können Sie alles, was Ihre Kinder daraus formen, in Ihrem Backofen zu Hause »brennen« (Aufgabe eines Erwachsenen).

Für Judys Salzteig lassen Sie Ihr Kind vier Tassen Mehl, eine Tasse Salz und 1¾ Tassen Wasser mischen. Sobald der Teig eine schöne gleichmäßige Konsistenz hat, wird er ausgerollt. Nun kann sich Ihr Kind an die Arbeit machen und formen und kneten. Mit Plätzchenformen und Plastikdosen lassen sich Stückchen ausstechen. Falls die Kinder Baumschmuck oder andere Kostbarkeiten basteln, die an einer Schnur aufgehängt werden sollen, vergessen Sie nicht, den Gegenstand mit einem kleinen Loch zu versehen.

Wenn die Kinder ihre Meisterwerke vollendet haben, wird der Teig bei etwa 100 °C ungefähr drei Stunden lang gebakken. Es ist wichtig, daß die Temperatur niedrig bleibt und die angegebene Backzeit nicht unterschritten wird, weil das Wasser langsam verdunsten muß. Wenn die kleinen Kostbarkeiten abgekühlt sind, kann man sie mit Plaka- oder Temperafarbe bemalen.

Judith Burros sei für dieses Rezept gedankt. Der Weihnachtsschmuck, den ihre Kinder aus Salzteig gebastelt haben, ist heute nach zwanzig Jahren noch so schön wie am ersten Tag!

# Eiszeit

Haben Ihre Kinder im Sommer auch die Angewohnheit, jede Menge Wassereis zu schlürfen? Das Problem dabei ist nur, daß diese Leckereien so gut wie keinen Nährwert haben (die meisten sind kaum mehr als gefärbtes Zuckerwasser) und teuer sind. Wie wäre es also, wenn Sie einmal gemeinsam mit Ihren Kindern selbst Wassereis herstellen?

Sie brauchen dazu nur ein paar Pappbecher (oder leere Joghurtbecher), Plastiklöffel und ein bis zwei Flaschen Ihres bevorzugten Fruchtsaftes. Sie gießen den Saft in einen Becher, stellen einen Löffel hinein und geben das Ganze in den Gefrierschrank. (Der Löffel wird schräg festfrieren, aber das gibt der Sache erst den richtigen Pfiff.) Nach ungefähr zwei Stunden halten Sie den Becher unter warmes Wasser, und schon haben Sie eine köstliche selbstgemachte Eisleckerei.

Ihre Kinder werden sicherlich bald mit den verschiedensten Saftkombinationen herumexperimentieren, von denen manche sehr gut schmecken (wir können beispielsweise das Apfel-Preiselbeer-Saft-Eis empfehlen). Einige gewagtere Kombinationen haben sich dagegen als etwas zu intensiv im Geschmack herausgestellt. Oder hätten Sie etwa Appetit auf ein Feinschmecker-Tomatensaft-Gurken-Einlegewasser-Pfirsichnektar-Eis?

***Man braucht:***
- *verschiedene Säfte*
- *Papp- oder Plastikbecher*
- *Löffel*
- *einen Gefrierschrank*

# Kinderroboter

Einen freundlichen Roboter kann jeder brauchen. Und aus ein paar sofort verfügbaren Küchenutensilien können Sie ganz schnell und einfach ein Roboterkostüm fabrizieren.

Beginnen Sie oben, und basteln Sie einen Helm aus einer Papiertüte, in die für Augen, Nase und Mund des Roboters Löcher geschnitten werden. Für den besonderen Techno-Look schneiden Sie die Böden aus zwei Joghurt- oder Pappbechern heraus und kleben die verbliebenen runden Rahmen um die Augenlöcher der Maske. (Natürlich können Sie auch einfach Ihr Kind die Gesichtszüge mit Wachskreiden und Filzstiften malen lassen.)

Als nächstes schneiden Sie Armlöcher und einen Halsausschnitt in eine zweite Papiertüte, an der Sie dann Plastikdeckel, Papprollen, Strohhalme, Verpackungsmaterial und andere technisch aussehende Gegenstände befestigen. Schlagen Sie eine kleinere Pappschachtel in Packpapier ein, versehen Sie das Ganze mit ein paar Skalen und Anzeigen, dann wird es auf die zweite Papiertüte geklebt. Das ist nun das Steuerungszentrum.

Mit Ärmeln und Hosenbeinen aus Packpapier geben Sie der Verkleidung noch den letzten Chic. Jetzt kann Ihr Kind dem Roboter Leben einhauchen.

***Man braucht:***

- *zwei große Papiertüten*
- *Wachsmalkreiden und Filzstifte*
- *Papprollen*
- *Plastikdeckel und -becher*
- *eine kleine Pappschachtel*
- *Packpapier*
- *Klebstoff und Klebeband*
- *Schere*

# Auf die Sekunde genau

Achten Sie mal darauf, wie oft Sie im Laufe eines Tages sagen: »Nur noch eine Sekunde«, »Eine Minute noch« oder »In ein paar Minuten«. Was stellt sich Ihr Kind wirklich unter diesen Zeitangaben vor? Mit den folgenden Spielen können Sie's herausfinden.

Besorgen Sie sich eine Uhr mit Sekundenzeiger. Dann lassen Sie Ihr Kind die Augen schließen und beginnen zu zählen. »Ein Elefant, zwei Elefanten« und so weiter. Erklären Sie dabei, daß es ungefähr eine Sekunde dauert, das Wort »Elefanten« auszusprechen. Mal sehen, ob Ihr Kind im stillen die Elefanten zählen und Ihnen sagen kann, wann zehn Sekunden vorbei sind.

***Man braucht:***
- *Uhr mit Sekundenzeiger*

Nun gehen Sie zu den längeren Zeitspannen über. Zeigen Sie Ihrem Kind, wie lange der Sekundenzeiger braucht, um einmal ganz herumzuwandern. Erklären Sie, daß der ganze Kreis einer Minute entspricht und daß nach zwei Umdrehungen des Zeigers zwei Minuten vergangen sind. (Selbst wenn Ihr Kind noch nicht die Uhr lesen kann, wird es wahrscheinlich das Prinzip verstehen, daß der Sekundenzeiger pro Minute einmal ganz herumwandert.) Ihr Kind kann nun versuchen anzugeben, wann zwei Minuten vorbei sind. Dann verdecken Sie die Uhr und lassen Ihr Kind raten, wann eine Minute vergangen ist.

Übrigens: Wie lange haben Sie gebraucht, um diese Seite zu lesen?

# Pfandverwalter

Wie wichtig es ist, Pfandflaschen und -gläser anstelle von Einwegverpackungen zu verwenden, wissen wir inzwischen alle. Als besonderen Anreiz dazu kann Ihr Kind das »versteckte« Pfandgeld im Rahmen eines fortlaufenden Projekts verwalten, dabei gleichzeitig etwas über den Umgang mit Rohstoffen erfahren und anderen Menschen helfen.

***Man braucht:***
- *Pfandflaschen und -gläser*
- *ausreichend Stauraum*
- *Stift*
- *Papier*

Zunächst ernennen Sie Ihr Kind zum »Pfandverwalter«. Dann darf es sich eine wohltätige Organisation oder Einrichtung aussuchen, der die gesammelte Spende Ihrer Familie zugute kommen soll. (Jüngere Kinder müssen Sie sicher bei der Wahl einer geeigneten Organisation unterstützen.) Aufgabe des Pfandverwalters ist es nun, einen sicheren Platz für die Flaschen und Gläser zu finden, sie ordentlich zu sammeln und ständig über die Summe Buch zu führen, die Ihre Familie bereits in Form von Pfandgeldern angespart hat. Nach ein paar Wochen lösen Sie gemeinsam das Pfand für die Flaschen ein. Sie müssen dann nur noch Schützenhilfe leisten, um das Bargeld in einen Scheck oder eine Überweisung umzuwandeln. Falls Sie und Ihr Kind sich eine in der Nähe befindliche Einrichtung ausgesucht haben, können Sie die Spende vielleicht auch persönlich abgeben – das ist natürlich noch befriedigender.

# Kinderbank

Viele Kinder scheinen zu glauben, daß auf der Bank jeder Geld bekommt. Schön wär's!

Bestimmt haben Ihre Kinder Spaß daran, den Kassierer in Ihrer Wohnzimmerbank zu spielen. Dabei können sie gleichzeitig lernen, wie man Papiergeld und Münzen zählt. Für einen Bankschalter (oder auch für einen Geldautomaten) brauchen Sie eigentlich nur einen Stuhl mit offener Lehne – obwohl Sie natürlich auch eine Luxusversion aus einem Pappkarton bauen können. Auf jeden Fall müssen Sie jede Menge Spielgeld auftreiben, sofern Sie kein Monopoly-Spiel für diesen Zweck kurzfristig plündern können. Aus Eintrittskarten, Abholzetteln, aber auch aus Wurfsendungen lassen sich hervorragende Geldscheine machen (siehe auch Nr. 68 Geldwerkstatt). Eine zusätzliche Scheckhülle können Sie bei Ihrer Bank meist umsonst bekommen, und kleine Notizblätter können als Schecks dienen. Für Kunden mit Sparbüchern tut ein kleines Heftchen gute Dienste.

Ein paar »Münzen« brauchen Sie schließlich auch noch. Große Knöpfe und Flaschendeckel sind nicht schlecht. (Sie sollten aber so groß sein, daß kleine Bankkunden sie nicht verschlucken können.) Vielleicht halten Sie auch noch eine kleine Reißverschlußtasche bereit, für Kunden, die Bargeld einzahlen wollen.

Eröffnen Sie dann selbst ein Konto. Aber erwarten Sie ja keine Werbegeschenke, die kleinen Filialleiter sind nicht besonders freigebig!

***Man braucht:***
- *Spielgeld*

***Wenn Sie wollen:***
- *»Münzen« aus Plastikdeckeln oder Knöpfen*
- *Stifte*
- *ein kleines Heftchen*

# 19. Juni ist Gummibandtag

Wer sagt eigentlich, daß nur die gewählten Regierungsvertreter neue Feiertage einführen können? Ihr Kind kann mindestens ebensogut entscheiden, an welchen Tagen wir bestimmte Anlässe begehen, Persönlichkeiten oder Tiere feiern sollten. In unserer Familie haben sich mit der Zeit die folgenden Feiertage etabliert:
Grün-und-Blau-Tag (16. April)
Blau-und-Grün-Tag (2. Mai – etwas *ganz und gar* anderes)
Gummibandtag (19. Juni)
Limo-Woche (2.–8. Juli)
Lego-Woche (19.–25. August)
Kopfkissenschonzeit – Kissenschlachten nur zu ganz besonderen Zeiten (Oktober)
Seifenblasenmonat – mindestens eine Riesenseifenblase (Nr. 198) pro Tag (Juni)

Lassen Sie Ihr Kind sich seine eigene Liste zusammenstellen und sie dann in einen Kalender eintragen. Haben Sie sich übrigens schon entschieden, was Sie dieses Jahr am Fliegenpilztag anziehen wollen?

**_Man braucht:_**
- *Stift*
- *Kalender*

# So ein Zirkus

Wenn sich Ihr Kind für den Zirkus begeistert, können Sie gleich in Ihrem Wohn- oder Kinderzimmer einen einrichten.

Bauen Sie ein großes Zelt, indem Sie ein Bettlaken über einen Tisch breiten oder sechs Stühle im Kreis aufstellen und ein Laken über die Lehnen hängen. Bevölkern Sie das Zelt mit vielen Plüschtieren (den Artisten). Mit Faschingsschminke, einem Ihrer T-Shirts und Ihren Turnschuhen können Sie Ihr Kind als Clown verkleiden. Vielleicht haben Sie auch ein paar Schachteln, in denen die Plüschtiere sitzen können. Verbinden Sie die Schachteln mit einer Schnur, und schon haben Sie einen Zirkus-Zug. Wenn die Vorstellung beginnen soll, drehen Sie einfach einige runde Plastikdosen oder Tassen um. Falls Ihr Kind einen Plüsch-Tiger oder -Löwen hat, bauen Sie einen Käfig. Dann lassen Sie das Raubtier frei, und Ihr Kind kann die gewagtesten Kunststücke vorführen.

Natürlich brauchen Sie auch Erfrischungen: Popcorn wäre genau das richtige. Schließlich verteilen Sie noch die Eintrittskarten – die Ihr Kind gemalt hat – an Geschwister, Freunde, Verwandte und so weiter.

Bei uns zu Hause gilt eine wichtige Regel: Alle Artisten werden auch zum Aufräumdienst eingeteilt. So ist das eben beim Zirkus!

***Man braucht:***
- *Bettlaken oder Decke*
- *Plüschtiere*
- *Schachteln*
- *Plastikdosen oder Tassen*

***Wenn Sie wollen:***
- *Faschingsschminke*
- *T-Shirt und Turnschuhe eines Erwachsenen*

# Küchen-Camping

Wenn Sie »Freiheit und Abenteuer« suchen, aber sich nicht so recht mit der Vorstellung anfreunden können, unter freiem Himmel zu kampieren, dann haben wir eine gute Nachricht für Sie. Sie können mit Ihren Kindern in der Geborgenheit Ihrer eigenen Wohnung »zelten« und brauchen dazu nicht mehr als ein Bettlaken, ein paar Handtücher oder Dek-ken und eine Taschenlampe.

Breiten Sie das Laken über Ihrem Küchentisch oder Eßtisch aus: Ruckzuck, und schon ist das Zelt fertig. Aus einem großen Badehandtuch oder einer Decke wird ein Schlafsack für das Kind. Nun verteilen Sie n och Taschenlampen (mit aufladbaren Batterien) und schalten das Licht aus.

Die richtige Stimmung bekommt Ihr Zeltplatz durch ein »Lagerfeuer« aus Klorollen, die wie Holzscheite bemalt werden. Und wenn Sie schon dabei sind, dann lassen Sie Ihre Kinder doch auch Marshmallows über der »Glut« rösten. Kleinkinder und Kindergartenkinder werden sich sehr gern in ihrem »Zelt« aufhalten. Ältere Kinder finden es vielleicht spannend, eine Expedition zu leiten oder Gruselgeschichten zu erzählen. Sie können ja die nötigen Hintergrundgeräusche dazu liefern – uns sicherheitshalber eine Hand zur Beschwichtigung bereithalten.

***Man braucht:***
- *Bettlaken*
- *große Handtücher oder Decken*

***Wenn Sie wollen:***
- *Taschenlampen*
- *Klorollen*
- *Filzstifte/Farbe*

# Nudelschmuck

Kleine Überraschung gefällig? Ihre Speisekammer steckt gerammelt voll mit besten Schmuckmaterialien. Hier ein paar Beispiele:

Nudeln lassen sich auf Garn oder Faden aufziehen, so daß Armbänder, Halsketten, Stirnbänder und andere Schmuckstücke entstehen. Für einen Anstecker kleben Sie die Nudeln auf ein Stückchen Pappe, auf dessen Rückseite Sie dann eine Büroklammer mit Klebeband fixieren. Mit der Büroklammer können Sie die Pappe dann an der Kleidung Ihrer Kinder befestigen. Sie können das Nudelhandwerk Ihrer Kinder fördern, indem Sie vom nächsten Einkauf im Supermarkt exotische Nudelformen mitbringen. Halten Sie nach Sternen, Röhren, Rädchen, Buchstaben usw. Ausschau. Wenn Sie die Nudeln zuerst mit Lebensmittelfarbe färben, macht es anschließend noch mehr Spaß, sie aufzufädeln. Und sicher hat Ihre Speisekammer noch mehr zu bieten (Erdnußschalen zum Beispiel), das sich zur Schmuckherstellung eignet.

Natürlich können sich Ihre Kinder mit den selbstgemachten Juwelen schmükken, sie können aber ebensogut eine Modenschau mit ihren Plüschtieren veranstalten. Und außerdem kann Schmuck ja auch zum Kunstwerk werden – die Kinder können ihre Werke für Collagen verwenden, wenn sie sie nicht mehr tragen wollen. Freunde und Verwandte werden die Kreationen sicherlich bewundern.

**Aufgepaßt!**

Kleine Teile

***Man braucht:***

- *Schnur oder Garn*
- *Nudeln*

***Wenn Sie wollen:***

- *Lebensmittelfarbe*

# Löffelstiel & Co.

Ihre Küche ist ein ergiebiger Fundus von Gegenständen, die als Vorlage für phantasievolle Kunstwerke dienen können. Nehmen Sie ein Stück Schmierpapier, und umfahren Sie die verschiedensten Gegenstände mit Wachsmalkreiden, Bunt- oder Filzstiften. Zum Schluß fügen Sie Gesichtszüge oder andere Details ein.

Umgedrehte Siebe oder Woks können die Umrisse für lustige Gesichter liefern – die Griffe geben dabei tolle Ohren ab. Auch Töpfe dienen diesem Zweck, wobei aus den Griffen lange Hälse für clowneske Figuren werden können. Teller eignen sich als Schablonen für Gesichter ebensogut wie für Ballons und Räder. Das gleiche gilt für Tassen, Untertassen und die Deckel von Plastikdosen.

Eckige Dosen können als Umrisse für Häuser und andere Gebäude fungieren, während Schneebesen, große Gabeln und Löffel die Form für Bäume liefern. Eine Alufolien-Schachtel ist eine gute Schablone für einen Zug, ein Auto oder einen Bus. Und vergessen Sie nicht die Plätzchenausstecher – die sind auch nicht nur zum Plätzchenbacken da!

Durchforsten Sie einmal Ihre Küchenschublade in Hinblick auf Gegenstände, die sich als Schablonen anbieten. Bestimmt werden Sie jede Menge Zeug mit interessanten Formen finden. Und wenn Ihr Kind dann sein kunstvolles Gemälde dem Opa oder der Oma zeigt, wer weiß dann schon, daß sich hinter dem einbeinigen Flamingo in Wirklichkeit eine französische Knoblauchpresse verbirgt?

***Man braucht:***
- *Papier*
- *Wachsmalkreiden, Bunt- oder Filzstifte*
- *Küchengeräte, Dosen, Töpfe*

# Knöchelköppe

Ihr Kind hat zwei gute Freunde gleich »an der Hand« – die Knöchelköppe!

Knöchelköppe sind sehr scheue Wesen, aber sie zeigen sich gleich, wenn man eine Faust macht und dann die Hand seitwärts dreht. Strecken Sie den Daumen über den Zeigefinger, wie in der Zeichnung unten zu sehen. Erkennen Sie den Zwischenraum zwischen Ihrer Faust und dem Daumen? Das ist der Mund. Wenn Sie den Daumen auf und ab bewegen, bewegt sich auch der Mund.

Zeigen Sie Ihrem Kind diesen Trick. Zusätzlichen Reiz verleihen Sie der Sache mit ungiftigen, abwaschbaren Filzstiften oder mit Faschingsschminke (die Sie in den meisten Spielzeugläden bekommen). Malen Sie Augen, eine Nase, Lippen, einen Schnurrbart, Augenbrauen und andere Gesichtszüge.

Was tut so ein Knöchelkopp den ganzen Tag? Alles mögliche. Geben Sie ihm eine Bühne (eine Tischplatte zum Beispiel), und schon geht es los mit Liedern, Reden, Kommentaren, blöden Witzen und jeder Menge Unterhaltung.

Zwei oder mehr Knöchelköppe können auch verschiedene Rollen in einem Theaterstück übernehmen (aus dem Stegreif oder vorgeschrieben), das eines der älteren Kinder inszeniert. Ein Knöchelkopp könnte zum Beispiel den Vater, der andere die Mutter spielen, und der Rest sind dann die Kinder. Die Möglichkeiten sind schier unerschöpflich.

***Man braucht:***
- *ungiftige, abwaschbare Filzstifte oder Faschingsschminke*

# Blätterpresse

Eine Möglichkeit, die unverwechselbare Stimmung des Herbstes einzufangen, ist das Pressen verschiedener Blätter, um sie dann für Bilder und Karten zu verwenden.

Wenn Sie mit Ihrem Sohn oder Ihrer Tochter auf Blätterjagd gehen, sollten Sie nach möglichst frischen Exemplaren Ausschau halten. Sammeln Sie so viele verschiedene Blätter wie möglich. (Besorgen Sie sich ein Baumbestimmungsbuch, wenn Sie das für hilfreich halten.) Vergessen Sie außerdem nicht, eine Schutzhülle für die Blätter mitzunehmen. Zwei Stücke Pappe mit einer Bindung aus Klebeband erfüllen den Zweck bestens.

Sobald Sie wieder zu Hause sind, legen Sie die Blätter zwischen mehrere Lagen Zeitungspapier. Das Zeitungspapier legen Sie wiederum zwischen zwei Pappdeckel, die Sie dann mit einem dicken Buch beschweren. Die Blätter sollten sich auf dem Papier nicht berühren.

Nach ungefähr einer Woche sollten die Blätter trocken sein. Ihr Sohn oder Ihre Tochter kann sie nun auf Papier aufkleben und die genauen Daten Ihres Sammelausflugs festhalten. Gemeinsam mit Ihrem Kind können Sie auch die Umrisse der Blätter abzeichnen und die Adern hineinmalen. Oder Sie kleben die Blätter auf ein gefaltetes Papier, aus dem Ihr Kind dann eine ganz besondere Glückwunschkarte für einen Freund, eine Freundin oder für Verwandte machen kann.

***Man braucht:***
- *Blätter*
- *Pappe*
- *Zeitungspapier*
- *ein dickes Buch*

***Wenn Sie wollen:***
- *Papier*
- *Stifte*
- *Klebstoff*

# Anlehnungsbedürftig

Dieses Kartenspiel für zwei oder mehr Spieler können auch Vorschulkinder schon spielen.

Verteilen Sie einen Stapel Spielkarten gleichmäßig unter allen Mitspielern. Im Wechsel werfen sie nun die Karten gegen den Sockel einer Wand. Die Karten sollen dabei möglichst an die Wand gelehnt stehen bleiben und nicht umfallen. Wer das schafft, erhält den »Topf«, das heißt alle bis dahin geworfenen Karten. Fällt die Karte um, kommt sie in den »Topf«.

Älteren Kindern schlagen Sie schwierigere Regeln vor: Zum Beispiel nimmt man eine verdeckte Karte vom Stapel und wirft sie, ohne sie vorher anzugucken. Nur Herz- oder Karo-Karten, die an der Wand lehnen, werden gezählt – alle anderen müssen noch einmal geworfen werden.

Ein Spiel für besonders Anlehnungsbedürftige …

***Man braucht:***

- *einen Satz Spielkarten*

# Limo-Stand

***Man braucht:***
- *Pappkartons*
- *einen großen Bogen Papier oder Karton*
- *Filzstifte*
- *Kasse und Wechselgeld*
- *Wasser*
- *Zitronensaft*
- *Salz*
- *Zucker*

An dieser klassischen Sommerbeschäftigung werden sicher auch die Nachbarn ihre Freude haben.

Wenn Sie erst einmal einen sicheren Platz gefunden haben, den Sie gut im Auge behalten können, dann ist der Laden schnell eröffnet. Bestimmt haben Sie irgendwo ein paar Pappkartons. Für das Reklameschild brauchen Sie einen großen Bogen Papier oder Karton und Filzstifte. Jetzt fehlt nur noch eine Kasse mit ein bißchen Wechselgeld, dann können Sie sich zurückziehen.

Vielleicht verraten Sie Ihrem Kind noch das folgende bewährte Rezept für Limonade (und am besten überwachen Sie auch die Herstellung).

8 Tassen Wasser
12 Eßlöffel Zitronensaft
1 Teelöffel Salz
1½ Tassen Zucker

1. Mischen,
2. kühlen,
3. auf Eis servieren,
4. probieren und –
5. lächeln.

# Buchstabe für Buchstabe

Dieses faszinierende Spiel für zwei bietet stundenlange Unterhaltung, vorausgesetzt, daß Ihre Kinder schon recht gut buchstabieren können.

Der erste Spieler nennt einen Buchstaben – sagen wir »A«. Der zweite Spieler muß dann einen weiteren Buchstaben anfügen. Von nun an muß jeder Spieler in der Lage sein, auf Verlangen des anderen die Buchstabenfolge zu einem sinnvollen Wort zu ergänzen. (In Zweifelsfällen entscheidet der Duden oder ein Wörterbuch, ob ein Wort anerkannt wird oder nicht.)

***Man braucht:***
- *Duden oder Wörterbuch*

Normalerweise geht das Spiel vier- oder fünfmal hin und her, bis einer der Spieler nicht mehr in der Lage ist, noch einen Buchstaben anzuhängen, ohne daß sich dabei ein bereits sinnvolles Wort ergibt, oder er die Kombination für kein sinnvolles Wort mehr offenhalten kann. Hier ein Beispiel:

(Spieler 1): »D«. (Spieler 2): »D-O«. (Spieler 1): »D-O-R«. (Spieler 2): »D-O-R-I«. Wenn Spieler 2 anstelle von »I« ein »T« eingesetzt hätte, wäre das Spiel beendet, da »dort« ein sinnvolles Wort ist. Aber da die Folge nun D-O-R-I lautet, muß sich Spieler 1 nun einen neuen Buchstaben ausdenken, der die Kette fortsetzt und durch den sich kein ganzes Wort ergibt.

# Jeder Buchstabe zählt

Dieses einfache Spiel verlangt nur Grundkenntnisse des Alphabets und der Zahlen.

Schneiden Sie 26 kleine Quadrate aus Papier aus, auf die Ihre Kinder dann die Buchstaben des Alphabets schreiben. Mischen Sie die Kärtchen in einem Hut. Dann lassen Sie Ihre Kinder ein Kärtchen nach dem anderen herausziehen und auf der Rückseite durchnumerieren. Wenn der zuerst gezogene Buchstabe ein »Q« wäre, würde man die Zahl 1 hinten auf das Papier schreiben. Wenn der zweite Buchstabe ein »A« wäre, würde man die Zahl 2 auf der Rückseite notieren und so weiter. Auf einem separaten Stück Papier notieren Sie sich die Buchstaben und ihren jeweiligen Zahlenwert.

Jeder Spieler muß sich nun Wörter ausdenken, die möglichst viele Buchstaben mit hohem Zahlenwert enthalten. Wenn A, B, M, U die Werte 5, 21, 6 und 9 haben, ergibt sich demnach für das Wort BAUM eine Punktzahl von insgesamt 41. Setzen Sie einen Zeitraum fest, geben Sie jedem Kind Papier und Bleistift, und schon kann's losgehen.

Sobald die festgesetzte Zeit abgelaufen ist, werden die Zahlen addiert und die Gewinner ermittelt.

***Man braucht:***
- *Bleistift*
- *Papier*
- *Kinderschere*
- *Hut*

# Leihbücherei

Jeder Bücherwurm wird sich mit Begeisterung auf diese Beschäftigung stürzen.

Zunächst soll Ihr Kind seine Lieblingsbücher zusammentragen. Legen Sie einige kleine Umschläge (zum Beispiel von Werbesendungen) bereit, oder stellen Sie selbst welche her, indem Sie Papier zu einer Tasche falten. Mit Klebstoff oder Klebeband befestigen Sie nun auf der Innenseite der rückwärtigen Klappe jedes Buches einen Umschlag. Dann schreiben Sie den Titel des Buches auf eine Karteikarte oder ein kleines Stückchen Pappe. Diese Karte stecken Sie nun in den Umschlag und stellen die Bücher auf ein Regal oder aufs Sofa.

Nun kann der kleine Bibliothekar oder die Bibliothekarin Ihre Familienbücherei eröffnen. Nachdem sie ein wenig herumgestöbert haben, können die Entleiher ihren Benutzerausweis (aus Pappe oder eine ungültige Kredit- oder Scheckkarte) vorlegen und die Leihkarte unterschreiben. Die Bibliothekarin stempelt oder schreibt das Rückgabedatum auf den Umschlag im Buch und steckt die Leihkarte in ihre Kartei (irgendeine kleine Schachtel).

Ältere Kinder können ihre Bestände auch katalogisieren und kompliziertere Ausleihsysteme entwickeln. Außerdem können sie Gebühren für Leihfristüberschreitungen erheben und sie verwalten. Vergessen Sie ja nicht, Ihre Bücher rechtzeitig abzugeben – Sie werden feststellen, daß die Gebührenordnung horrende Summen als Strafe vorsieht!

***Man braucht:***
- *Bücher*
- *Karteikarten oder Pappe*
- *Karteikasten oder kleine Schachtel*
- *Umschläge oder Papier*

***Wenn Sie wollen:***
- *Datumsstempel*

# Lippenlesen

*Man braucht:*
- *nur Ihre Zeit*

Wenn Sie sprechen können, ohne dabei einen Laut von sich zu geben, können Sie Ihrem Kind die Welt der Hörgeschädigten nahebringen.

Setzen Sie sich einen Zeitraum – sagen wir fünf Minuten –, in dem Ihr Sohn oder Ihre Tochter ganz normal sprechen kann, in dem Sie aber nur stumm die Lippen bewegen. Können Sie beide sich verständigen? Welche Wörter oder Laute kann Ihr Kind am einfachsten verstehen? Welche sind am schwersten?

Sie sollten unbedingt darauf achten, daß Sie langsam und mit übertriebenen Mundbewegungen »sprechen« – das macht die Sache für Ihr Gegenüber wesentlich leichter. Sobald das Spiel gut läuft, vertauschen Sie die Rollen. Jetzt bewegt Ihre Tochter oder Ihr Sohn stumm die Lippen, und Sie müssen versuchen zu verstehen.

Wenn Ihr Kind schon etwas Übung hat, kann es dieses Spiel auch mit Geschwistern oder Freunden spielen. Dann kehrt vielleicht ein bißchen Ruhe im Haus ein, zumindest für ein Weilchen.

Aber passen Sie auf, daß Ihre Kinder nicht *zu* gut dabei werden. Sonst fangen sie noch an, die stummen Auseinandersetzungen zwischen Trainer und Schiedsrichter beim Fußball im Fernsehen zu übersetzen!

# Bingo für Kleine

Diese Bingo-Version eignet sich als Spiel für mehrere Kindergarten- oder Vorschulkinder. Stellen Sie mehrere Bingo-Karten aus dünner Pappe her. Dazu unterteilen Sie jede Karte mit einem Filz- oder Buntstift in vier Abschnitte. Jeder Abschnitt sollte eine andere Farbe erhalten, und alle Karten sollten unterschiedlich sein.

Als nächstes schneiden Sie kleine Pappquadrate aus, die Sie passend zu den Bingo-Karten bemalen (jeweils eine Farbe pro Quadrat). Sie benötigen insgesamt drei Quadrate von jeder Farbe, die Sie auf den Bingo-Karten verwendet haben. Alle Quadrate werden nun in einer Tüte gemischt.

Der Spielleiter greift nun in die Tüte und nennt die Farbe, die er gezogen hat. (Statt dessen können Sie auch einen der Riesenwürfel, wie in Nr. 117 beschrieben, verwenden. In diesem Fall müssen Sie darauf achten, daß alle Farben auf den Karten auch auf dem Würfel erscheinen.)

Sooft ein Spieler hört, daß eine der Farben auf seiner Karte ausgerufen wird, bedeckt er das entsprechende Feld mit einem Spielstein. Wer zuerst alle vier Quadrate auf seiner Karte ausfüllen konnte, ruft »BINGO« und darf seine Spielsteine gegen Weintrauben, Rosinen oder andere Naschereien eintauschen. Im Wechsel kann jedes Kind einmal der Spielleiter sein. Und vielleicht dürfen am Schluß alle zusammen die übriggebliebenen Naschereien aufessen (vgl. auch Bingo für Große Nr. 22).

**Aufgepaßt!**

Kleine Teile

***Man braucht:***

- *dünne Pappe*
- *Bunt- oder Filzstifte*
- *Spielsteine*
- *Naschereien*

# Mini-Sandkiste

Was tun, wenn Ihr Kind mitten im Winter unbedingt im Sandkasten spielen will? Die Sandkiste nach drinnen verlagern natürlich!

Sie nehmen eine große Plastikschüssel und stellen sie auf eine alte Decke oder ein Wachstuch (falls Sie eines haben, das erleichtert das Saubermachen hinterher). Füllen Sie die Schüssel mit Reis, kleinen Nudeln, Maisgrieß, Körnern oder einer Mischung aus allem. Dann geben Sie Ihrem Kind die notwendigen Sandkasten-Utensilien: Tassen, große Löffel, Siebe, Zuckerstreuer, Trichter und alles, was sich zum Buddeln eignet.

Die ganz Kleinen werden mit Wonne bearbeiten, was immer Sie ihnen in die »Sandkiste« legen. Kleinkinder und Kindergartenkinder spielen sicher gerne mit Autos, Lastwagen oder Tieren im »Sand«. (Maisgrieß eignet sich besonders gut als Wüste oder Strand.) Bei kleinen Nudeln kommen Spielzeug-Bulldozer, Bagger, Kräne und andere Baufahrzeuge voll zum Einsatz.

Natürlich gehören auch Spielzeugtiere in die Mini-Sandkiste. Schlagen Sie Ihrer Tochter oder Ihrem Sohn vor, Berge, Täler und andere Landschaften für Dinosaurier, Dschungeltiere und andere Bewohner der Spielzeugkiste zu bauen.

Wenn Ihr Kind keine Lust mehr hat zum Buddeln, vergessen Sie nicht, die Sandkiste abzudecken oder den Inhalt in einer Dose zu verwahren. Richtige kleine Tierchen sollten hier nämlich lieber nicht mitspielen.

***Man braucht:***
- *große Schüssel*
- *Reis, Maisgrieß, Körner oder Nudeln*
- *Küchengeräte*

***Wenn Sie wollen:***
- *Decke oder Wachstuch*
- *Spielzeugautos, -lastwagen, -tiere*

# Nudelkarten

Warum sollte sich Ihr Kind mit irgendwelchen ätzend langweiligen vorgedruckten Glückwunschkarten zufriedengeben? Wenn mal wieder Feiertage, Geburtstage oder andere besondere Anlässe ins Haus stehen, lassen Sie Ihre Tochter oder Ihren Sohn doch eine Luxus-Nudelkarte basteln.

Für diese Karten braucht man trockene, ungekochte Makkaroni (oder jede andere Nudelform, die Ihrem Kind gefällt) als Schmuckwerk. Man klebt sie mit ungiftigem Klebstoff auf, läßt sie trocknen (ein paar Stunden reichen normalerweise) und bemalt dann die Karten samt Nudeln mit Temperafarbe. Das Ergebnis macht ganz schön was her! (Eine Warnung ist allerdings angebracht: Wenn die Karten an einen Freund oder die Lieblingstante geschickt werden sollen, müssen Sie unbedingt einen wattierten Umschlag verwenden. Wenn die Nudeln zerbrechen, macht die ganze Sache keinen Spaß mehr, und wer die Karte in einen normalen Umschlag steckt, wird sich damit nur den Zorn der automatischen Sortiermaschinen bei der Post zuziehen.)

Die Karten sind wie geschaffen für Geburtstage, Muttertag, Vatertag, Großelterntag, Weihnachten, Ostern oder zu jedem anderen Anlaß – und auch einmal ganz ohne besonderen Anlaß.

**Aufgepaßt!**

Kleine Teile

***Man braucht:***

- *Papier*
- *Nudeln*
- *Klebstoff*
- *Temperafarbe*

# Fischers Fritz

**Aufgepaßt!**

Kleine Teile

***Man braucht:***
- *Holzstab oder Pappröhre*
- *Schnur*
- *Klebeband*
- *kleine Hufeisenmagneten*
- *große, unverschluckbare Büroklammern*

***Wenn Sie wollen:***
- *Garn*
- *Reste von Alufolie*
- *Styroporverpackungen*
- *einen großen Pappkarton*

Haben Sie nicht Lust, eine ganz bequeme Angelpartie in Ihrem Wohnzimmer zu veranstalten? Sie brauchen dazu einen Holzstab, eine feste Pappröhre oder eine andere kindgerechte »Angelrute«. Befestigen Sie einen knappen Meter Schnur mit Klebeband an der Rute. Ans andere Ende der Schnur knoten Sie einen kleinen Hufeisenmagneten. Verzieren Sie den Magneten mit Garn oder Resten von Alufolie, so daß ein bunter Köder entsteht. (Verwenden Sie nur große, unverschluckbare Blinker.)

Anschließend machen Sie Fische aus Pappe oder Papier. Sie können auch Abbildungen von Fischen aus Zeitschriften ausschneiden. Stecken Sie jedem Fisch eine große Büroklammer ins Maul, dann schicken Sie Ihre Kinder mitsamt der Ausrüstung zum Angeln. (Büroklammern sind nichts für die ganz Kleinen!) Kleinere Kinder werden mit Begeisterung von einem »Boot« aus Sofakissen oder aus Pappkartons angeln. Ältere Kinder können ein Wettfischen (gegen die Uhr) veranstalten oder nach jedem Fang witzige Blödelaufgaben erfüllen. Besonders spannend ist es, aus einer Einkaufstüte oder mit geschlossenen Augen zu angeln (vgl. auch Pfeifenputzer-Angeln Nr. 241).

Eine Variante für den Garten oder Balkon: Schneiden Sie Fische aus Styroporverpackungen zu, befestigen Sie die Büroklammern, und stecken Sie alle in einen mit Wasser gefüllten Topf oder eine Schüssel. Das Echte ist doch immer noch das Beste!

# Magnetskulpturen

Magnetskulpturen sind ganz leicht zu bauen und bieten Ihren Kindern stundenlange Unterhaltung.

Für alle Magnetkunstwerke braucht man zunächst einen starken Magnetblock und ein paar kleine Büroklammern aus Metall. Magnetisieren Sie die Büroklammern, indem Sie damit in einer Richtung über den Block reiben. Wenn die Klammern dann ein magnetisches Feld aufgebaut haben, können Ihre Kinder sie senkrecht aufeinanderstellen, sie waagrecht verbinden und jede beliebige Zahl von Formen schaffen.

Machen Sie Vorschläge für die verschiedensten Skulpturen: eine Vogelscheuche, Buchstaben oder Zahlen, ein Hund oder andere einfache Gebilde. Die Kinder können auch herumexperimentieren und herausfinden, wie viele Elemente sie miteinander verbinden können und ob sie eine Klammer mit Hilfe einer anderen beiseitestoßen können, ohne sie zu berühren.

Nutzen Sie die Gelegenheit, älteren Kindern das Prinzip des Magnetismus zu erklären. Legen Sie den Magneten unter ein Stück Papier, auf das Sie dann ein paar Eisenspäne streuen. (Die bekommen Sie im Heimwerker- oder Eisenwarenladen oder vielleicht auch, indem Sie Ihren Magneten durch den nächsten Müllhaufen ziehen.) Die Späne werden sich zu einem Muster ordnen, das dem Magnetfeld entspricht. Erklären Sie, daß der Magnet einen Plus- und einen Minuspol hat und daß sich Gegensätze anziehen, während sich gleiche Pole abstoßen.

**Aufgepaßt!**
Kleine Teile

***Man braucht:***
- *einen starken Magnetblock*
- *kleine Büroklammern aus Metall*

***Wenn Sie wollen:***
- *Eisenspäne*
- *Papier*

# Da geht die Post ab!

Wenn Ihre Kinder auch so gerne Post bekommen und verschicken, dann können Sie mit diesem Spiel bestimmt einen Volltreffer landen.

Sie brauchen einen großen Pappkarton, der aufgestellt fast so groß sein sollte wie Ihr Kind. In das obere Ende schneiden Sie eine Klappe, die sich nach vorne wie eine Tür öffnet. Dann fertigen Sie einen Griff aus Pappe an und befestigen ihn mit Klebeband an dieser Klappe. In das untere Teil des Kartons schneiden Sie eine weitere Klappe – durch sie wird der Briefkasten geleert.

Geben Sie Ihrem Kind eine größere Anzahl recycelter Umschläge von Werbung oder von Rechnungen. Veraltetes Briefpapier von zu Hause oder aus dem Büro ist ebenfalls gut geeignet. Manchmal enthalten Werbesendungen auch Aufkleber, die Sie als Briefmarken verwenden können.

Lassen Sie Ihre Kinder die Briefumschläge beschriften; sicherlich werden sie auch Briefe, Zeichnungen, Bilder aus Zeitschriften und andere wichtige Dinge hineinstecken wollen. Wenn mehrere Kinder mitspielen, können sie im Wechsel den Briefkasten leeren, die Briefe in einem Postsack sammeln und sie dann im Haus verteilen. Ältere Kinder haben vielleicht auch Lust, ihre Briefe laut vorzulesen.

Und das Beste ist: Sie können sicher sein, daß Ihre Wohnzimmerpost Sie auch bei Regen, Glatteis oder Sturm nicht im Stich läßt – und das auch noch ohne Gebührenerhöhungen!

***Man braucht:***
- *Pappkarton (und Schneidewerkzeuge für Erwachsene)*
- *recycelte Umschläge*
- *veraltetes Briefpapier*
- *Bunt- und Filzstifte*
- *Zeitschriften*

# Kommt ein Vogel geflogen

Ist das ein Vogel? Ist das ein Flugzeug? Wenn Sie alles richtig gemacht haben, sollte es zumindest wie ein Vogel *aussehen*.

Lassen Sie Ihre Tochter oder Ihren Sohn auf ein Blatt Papier die Umrißlinien eines Vogels zeichnen oder von einem Zeitschriftenfoto abpausen. Dann können Sie gemeinsam die Fläche ausfüllen, indem Sie die folgenden Materialien mit ungiftigem Klebstoff aufkleben.

*Federn:* Wenn Sie an der See leben oder dort Urlaub machen, dürfte es an Federn keinen Mangel geben.

*Blätter:* Wenn im Herbst das Laub seine Farbe verändert, sammeln Sie viele verschiedenfarbige Blätter und pressen sie zwischen dicken Büchern (siehe Nr. 172). Die getrockneten Blätter verwenden Sie dann – nach Farben sortiert – für verschiedene Teile des Vogels: beispielsweise Rot für den Kopf, Gelb für den Hals, Braun für den Körper und Orange für die Flügel. Kleben Sie die Blätter dachziegelartig übereinander, so daß sie wie Federn wirken. Wenn der Klebstoff getrocknet ist, haben Sie ein Stück Naturkunst, das Sie stolz präsentieren können.

***Man braucht:***
- *Papier und Blei-/Buntstift*
- *Klebstoff*
- *Federn oder Blätter*

# Selbstverlag

*Man braucht:*
- *Bilder aus Zeitschriften oder anderen Quellen*
- *ungiftigen Klebstoff*
- *Papier*
- *Hefter oder Locher und Ringbuch*

Wer hat nicht schon mal davon geträumt, selbst ein Buch zu schreiben? Gemeinsam mit Ihren Kindern können Sie sich als Autoren und Verleger zugleich betätigen. Und so wird's gemacht:

Stöbern Sie in Zeitschriften, Werbebroschüren, Versandkatalogen und anderen Druck-Erzeugnissen nach Bildern von Ereignissen und Dingen, die Ihr Kind interessieren. Dann ordnen Sie die Bilder so an, daß sich eine einfache Geschichte ergibt, und kleben sie auf Papier auf. Heften Sie die Seiten mit Klammern oder Faden zusammen, oder legen Sie sie in ein Ringbuch.

Mit Vorschulkindern können Sie sich gemeinsam eine Geschichte ausdenken. Helfen Sie mit Fragen wie: »Wo ist der Hund dann hingegangen?« oder »Was glaubst du, hat der Junge als nächstes getan?«. Fassen Sie sich kurz – Ihr Kind wird das größte Vergnügen daran haben, seine Geschichte den Geschwistern »vorzulesen«.

Ältere Kinder werden wahrscheinlich keine Probleme haben, eigene Geschichten zu erfinden. Wenn sie gerade erst Lesen und Schreiben lernen, können Sie bei verzwickten Wörtern mit dem Buchstabieren nachhelfen.

Am besten halten Sie sich zurück und lassen sich überraschen, welche Richtung die Geschichte nimmt. Um in der Verlagssprache zu sprechen: Sie haben hier die Funktion eines Herstellers, nicht die eines Lektors!

# Tonstudio

Über Nacht kann sich Ihr Kind zum Schlagerstar entwickeln. Na ja, so was ähnliches zumindest...

Setzen Sie sich mit Ihrem Kind zusammen, und machen Sie eine Liste mit sechs oder sieben seiner Lieblingslieder. Falls es Ihnen notwendig und angebracht erscheint, können Sie beim Aufschreiben der Texte helfen. (Es ist natürlich klar, daß Sie sich darum nicht zu kümmern brauchen, wenn Ihre dreijährige Tochter »Alle meine Entchen...« auswendig weiß und sowieso noch nicht lesen kann.)

Als nächstes holen Sie Ihren Kassettenrecorder hervor, und die Aufnahmen können beginnen. Wenn Sie Lust haben, können Sie und/oder andere Mitglieder der Familie eine improvisierte Instrumentalbegleitung beisteuern mit leeren Dosen, Holzlöffeln, Mundharmonika oder was Ihnen sonst gerade in die Quere kommt. Es macht übrigens gar nichts, wenn der Rhythmus nicht ganz stimmt, es kommt nur auf die gute Absicht an.

Zum Schluß hören Sie sich die Aufnahme an. Fast alle Kinder sind fasziniert vom fremden Klang ihrer eigenen Stimme – auch Ihres wird da wohl keine Ausnahme machen.

Ach ja, und was den Plattenvertrag angeht...

***Man braucht:***
- *Kassettenrecorder mit Mikrophon*

***Wenn Sie wollen:***
- *Papier*
- *Stift*
- *improvisierte Musikinstrumente*

# Landkartenpuzzle

*Man braucht:*
- *eine Landkarte von Deutschland, Europa, USA*
- *dünne Pappe*
- *ungiftigen Klebstoff*

*Wenn Sie wollen:*
- *eine Weltkarte*

Hätten Sie für Ihre Kinder gern ein Landkartenpuzzle (beispielsweise von einer Deutschlandkarte, einer Karte der USA oder von einer Weltkarte), das (fast) gar nichts kostet? Sie brauchen dazu nur irgendeine Karte, wie man sie manchmal in Zeitungen, Zeitschriften oder in Reiseprospekten finden kann. Sie können natürlich auch eine richtige Landkarte für diesen Zweck opfern, aber wozu, wenn man das Ganze auch umsonst bekommen kann?

Sie kleben die Landkarte mit ungiftigem Klebstoff auf ein Stück dünne Pappe und schneiden sie für kleinere Kinder in vier oder fünf Teile, die in etwa den Regionen (oder beispielsweise den fünf Kontinenten) entsprechen. Wenn das zu einfach ist, machen Sie noch etwas feinere Unterteilungen. Fortgeschrittene können die Karte auch entlang der einzelnen Ländergrenzen zerschneiden.

Bei diesem Spiel kann man wieder einmal sehen, wie klein die Welt doch eigentlich ist ...

189

# Ahorn-Kunstflieger

Falls es in Ihrer Nachbarschaft ein paar Ahornbäume gibt, können Sie im Herbst, wenn die Samen zu Boden fallen, Kunstflug-Meisterschaften veranstalten. Wenn die Samen die richtige Form haben, wirbeln sie wie Hubschrauber herum, wenn man sie in die Luft wirft.

Nachdem Sie mit Ihrer Tochter oder Ihrem Sohn eine Handvoll flugtauglicher Ahornsamen gesammelt haben, stellen Sie sich oben auf eine Treppe oder auf die Eingangsstufen zu Ihrem Haus. (Behalten Sie die Spieler und Zuschauer, die erhöht stehen, dabei gut im Auge.)

Hier ein paar Spielideen:

Probieren Sie, welche Samen am weitesten fliegen, welche am längsten oder am kürzesten in der Luft bleiben, welche möglichst nah an einem bestimmten Punkt landen oder welche am »wirbeligsten« sind.

Richten Sie das Augenmerk dabei auf die Samen – stellen Sie fest, welche Formen sich am besten eignen – und nicht darauf, wessen Samen ein bestimmtes Spiel »gewinnen«.

***Man braucht:***

- *Ahornsamen*

# Karten und Pläne

*Man braucht:*
- *Papier*
- *Bleistift*

*Wenn Sie wollen:*
- *Stadtpläne oder Übersichtskarten*

Versteht Ihr Kind die Beziehung zwischen Karten und Plänen und der wirklichen Welt? Mit diesem Spiel können Sie sein Verständnis von räumlichen Verhältnissen fördern.

Bei kleineren Kindern fangen Sie ganz einfach an, mit einem Plan des Kinderzimmers. Malen Sie die Umrisse des Raumes auf ein Stück Papier, und zeichnen Sie dann einen konkreten Gegenstand, etwa das Bett oder den Kleiderschrank, ein. Fragen Sie nun, wo sich das Fenster, die Tür oder andere unverwechselbare Punkte befinden würden, bis Sie das ganze Zimmer in den Plan übertragen haben. Um herauszufinden, ob Ihr Kind das Prinzip verstanden hat, können Sie den Plan dann für eine Schatzsuche verwenden. Versuchen Sie dasselbe auch mit anderen Räumen Ihrer Wohnung. Dann gehen Sie einen Schritt weiter und fertigen einen Plan der gesamten Wohnung oder des Stockwerks an.

Nun folgen Garten oder Hinterhof, die Nachbarschaft, der Park und so weiter. Wenn Sie den Schwierigkeitsgrad steigern, achten Sie darauf, daß Sie viele Orientierungspunkte (wie beispielsweise den Spielplatz) integrieren.

Bei älteren Kindern können Sie auch fertige Stadtpläne oder Übersichtskarten für größere Gebiete verwenden. Haben Sie Mut? Dann erklären Sie kurz und bündig, daß wir alle auf einer riesigen Kugel leben, die rund um die Sonne saust. Wenn das nicht jede Menge Zündstoff für Fragen und Diskussionen liefert ...

# Murmelrennbahn

Der alte Kinderklassiker, die Glasmurmel, sorgt für beste Unterhaltung – stundenlang. Sie müssen dazu nur diese Murmelrennbahn bauen.

Das Herzstück jeder Murmelrennbahn besteht aus Pappröhren von Haushaltspapier, die der Länge nach in zwei Hälften geschnitten werden. Sie können die Röhren zu einer langen geraden Rennstrecke aneinanderfügen oder sie zu einem Labyrinth verbinden. Hier ein paar Ideen, wie Sie Ihren Murmel-Grand-Prix arrangieren können. (Krabbelkinder dürfen bei diesem Spiel noch nicht mitmachen, sie könnten die Murmeln für leckere Bonbons halten.)

Kleben Sie die halbierten Röhren leicht nach unten geneigt in eine flache Schachtel. Schneiden Sie die Enden dabei so zurecht, daß eine fortlaufende Bahn entsteht. Sie können den Reiz noch erhöhen, indem Sie Löcher (etwas größer als eine Murmel) in den Boden der Röhren schneiden. Nun gilt es, die Murmeln bis ans Ziel zu bringen, ohne daß sie durch eines der Löcher fallen. (Hier kommt die Geschicklichkeit zum Tragen, mit der jeder Spieler seine Schachtel dreht und wendet.) Je mehr Löcher Sie schneiden, desto schwieriger wird der Parcours.

Sie können auch herumexperimentieren und die Röhren in schiefen Winkeln schneiden und aneinanderfügen, um mehr Abwechslung in die Bahn zu bringen. Wenn Sie eine Art Labyrinth bauen und das eine Ende etwas erhöhen, werden die Murmeln Ihres Kindes rollen wie einst das Wasser in den Aquädukten der Römer!

**Aufgepaßt!**

Kleine Teile

***Man braucht:***

- *Papprollen von Haushaltspapier, der Länge nach aufgeschlitzt*
- *Murmeln*
- *Klebstoff*
- *Klebeband*
- *flache Schachtel*
- *Schneidewerkzeuge*

# Masken und Helme

Masken sind nicht nur für den Fasching gut – am besten spielt man damit jeden Tag!

Eine ganz einfache Maske kann man basteln, indem man Löcher in eine Papiertüte schneidet und sie dann mit Wachsmalkreiden oder Filzstiften bemalt. (Plastiktüten sind dazu natürlich nicht geeignet, wegen der Erstickungsgefahr!) Etwas aufwendigere Masken kann man mit dem Rezept für Pappmaché (Nr. 230) und Luftballons als Formen herstellen. Dabei müssen Sie Löcher für Mund und Augen freihalten; Sie lassen den Ballon zerplatzen, sobald das Pappmaché getrocknet ist, und bemalen das Ganze dann mit Temperafarbe (vgl. auch Dinosaurierparade Nr. 76). Wenn Sie die Innenseite der Pappmaché-Maske mit Filz bekleben, läßt sich die Maske bequemer tragen. Auf sehr großen Ballons lassen sich sogar ganze Helme formen.

Hier die Favoriten in unserer Familie: Tiermasken (Pfeifenputzer geben tolle Tigerschnurrhaare ab); Clownsmasken (Tischtennisbälle lassen sich in perfekte Clownsnasen verwandeln); Astronauten- oder Tiefseetaucherhelme (Haushaltspapierrollen sind die besten Luftschläuche); Robotermasken/-helme (vergessen Sie nicht die Verzierung mit Folienresten und Strohhalmen als Antennen). Und *der* Renner überhaupt ist die Selbstporträt-Maske unseres Sohnes.

**Aufgepaßt!**

Ballon

***Man braucht:***

- *Papiertüten*
- *Wachsmalkreiden oder Filzstifte*

***Wenn Sie wollen:***

- *Material für Pappmaché*
- *Ballons*
- *Folie*
- *Filz*

# Gleich zu gleich …

Diese Beschäftigung gibt Ihrem Kind ebenso wie Nr. 58, Nr. 196 und Nr. 209 die Gelegenheit, sein Gedächtnis zu trainieren.

Nehmen Sie einen Eierkarton, und legen Sie in sechs der Vertiefungen je einen Gegenstand – in die erste vielleicht eine Büroklammer, in die zweite ein Spielzeugauto, in die dritte eine Weintraube und so weiter. Zeigen Sie Ihrem Kind den Inhalt, dann schließen Sie den Deckel und geben ihm einen zweiten, leeren Eierkarton.

Das Kind hat nun die Aufgabe, ähnliche Gegenstände wie die in Ihrem Eierkarton zu finden und sie *an die entsprechende Stelle* in seinem Karton zu legen.

Je mehr Gegenstände Sie nehmen und/oder je kürzer die Zeit ist, um sich einzuprägen, wo genau die Gegenstände plaziert sind, desto schwieriger wird das Spiel. Ebensogut können Sie Ihr Kind auch auf Zeit »arbeiten« lassen.

Wenn Ihre Tochter oder Ihr Sohn das Spiel irgendwann zu gut beherrscht, soll sie oder er einmal versuchen, die Gegenstände aus *zwei* Eierkartons zuzuordnen. Ob das wohl gelingt?

***Man braucht:***
- *zwei oder mehr Eierkartons*
- *gebräuchliche Haushaltsgegenstände*

194

# Fang den Ball!

Haben Sie Lust auf eine neue Sportart? Dann schauen Sie sich mal in Ihrer Küche um. Wenn Sie zwei Rührbecher aus Plastik (mit Griffen) finden, dann haben Sie, was Sie brauchen.

Falls nicht, können Sie auch nach zwei leeren Plastikflaschen mit Griffen Ausschau halten (Waschmittelflaschen zum Beispiel). Die erste Aufgabe ist Sache des Erwachsenen: Schneiden Sie die Flaschen waagrecht in zwei Hälften. Seien Sie vorsichtig – das Aufschlitzen ist eine knifflige Sache. Achten Sie darauf, daß keine scharfen Kanten stehenbleiben. Wenn Sie fertig sind, können Sie die oberen Hälften als Fangbecher verwenden. (Bewahren Sie auch die unteren Hälften auf, sie lassen sich später als Behälter für kleines Spielzeug, Bauklötze, Lego etc. verwenden.)

Das Ziel des Spieles ist ganz einfach: dem Partner einen Ball zuzuwerfen, den er dann mit dem Fangbecher auffangen und zurückwerfen muß, ohne ihn mit den Händen zu berühren, und umgekehrt. Die Größe des Balles muß dabei natürlich auf die Größe der Becher abgestimmt sein. Für kleinere Kinder ist ein möglichst großer, weicher Ball, der nicht so leicht wegspringt, am besten geeignet. Ältere Kinder, die schon behender und geschickter sind, werden vielleicht einen Tennis- oder Squashball bevorzugen. Der Schwierigkeitsgrad läßt sich durch den Abstand zwischen den Spielern vergrößern oder auch indem sich mehrere am Spiel beteiligen.

***Man braucht:***

- *zwei oder mehr Rührbecher mit Griff oder zwei oder mehr Waschmittelflaschen*
- *einen kleinen Ball oder ein Bohnensäckchen*
- *Schneidewerkzeuge (nur für Erwachsene)*

# Spieglein, Spieglein ...

Für dieses Spiel braucht man zwei Spieler (oder auch mehrere Paare). Wenn jeweils zwei Kinder zusammen spielen können, prima, anderenfalls müssen auch Sie mitmischen.

Unser Spiegel-Spiel ist bei Schauspielern und anderen Darstellern als Lockerungsübung sehr beliebt. Zwei Personen stehen sich gegenüber; sobald die erste eine Bewegung macht, wird sie von der zweiten imitiert. Es geht bei diesem Spiel aber nicht darum, daß einer nur den Bewegungen des anderen folgt, sondern eher um eine möglichst enge, »blinde« Koordination von zwei Bewegungsabläufen. Wenn sich beide Partner aufeinander eingespielt haben, werden sie schließlich einen Punkt erreichen, an dem *beide* die Übung gleichzeitig leiten (oder keiner, das kann man so oder so betrachten).

Lassen Sie Winken auf Winken, Blinzeln auf Blinzeln und Verbeugung auf Verbeugung folgen. Wer erreicht das perfekte Spiegelbild?

***Man braucht:***
- *nur Ihre Zeit*

196

# Eselsbrücken

*Man braucht:*
- *nur Ihre Zeit*

In der Schule haben wir wohl alle einmal Eselsbrücken gelernt, mit denen wir Bezeichnungen, Namen, Schreibweisen und andere verzwickte Sachverhalte besser behalten konnten. Hier sind ein paar dieser nützlichen Gedächtnisstützen:

Bezüglich der Schreibung des Wortes »nämlich«: Wer nämlich mit H schreibt ist dämlich.

Die Legierungen von Messing und Bronze kann man sich folgendermaßen merken: MessINK besteht aus Kupfer und ZINK. BroNNze aus Kupfer und ZiNN.

In der Musik behält man die Folge der Kreuztonarten (G-D-A-E-H-Fis) mit dem Satz: Geh Du Alter Esel Hering Fischen. Und die Folge der B-Tonarten (F-B-Es-As-Des-Ges): Führ Brave Esel An Die Gartenmauer.

Fordern Sie Ihr Kind auf, sich eigene Eselsbrücken auszudenken, mit deren Hilfe es Namen, Adressen und andere wichtige Dinge besser behalten kann – zum Beispiel auch die Eissorten in der nächsten Eisdiele.

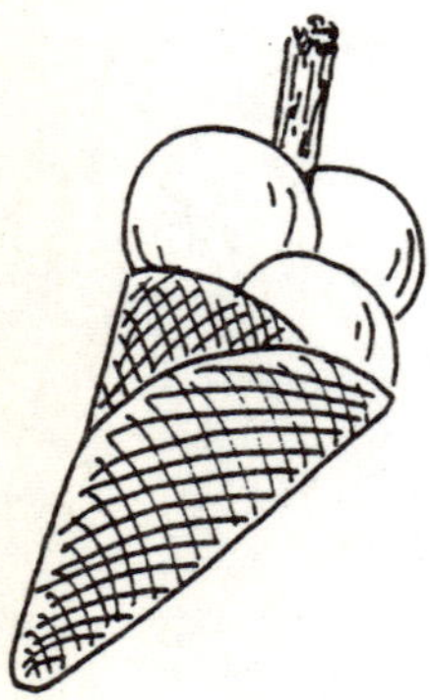

# Mama und Papa bei der Arbeit

197

In einigen Kulturen wissen die Kinder ganz genau, was ihre Eltern den Tag über arbeiten, weil sie immer mit dabei sind. In unserer hochtechnisierten modernen Gesellschaft ist die Arbeitswelt dagegen aus dem Familienleben meist ausgeklammert. Mama und Papa verschwinden morgens, um irgendwann gegen Abend wieder aufzutauchen. Mit diesem Rollenspiel können Sie Ihrem Kind verständlich machen, was Sie den ganzen Tag lang tun – und wahrscheinlich werden Sie sich dabei auch noch köstlich amüsieren.

***Man braucht:***
- *Kleidungsstücke*

Lassen Sie Ihre Kinder einen typischen Arbeitstag von Mama oder Papa nachspielen. Dazu geben Sie ihnen am besten ein Kleidungsstück: einen Hut, Ihre Schuhe, einen Schlips, ein Tuch oder ein Schmuckstück – damit sie sich richtig »fürs Büro« anziehen können. Rennen Ihre Kinder auch wie verrückt im Haus herum, während sie sich fertigmachen? Wenn die Kinder dann an »ihrer« Arbeitsstelle angekommen sind, lassen Sie sich erzählen, was Mama und/oder Papa dort jeden Tag über tun. Sollten Ihre Kinder dabei ins Stocken geraten, helfen Sie mit ein paar Tips weiter: »Ich telefoniere mit vielen Leuten.« – »Ich bringe hungrigen Leuten ihr Essen.« – »Ich trage Papier und Bleistift mit mir herum und schaue mir Maschinen an.« – »Ich sitze in Besprechungen.«

Mal sehen, ob Sie sich wiedererkennen können …

# Riesenseifenblasen

Generationen von Kindern haben schon mit Seifenblasen gespielt. Sie können eine Variation dieses Spiels einführen, indem Sie Ihre eigene Seifenblasenmischung samt Pustestab herstellen.

Beginnen Sie mit der Seifenblasenmischung. In einer kleinen Rührschüssel vermischen Sie sechs Tassen Wasser, zwei Tassen Spülmittel und eine dreiviertel Tasse (Mais-)Sirup (das macht die Blasen etwas »robuster«). Die Seifenblasenmischung sollten Sie vier Stunden im voraus zubereiten.

Pustestäbe kann man aus Pfeifenputzern oder aus Drahtbügeln zurechtbiegen. Lassen Sie einen Teil des Bügels als Griff stehen, den Sie mit Schnur umwickeln. (Aus Sicherheitsgründen sollte Ihr Kind den Drahtbügel-Pustestab lieber nicht benutzen. Achten Sie außerdem darauf, daß die Drahtenden zurückgebogen sind und keine scharfen Spitzen hervorstehen.) Mit einem Pustestab von 15 cm Durchmesser lassen sich Seifenblasen von der Größe einer Wassermelone zaubern. Tauchen Sie den Stab einfach in den Topf, und ziehen Sie Ihren Arm in einer gleichmäßigen Bewegung nach oben. Wenn Sie den Trick erst einmal raushaben, können Sie riesige Blasen produzieren, die gemächlich durch die Luft schweben, bevor sie langsam zu Boden gleiten. Kleinkinder werden mit wachsender Begeisterung hinter Ihren Machwerken herjagen. (Die Seifenblasenmischung sollte nicht mit Teppichböden, Parkett und Rasenflächen in Berührung kommen.)

**Aufgepaßt!**

Nur unter Aufsicht

***Man braucht:***

- *Drahtbügel oder Pfeifenputzer*
- *einen flachen Topf*
- *Geschirrspülmittel*
- *(Mais-)Sirup*
- *Wasser*

# Morsezeichen

Wenn Sie das Morse-Alphabet beherrschen, können Sie alle möglichen Geheimbotschaften übermitteln, indem Sie zwei Löffel aneinanderschlagen, gegen Wände klopfen oder sogar mit einer Taschenlampe blinken.

Der Code ist relativ leicht zu lernen – schreiben Sie ihn für Ihr Kind noch einmal ab, und gehen Sie dann die einzelnen Buchstaben miteinander durch. Lernkarten sind ebenfalls bestens geeignet. Brauchen Sie Hilfe? Dann morsen Sie einfach drei kurz, drei lang, drei kurz.

| | | | |
|---|---|---|---|
| A | •– | S | ••• |
| B | –••• | T | – |
| C | –•–• | U | ••– |
| D | –•• | V | •••– |
| E | • | W | •–– |
| F | ••–• | X | –••– |
| G | ––• | Y | –•–– |
| H | •••• | Z | ––•• |
| I | •• | 1 | •–––– |
| J | •––– | 2 | ••––– |
| K | –•– | 3 | •••– |
| L | •–•• | 4 | ••••– |
| M | –– | 5 | ••••• |
| N | –• | 6 | –•••• |
| O | ––– | 7 | ––••• |
| P | •––• | 8 | –––•• |
| Q | ––•– | 9 | ––––• |
| R | •–• | 0 | ––––– |

***Man braucht:***
- *nur Ihre Zeit*

***Wenn Sie wollen:***
- *Löffel*
- *Taschenlampe*
- *kleine Karteikarten*

# Reise nach Jerusalem

Ein echter Kinderklassiker. Für alle, die's vergessen haben, hier die Regeln für dieses beliebte Reaktions- und Bewegungsspiel.

Die Anzahl der Stühle, die man braucht, entspricht der Zahl der Spieler minus eins. Die Stühle werden nun im Kreis – oder in zwei Reihen mit den Lehnen gegeneinander – aufgestellt, so daß die Sitzflächen nach außen zeigen. Dann stellen Sie noch einen Kassettenrecorder samt Kassette mit einem schwungvollen Song bereit. Früher, vor der allgemeinen Verbreitung von Kassettenrecordern, war hier natürlich Live-Musik angesagt. Falls Sie ein Instrument spielen, können Sie das Spiel noch aufwerten und ganz ohne Technik die Musik selbst beisteuern.

Wenn die Musik einsetzt, bewegen sich die Spieler im Kreis um die Stühle herum: sobald die Musik aber aufhört, müssen sie so schnell wie möglich versuchen, einen Sitzplatz zu finden. Wer dabei am Schluß stehen bleibt, scheidet aus und nimmt einen Stuhl mit aus dem Kreis. Die Schlußrunde, bei der sich die beiden letzten »Überlebenden« mißtrauisch beäugen, damit sich der andere auch ja nicht zuerst auf den einzig verbliebenen Stuhl zubewegt, wird höchstwahrscheinlich in ein ziemliches Gerangel ausarten. In diesem Fall fungiert der Musikmeister als Schiedsrichter, und seine Entscheidung ist endgültig.

***Man braucht:***
- *Stühle*
- *Kassettenrecorder und Kassette (oder Musikinstrument)*

# Ein Freund, ein guter Freund …

Hat Ihr Kind einen Freund oder eine Freundin aus der Schule oder dem Kindergarten, mit dem oder der es sich ganz besonders gut versteht? Wenn ja, schlagen Sie ihm doch einmal vor, eine ganz persönliche Karte für das andere Kind zu basteln.

Geben Sie Ihrem Kind eine Kinderschere und Tonpapier, und helfen Sie ihm, ein Rechteck in der richtigen Größe zuzuschneiden. (Falls Sie keine Kinderschere im Haus haben, sollten Sie das Schneiden lieber selbst erledigen.) Dann fragen Sie Ihr Kind, was an seiner Freundin/seinem Freund so besonders ist.

Haben die zwei die gleichen Spielsachen? Spielen sie gern dieselben Spiele? Haben sie schon viel zusammen erlebt (zum Beispiel Geburtstagsfeiern, bei denen beide eingeladen waren)? Haben sie die gleichen Vorlieben beim Essen, die gleichen Lieblingsfarben oder -tiere?

Lassen Sie Ihr Kind alles, was seine Freundschaft auszeichnet, auf einer Karte festhalten. (Wenn es noch nicht zur Schule geht, können Sie ja das Schreiben übernehmen.) Dann geht das Bemalen und Verzieren los.

Der letzte Schritt ist nur Ihrem Kind vorbehalten, und es ist der, der am allermeisten Spaß macht: die Karte mit aller Liebe, die in ihr steckt, zu überbringen.

***Man braucht:***

- *Tonpapier*
- *Kinderschere*
- *Wachsmalkreiden*
- *Stifte*

## »Jet«-Set

*Man braucht:*
- *feste Pappe*
- *Doppelklebeband oder ungiftigen Klebstoff*
- *Wachsmalkreiden oder Filzstifte*
- *selbstklebende Klarsichtfolie*
- *Kinderschere*
- *Zeitschriften*
- *gepreßte Blumen und Blätter*

Hat Ihr Kind es satt, Mahlzeit für Mahlzeit immer auf das gleiche alte Set zu starren? Wenn ja, dann ist diese Beschäftigung genau das richtige.

Schneiden Sie zunächst ein Stück fester Pappe auf die erwünschte Größe des Sets zu. Falls Ihnen die Farbe der Pappe nicht gefällt, kleben Sie ein Blatt weißes Papier mit Doppelklebeband oder ein paar Tropfen ungiftigem Klebstoff darüber. Nun lassen Sie Ihre Tochter oder Ihren Sohn das Papier mit Wachsmalkreiden oder Filzstiften bemalen oder mit ausgeschnittenen Zeitungsbildern verzieren. Gepreßte Blätter (Nr. 172) oder Blumen (Nr. 110) sind ebenfalls sehr dekorativ – achten Sie nur darauf, daß sie auch wirklich ganz trocken sind.

Wenn das Kunstwerk fertig ist, überziehen Sie es mit selbstklebender Klarsichtfolie. (Das macht am besten ein Erwachsener.) Die überstehende Folie sollte oben und unten um die Pappe herumgelegt werden, damit die Kante besser geschützt ist. Schneiden Sie die Ecken so zurecht, daß auch hier ein sauberer Abschluß entsteht. Für Kinder, die öfter mal was umschmeißen, bekleben Sie am besten auch die Unterseite des Sets zum Schutz.

Von nun an schmeckt das Essen bestimmt noch mal so gut!

## Das große Rätselraten

Das folgende Spiel können Sie spielen, während Sie das Essen vorbereiten oder mit anderen Dingen beschäftigt sind, die Sie davon abhalten, in der Küche oder im Kinderzimmer auf dem Boden herumzukriechen. (Das Spiel kann außerdem *die* Rettung sein, wenn Sie mal so erledigt sind, daß Sie höchstens noch reden können.)

***Man braucht:***
- *nur Ihre Zeit*

Wählen Sie zuerst ein Thema, beispielsweise »Tiere«. Dann sagen Sie: »Ich denke an ein Tier, das auf zwei Beinen steht, einen kurzen Schwanz hat ...« und so weiter. Nun darf Ihr Kind Ihnen Fragen stellen: »Ist es groß oder klein? Hat es ein Fell oder eine glatte Haut? Mag es Wasser?« Wenn Sie die Fragen beantworten, versuchen Sie immer genau so viele Informationen zurückzuhalten, daß Ihr Kind weiterraten und neue Fragen stellen muß (aber es darf dabei natürlich nicht die Lust verlieren). Dann vertauschen Sie die Rollen, und Ihr Kind läßt Sie ein Tier erraten, das es sich ausgesucht hat.

Das Spiel läßt sich den Interessen und Fähigkeiten Ihres Kindes anpassen. Bei älteren Kindern können Sie auch geschichtliche Ereignisse oder Sachverhalte, die gerade in der Schule besprochen werden, zum Thema machen. Die Möglichkeiten sind wirklich unerschöpflich!

# Namenspiel

Viele Kinder haben einen Heidenspaß an komischen Namen. Mit dieser Beschäftigung werden Sie garantiert jede Menge Gelächter ernten.

Fangen Sie mit irgendeinem Namen an – Ihrem eigenen zum Beispiel. Sagen Sie Ihren Vornamen, dann denken Sie sich den ersten Buchstaben Ihres Nachnamens. Jeder Spieler muß nun ein Tier oder einen Gegenstand nennen, der mit diesem Buchstaben beginnt. So wird aus »Steve Bennett« vielleicht »Steve Bohnenstange« oder »Steve Ballon«. Dann gehen Sie zum zweiten Buchstaben Ihres Nachnamens über und fahren so fort, bis der ganze Nachname völlig umgearbeitet ist.

**_Man braucht:_**
- *nur Ihre Zeit*

Wenn die Einfälle nachlassen, zeigen Sie Ihren Kindern, wie sie sich Anregungen von außen holen können. Schon die Kleinen sind in der Lage, Ideen aus Bilderbüchern zu übernehmen, vorausgesetzt natürlich, daß sie schon buchstabieren können. (Lesefibeln sind übrigens ideal für diesen Zweck.) Ältere Kinder benutzen am besten ein Schülerlexikon.

Als Variation dieser Beschäftigung lassen Sie jeden Spieler die ganze Namensliste wiederholen, zum Beispiel: Steve Tretauto Elefant Nachrichten Nudel Essig Trompete Tante. Ältere Kinder schaffen es vielleicht sogar, einen ganzen Satz zu bilden. Wie wär's mit: Steve bellt extrem nichtsnutzige Nachrichten, ehe Tina trampelt?

# Namenposter

Verblüffend, was alles in einem Namen steckt! Von Tieren und Autos bis hin zu Möbeln und Raumschiffen – all das können Sie bei diesem Spiel entdecken. Allerdings muß Ihr Kind dafür schon wenigstens ein paar Grundkenntnisse im Schreiben oder Buchstabieren haben. (Falls Ihr Kind gerade erst Schreiben lernt, können Sie einfach ein bißchen mehr Hilfestellung geben.)

Auf große farbige Papierbögen schreiben Sie oder Ihr Kind die Buchstaben seines Vornamens – jeweils ein Buchstabe pro Bogen. Dann lassen Sie es in Zeitschriften nach Gegenständen suchen, die mit den verschiedenen Buchstaben beginnen. Schneiden Sie die Bilder aus, dann kann Ihr Kind sie auf den entsprechenden Bogen kleben. Nun holen Sie die Wachsmalkreiden oder Filzstifte hervor, damit die Namenposter auch noch bemalt werden können. Und zum Schluß müssen Sie nur noch einen Platz im Kinderzimmer finden, an dem die Poster stolz präsentiert und bei zukünftigen Bilderjagden auch immer wieder ergänzt werden können.

Zur Abwechslung kann Ihre Tochter oder Ihr Sohn auch Namenposter für die ganze Familie bekleben. Die einzelnen Bögen lassen sich übrigens auch zu Namenbüchern zusammenfassen. Ein schönes Geschenk für jede Gelegenheit.

***Man braucht:***

- *farbiges Papier oder Pappe*
- *Zeitschriften*
- *Schere*
- *Klebstoff oder Klebeband*
- *Wachsmalkreiden oder Filzstifte*

# Naturkunde

Selbst der kärglichste Hinterhof oder Weg durch die Nachbarschaft hat mit Sicherheit das eine oder andere kleine Naturwunder zu bieten.

Machen Sie einen kleinen Naturlehr*gang*, auf dem Sie Blätter, Blüten, Zweige, Eicheln, Früchte, Steine und anderes sammeln, was Ihr Kind interessiert. Nehmen Sie auch eine »Spezial«-Tasche oder einen Korb für Ihre Sammlung mit.

Erklären Sie den kleinen Naturkundlern, daß sie nur mitnehmen sollen, was sie auch wirklich brauchen. Wenn sie Teile von Pflanzen abbrechen, sollten es immer nur kleine Stücke sein, und die Pflanze darf dabei nicht beschädigt werden. Auch Blüten sollte man nicht zu viele abpflücken.

Wieder zu Hause, basteln Sie einen Ausstellungskasten für die Sammlung. Dafür nehmen Sie eine leere Pappschachtel, die Sie mit Klebeband verschließen und in unbedrucktes Papier einschlagen. Dann schneiden Sie die Pappe auf der Vorderseite auf, wobei Sie einen Rand von 1–7 cm stehenlassen. Nun wird die Schachtel noch bemalt und beschriftet, aufgestellt und mit den Schätzen bestückt: Leichtere Ausstellungsstücke können an der Rückwand, schwerere auf dem Boden festgeklebt werden.

***Man braucht:***

- *Tasche oder Korb*
- *Blätter, Samen, Blüten etc.*
- *Pappschachtel*
- *Papier*
- *Klebstoff und Klebeband*
- *Stifte*
- *Schneidewerkzeug*

# Stadtteilchronist

Kennen Sie die Geschichte Ihres Stadtteils? Wenn Sie in einem älteren Viertel der Stadt leben, wird diese Beschäftigung bestimmt besonders lehrreich und amüsant für Sie und Ihr Kind werden. Statten Sie, ausgerüstet mit Notizblock und/oder Kassettenrecorder, ein paar älteren Bewohnern der Straße, des Wohnblocks oder der Gegend einen Besuch ab. Ihr Kind kann dabei Fragen wie diese stellen:

Wozu diente das Land, bevor hier Häuser und Läden gebaut wurden? Waren hier Bauernhöfe? Wald? Felder?

Was für Geschäfte gab es in der Nachbarschaft? Haben sich die Leute dort getroffen, um örtliche Ereignisse und den neuesten Klatsch zu erfahren? Worüber hat man damals gesprochen?

Wie hießen die Familien, die hier gelebt haben? Wie hießen die Kinder mit Vornamen? Was für Spiele haben die Kinder gespielt?

Gab es irgendwelche besonderen Feiern, wie Umzüge, Volksfeste, Jahrmärkte und so weiter?

Halten Sie die Antworten fest, während Ihr Kind das Interview führt. Später können Sie die Notizen dann gemeinsam in ein richtiges Heft oder Ringbuch eintragen. Vielleicht machen Sie auch Fotos von den befragten Personen, die dann ebenfalls in das Heft geklebt werden. Dann kann die Chronik sich wirklich sehen lassen.

Dieses Spiel ist übrigens ein unverdächtiger Vorwand, um mit Ihren Nachbarn ins Gespräch zu kommen.

***Man braucht:***
- *Papier und Bleistift*
- *Heft oder Ringbuch*

***Wenn Sie wollen:***
- *Kassettenrecorder*
- *Fotoapparat*

# Reise durch die Nachbarschaft

***Man braucht:***
- *Papier*
- *Bunt- oder Filzstifte*

***Wenn Sie wollen:***
- *Fotoapparat*
- *Kassettenrecorder*
- *Sammelalbum oder Heft*

Was sind die Hauptattraktionen Ihres Stadtteils? Ihr Kind hat vermutlich ein paar interessante Ansichten zu diesem Thema. Wir zeigen Ihnen, wie Sie einen Reiseführer erstellen, der auf den Ortskenntnissen Ihres Kindes beruht.

Zuerst machen Sie einen Spaziergang durch die Nachbarschaft, wobei Ihr Kind den Fremdenführer spielt und Sie auf interessante Blumen, Bäume, Läden, Parks und so weiter aufmerksam macht. Unser Sohn war besonders fasziniert von einer kleinen offenen Röhre an einem Telefonmast in der Nähe unseres Hauses. Nach Regengüssen machten sich immer Algen darin breit, was uns jede Menge Stoff für Unterhaltungen über das Wachstum von Pflanzen lieferte.

Dokumentieren Sie diese »Hauptattraktionen«, indem Sie: die Beschreibungen für spätere Diskussionen aufschreiben; bei der Anfertigung eines Bildberichts helfen; einen Plan der Gegend mit Anmerkungen versehen (vielleicht kann Ihr Kind auch selber einen zeichnen (vgl. Nr. 190); einen Spaziergang durch die nähere Umgebung auf Tonband aufnehmen oder Anschauungsobjekte zusammentragen (Blätter vom Lieblingsbaum Ihres Kindes, eine Serviette von der Eisdiele etc.); Ihrem Kind helfen, diese in einem Album zu sammeln.

Präsentieren Sie das Ergebnis Ihrer Familie, Ihren Freunden und Bekannten, die in derselben Gegend wohnen.

# Schlangenzucht

Bei diesem einfachen Spiel sind Geschicklichkeit und Ausdauer gefragt, trotzdem können sich auch schon kleinere Kinder an unserer Schlangenzucht versuchen.

Man braucht dazu nur einen großen Bogen Zeitungspapier für jede Züchterin und jeden Züchter. Jeder beginnt an einer Ecke des auseinandergefalteten Bogens einen Streifen anzureißen. Dabei darf der Streifen aber nicht ganz abgetrennt werden, sondern es geht immer weiter im Kreis herum, bis man schließlich in der Mitte angelangt ist. Zum Schluß werden die Schlangen auseinandergezogen. Wer hat wohl den längsten Zuchterfolg?

Wer mag, kann die Schlangen auch noch mit Filzstiften oder Wachsmalkreiden bemalen. Dann werden sie zum dekorativen Blickfang im Kinderzimmer.

***Man braucht:***
- *Zeitungspapier*

***Wenn Sie wollen:***
- *Filzstifte oder Wachsmalkreiden*

# Zahlenjagd

*Man braucht:*
- *nur Ihre Zeit*

Dieses einfache Spiel kann jederzeit und überall in jedem Raum gespielt werden.

Sie nennen eine Zahl und schicken dann Ihr Kind auf die Jagd nach Gegenständen im Haus, deren Merkmale die entsprechende Zahl aufweisen. Wenn Sie beispielsweise gerade beim Essenkochen sind und Ihre Kinder in Sichtweite behalten wollen, dann lassen Sie sie einfach nach Küchengeräten Ausschau halten. Ein Nudelholz hat zwei Griffe und eine Rolle und könnte daher sowohl für »zwei« als auch für »eins« stehen. Eine Gabel hat vielleicht vier Zinken, ein Gefrierschrank zwei Griffe und so weiter.

Außerdem können Sie noch zahlreiche Varianten erfinden. Lassen Sie Ihr Kind zum Beispiel aus jedem Zimmer Ihrer Wohnung einen Gegenstand suchen, der zu der von ihnen genannten Zahl paßt. Wenn Ihr Kind einmal nicht fündig wird, lenken Sie seine Aufmerksamkeit mit Hinweisen auf ein geeignetes Objekt.

Und damit die Kleinen möglichst lang beschäftigt sind, variieren Sie die Aufgabe schließlich so: Wenn Sie zum Beispiel »drei« sagen, müssen die Kinder auch *drei* Gegenstände finden, die für die Zahl Drei stehen, und so weiter für alle Zahlen.

Je öfter Sie dieses Spiel spielen, desto mehr schulen Sie auch Ihre Beobachtungsgabe. Schnell: Wie viele Reihen von Borsten hat Ihre Zahnbürste?

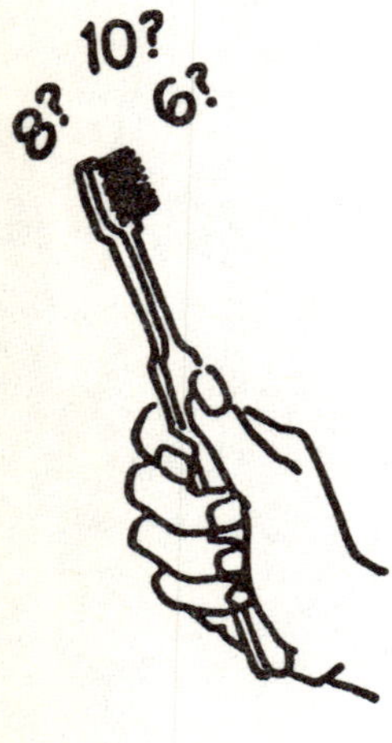

# Hindernisrennen (für drinnen)

Fördern Sie die Beweglichkeit Ihrer Kinder, indem Sie Ihr Wohn- oder Kinderzimmer in eine Hindernisbahn verwandeln.

Folgende Aufgaben könnten dabei gestellt werden: unter Stühlen hindurch- oder über sie hinwegkrabbeln; unter einem Tisch hindurchkrabbeln, ohne dabei die Ballons zu berühren, die von der Unterseite der Platte herunterhängen; unter einer Schnur, die zwischen zwei Tisch- oder Stuhlbeinen gespannt ist, hindurchrobben oder darüberkrabbeln; durch einen Tunnel aus Sofakissen krabbeln oder robben; oder nur auf eine Reihe von Papierstücken treten, die mit Klebeband auf dem Boden befestigt sind. Eine besondere Herausforderung wäre es, Ihre Tochter oder Ihren Sohn mit einem Hut ins Rennen zu schicken. Wem der Hut herunterrutscht, der muß zum Start zurück. Weitere Möglichkeiten ergeben sich durch die Einführung witziger Regeln wie dreimal auf und ab hüpfen nach bestimmten Stationen oder das Singen von Liedern an einem Punkt der Strecke. Die Variationsmöglichkeiten sind fast unbegrenzt, aber Sie sollten immer darauf achten, die Strecke aus der Perspektive Ihres Kindes anzulegen. Dazu müssen Sie sich vermutlich erst einmal auf alle viere hinunterlassen und die »Route« selbst ausprobieren.

Bei diesem Spiel sollte im übrigen immer ein Erwachsener dabeisein.

**Aufgepaßt!**

Nur unter Aufsicht

***Man braucht:***
- *Möbel*
- *Schnur*
- *Sofakissen*
- *Papier und Klebeband*

***Wenn Sie wollen:***
- *Papprollen von Klopapier*
- *Hut*

# Hindernisrennen (für draußen)

**Aufgepaßt!**

Nur unter Aufsicht

***Man braucht:***

- *Gartenmöbel*
- *Gartenschlauch oder ein längeres Stück Schnur*

***Wenn Sie wollen:***

- *Wasserball*
- *Teller und Tischtennisball*
- *wassergefüllte Luftballons*

Wenn Sie das Hindernisrennen für drinnen schon ausprobiert haben und wenn das Wetter mitmacht, dann können Sie auch mal nach draußen umziehen. Die folgenden Hindernisse werden Ihre Kinder bestimmt begeistern:

Unter Gartenstühlen hindurchkrabbeln oder unter einer Liege entlangrobben.

Auf einer Seite des Gartenschlauches, der sich in einer teuflischen Kurve schlängelt, entlanggehen oder auf einem Bein hüpfen.

»Seiltanzen« auf einem Stück Schnur, das in Bögen und Kurven verschlungen auf der Erde liegt.

Einem hin- und herschwenkenen Rasensprenger ausweichen (das läßt sich auch mit den oben genannten Aufgaben kombinieren).

Der Reiz des Spiels wird noch erhöht, wenn Ihr Kind versuchen muß, die Hindernisse mit einem Wasserball im Arm zu durchlaufen oder dabei einen Tischtennisball auf einem Teller zu balancieren. Wenn das zu einfach ist, verteilen Sie einen Armvoll wassergefüllter Luftballons!

Bei diesem Spiel sollte immer ein Erwachsener dabeisein.

# Hopse

Mit Kreide wird ein Hopse-Feld auf den Boden gezeichnet (siehe Zeichnung), für drinnen können Sie Tesakrepp verwenden. Der erste Spieler oder die erste Spielerin wirft einen Stein oder ein Bohnensäckchen auf Kästchen 1, hüpft dann auf einem Bein *über* Kästchen 1 auf Kästchen 2 und landet auf einem Bein. (Anmerkung: Kleine Kinder müssen vielleicht auf zwei Beinen landen.) Der Spieler hüpft dann auf einem Bein zu Kästchen 3 und landet schließlich mit einem Fuß in 4 und dem anderen in 5. Dann hüpft er weiter, landet auf einem Bein in 6 und mit dem nächsten Sprung wieder mit einem Fuß in 7 und einem in 8. Beim nächsten Sprung dreht sich der Spieler herum und rollt, mit den Füßen immer noch auf 7 und 8, das Hüpfmuster nun von hinten auf. In Kästchen 2 muß er sich dabei auf einem Bein stehend bücken, um den Stein oder das Bohnensäckchen aufzuheben. Von hier bleibt nur noch ein Sprung in Kästchen 1 und dann nach draußen.

Sobald der Spieler alle Kästchen ohne Fehler hinter sich gebracht hat, wirft er den Stein oder das Bohnensäckchen für den nächsten Anlauf in Kästchen 2. Wenn der Stein dort landet, wiederholt sich das Hüpfschema, wobei diesmal Kästchen 2 übersprungen wird. Sollte der Stein oder das Säckchen allerdings nicht im richtigen Kästchen landen oder der Spieler das Gleichgewicht verlieren, dann ist der nächste an der Reihe.

***Man braucht:***

- *Kreide*
- *Stein*

***Wenn Sie wollen:***

- *Tesakrepp*
- *Bohnensäckchen*

# Handgeschöpftes Papier

Diese Beschäftigung eignet sich für ältere Kinder und erfordert etwas Geduld.

Die ersten Arbeitsschritte muß ein Erwachsener übernehmen: Man füllt einen Mixer zu zwei Dritteln mit lauwarmem Wasser und stellte ihn auf niedrigster Stufe an. Dann gibt man etwa zehn schmale Streifen zerrissenes Zeitungspapier hinein und mixt, bis das Ganze schön matschig ist. Glänzendes Papier oder Hochglanz-Werbebroschüren sind *nicht geeignet.*

Nun brauchen Sie zwei Stücke Fliegengitter, die in zwei identische flache Plastikschalen passen sollten. Aus jeder der Plastikschalen wird der Boden rechteckförmig – in der gewünschten Papiergröße – herausgeschnitten, und die Fliegengitter werden jeweils über die Öffnungen der beiden ineinandergestellten Schalen gelegt. Dann wird die gesamte Konstruktion im Spülbecken plaziert. Gießen Sie nun die Masse aus dem Mixer auf das obere Gitter, und lassen Sie die Flüssigkeit abtropfen, bevor Sie zuerst die obere Schale und dann das obere Gitter (samt der Masse) abheben. Sie stellen das Gitter auf einer Arbeitsplatte ab und legen das untere Gitter auf die Masse, bedecken das Ganze mit einer Plastiktüte und rollen vorsichtig mit einem Nudelholz darüber. Dann wird die Abdeckung – aber nicht die Gitter – entfernt und der Brei mit einem dicken Geschirrtuch und einem schweren flachen Gegenstand darauf stehengelassen. Wenn alles getrocknet ist, ziehen Sie vorsichtig Ihr handgemachtes Papier ab.

**Aufgepaßt!**

Nur unter Aufsicht

***Man braucht:***

- *Mixer*
- *Wasser*
- *Zeitungspapier in Streifen gerissen*
- *Fliegengitter*
- *zwei Plastikschalen*
- *Schneidewerkzeuge*
- *Geschirrtücher*

# Schreiben wie Anno dazumal

Viele Leute sind der Meinung, daß wir durch Computer und Textverarbeitungsmaschinen verdorben sind und die Kunst des schönen Schreibens der Vergangenheit angehört. Aber wenn Sie eine Hühnerfeder (oder besser noch, eine Gänsefeder) auftreiben können, haben Sie die Möglichkeit, Ihr Kind in eine vergangene Zeit zurückzuversetzen, in der Schreiben vielleicht – aber nur vielleicht – noch eine bewußtere, durchdachtere Wiedergabe von Wörtern und Gedanken war als heute.

Nehmen Sie die Feder, und schneiden Sie die Spitze schräg zu, bevor Sie sie an Ihr Kind weitergeben. Dann brauchen Sie noch ein Schälchen voll leicht mit Wasser verdünnter Temperafarbe. Natürlich werden Sie erst noch ein bißchen erklären müssen, daß viele Leute früher so geschrieben haben (und in manchen Kulturen auch heute noch schreiben). Lassen Sie Ihren Sohn oder Ihre Tochter zunächst auf Schmierpapier üben – nach einigen Versuchen wird es gelingen, die Feder richtig zu führen. Wenn er oder sie den Dreh raus hat, holen Sie ein schönes Blatt von Ihrem selbstgemachten Briefpapier heraus. Das gibt einen ganz besonderen Brief an die Lieblingstante oder an den Opa (siehe auch handgeschöpftes Papier Nr. 214). Achten Sie darauf, daß das Geschriebene richtig getrocknet ist, bevor Sie das Papier falten und/oder verschikken.

***Man braucht:***

- *Hühner- oder Gänsefeder*
- *Temperafarbe (verdünnt)*
- *Papier*

# Einseitiges Papier

*Man braucht:*
- *Papier*
- *Kinderschere*
- *Klebeband*

Ein Blatt Papier mit nur einer Seite? Unmöglich! Oder etwa doch nicht? Lernen Sie das Möbiussche Band kennen, eine geniale kleine Konstruktion, die der Einseitigkeit so nahe kommt wie sonst nichts in dieser Dimension.

Schneiden Sie, während Ihr Kind zuschaut, einen langen Streifen aus einem normalen Blatt Papier. Nennen wir nun eine Seite dieses Streifens »A«, die andere »B«. Für einen normalen Kreis würden Sie ganz einfach die beiden Enden des Bandes zusammenkleben. Bei einem Möbiusschen Band drehen Sie das eine Ende so, daß A auf B kommt, dann kleben Sie die beiden Enden mit einem Klebeband zusammen. Fahren Sie nun die Oberfläche nach: Sie werden feststellen, daß das Band wirklich nur eine Seite hat.

Wenn Sie das Band der Länge nach in der Mitte durchschneiden, erhalten Sie ein zweites, größeres Möbiussches Band, das *zweimal* verdreht ist. Wenn Sie das wiederum durchschneiden, entstehen zwei ineinanderhängende Bänder.

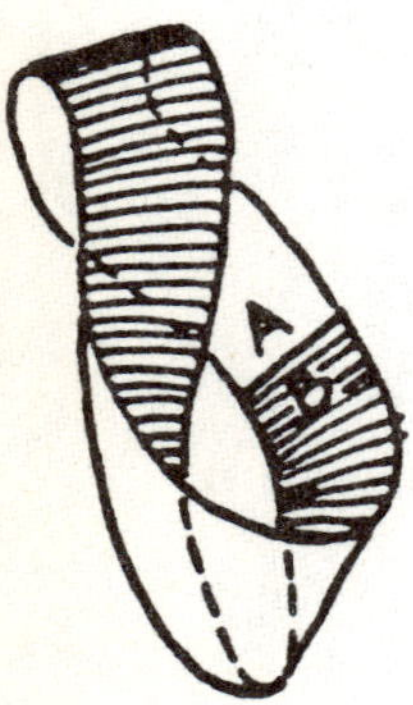

# Pampe

Können Sie sich den idealen Spielmatsch vorstellen – ungiftig, einfach herzustellen, leicht zu säubern und stundenlang Spaß und Unterhaltung? Ihre Speisekammer liefert alles, was Sie dazu brauchen. Sie müssen nur Maisstärke und Wasser im richtigen Verhältnis mischen; es entsteht eine »Pampe«, die ein einzigartiges Spielmaterial darstellt. Die Oberfläche ist hart und verkrustet, aber wenn man umrührt, läßt sich das Ganze sogar durch ein Sieb streichen. Während Ihre Kinder mit den Fingern in der Pampe herumpatschen, wechselt sie ständig fast wie durch Zauberei die Konsistenz von hart zu dickflüssig.

Für die richtige Pampe mischen Sie einfach zwei Teile Maisstärke mit einem Teil Wasser in einer Schüssel oder Plastikwanne. Rühren Sie das Gemisch gut durch, bis es anfängt dicker zu werden.

Jetzt kann die Matscherei losgehen. Geben Sie Ihren Kindern Löffel, Plastikschäufelchen, Trichter oder verschiedene andere Küchengeräte (sie können hinterher mit Wasser und Seife gereinigt werden). Ungewöhnliche Effekte lassen sich erzielen, wenn Ihre Kinder ein oder zwei Teelöffel verschiedene Lebensmittelfarbe unterrühren. Was immer Sie tun, die Pampe wird ununterbrochen ihre Beschaffenheit ändern und für stundenlange Unterhaltung sorgen.

***Man braucht:***
- *Maisstärke*
- *Wasser*
- *Plastikschale oder Schüssel*

***Wenn Sie wollen:***
- *Lebensmittelfarbe*
- *Kochwerkzeuge*

# Pflanzen-Mobile

Wie wir schon an anderer Stelle in diesem Buch festgestellt haben, kann die Natur uns die besten Bastelmaterialien liefern. Für diese Beschäftigung werden Samen, Zapfen und andere Objekte aus der Natur gesammelt.

Lassen Sie Ihr Kind besonders nach Zapfen, Eicheln, großen Samen, skurrilen Ästchen oder am Strand nach Stückchen von Treibholz oder kleinen Muscheln Ausschau halten. Alles, was nicht fault, ist für das Mobile geeignet. Sammeln Sie außerdem noch eine Reihe von kleinen, aber kräftigen Zweigen, die als Aufhängung dienen können.

Nach der Sammelaktion breiten Sie Ihre Fundstücke auf einem Tisch aus und experimentieren mit verschiedenen Anordnungen herum. Das Mobile kann an einem einzelnen Zweig oder an mehreren kleinen Zweigen (wie in der Zeichnung) aufgehängt werden. Auf jeden Fall sollten Sie die Zusammenstellung Ihrem Kind überlassen. Wenn allerdings das Mobile aus dem Gleichgewicht zu geraten droht, dann schlagen Sie eine andere Kombination vor.

Sobald die Anordnung feststeht, werden die Objekte an Fäden gebunden; verwenden Sie ungiftigen Klebstoff, wenn nötig. Lassen Sie den Klebstoff über Nacht trocknen, bevor Sie die Fäden an den Zweigen befestigen. Wenn Sie ein mehrstöckiges Mobile aus mehreren verschiedenen Zweigen basteln wollen, verwenden Sie am besten dünne Perlon- oder Angelschnur.

***Man braucht:***

- *Eicheln, Zapfen und andere Objekte aus der Natur*
- *Faden*
- *Klebstoff*

# Nord – Ost – Süd – West

Mit den folgenden Spielen lernt Ihr Kind ganz leicht, Nord und Süd, West und Ost zu unterscheiden.

Zuerst sind Sie an der Reihe: Finden Sie die Nord-Süd-Ausrichtung Ihres Hauses heraus, wenn Sie das nicht ohnehin schon wissen. Andernfalls sehen Sie auf einem Stadtplan nach oder achten auf Ihren Schatten um 12.00 Uhr mittags (bzw. 13.00 Uhr Sommerzeit): Er zeigt um diese Zeit Richtung Norden. Drehen Sie Ihr Kind nach Norden, zeigen Sie ihm dann, daß Süden genau gegenüberliegt und daß Ost rechts von Nord und West wiederum gegenüber von Ost liegt. Lassen Sie Ihr Kind dann in die verschiedenen Himmelsrichtungen zeigen. Anschließend vertauchen Sie die Rollen. Wenn Sie dabei absichtlich ein paar Fehler einbauen, werden Sie merken, ob Ihr Kind die Himmelsrichtungen wirklich verstanden hat.

Wenn das Prinzip erst einmal klar ist, versuchen Sie Anweisungen zu geben wie: »Gehe zwei Schritte nach Norden, hüpfe dann dreimal nach Osten, gehe fünf Schritte rückwärts Richtung Westen und wende dich nach Süden« und so weiter. Sie können auch eine Schatzsuche veranstalten, für die Sie eine Karte, auf der Schritte und Himmelsrichtungen vorgegeben sind, entwerfen.

Und schließlich beobachten Sie gemeinsam mit Ihrem Sohn oder Ihrer Tochter einen Sonnenuntergang und fragen, in welcher Himmelsrichtung die Sonne untergegangen ist.

***Man braucht:***
- *nur Ihre Zeit*

***Wenn Sie wollen:***
- *Stadtplan*

# Matschkuchen und andere Lieblingsgerichte

*Man braucht:*
- *Erde*
- *Wasser*
- *Eimer oder Gießkanne*
- *Schäufelchen*
- *Backform*

Der Sommer fängt erst richtig an, wenn unser Sohn den ersten Matschkuchen gebacken hat. Seine Rezepte sind recht einfach, so daß Ihr Kind sie gut übernehmen kann. Es braucht dazu nur einen Eimer oder eine Gießkanne und ein kleines Stück von Ihrem Garten oder Hof.

Wenn die Matschmischung Ihres Kindes die richtige Beschaffenheit hat, kann's richtig losgehen. Hier ein paar Lieblingsgerichte unserer Familie:

Versuchen Sie mal die bewährten Matschkuchen – dazu braucht man eine Backform (eine alte Aluform von Tiefkühlgerichten eignet sich bestens), in die man den Matschteig füllt. Dann wird der Kuchen in die Sonne gestellt, bis er trokken und »gar« ist. Kleine Steinchen, Zweige oder eine Handvoll Gras ergeben hübsche Dekorationen. Dann gibt es noch Matsch-Kartoffelchips. Dafür wird ein ganz dünner Fladen »gebacken«, der beim Trocknen reißt und von ganz allein in kleine Stücke zerbricht. Oder wie wäre es mit Lasagne mit Matschfüllung oder Hackbraten? Das ideale Essen für laue Sommerabende.

Und wenn Ihr Kind mal nicht weiß, was es kochen soll? Nun, extragroße Matsch-Burger mit Pommes – da ist man immer gut bedient …

# Kugelwörter

Kugelwörter oder auch Palindrome sind Wörter und Sätze, die sowohl vorwärts als auch rückwärts gelesen werden können.

Etwas ältere Kinder werden ihren Spaß an den folgenden Palindromen haben und deren bemerkenswerte Eigenschaften selber nachprüfen. Nach einer Weile können sich die Kinder mit Ihrer Hilfe vielleicht sogar eigene Kugelwörter ausdenken.

*Ein Neger mit Gazelle zagt im Regen nie.*
*Ein Regal mit Sirup pur ist im Lager nie.*
*Ein Esel lese nie.*
*Reliefpfeiler.*

Mit den folgenden Kugelwörtern lassen sich bestimmt auch neue Sätze bilden: *Rotor, nun, Ehe, Ebbe, neben, stets, Retter, Renner, Reittier, Rentner*. Wenn es Ihnen gelingen sollte, die Worte »Volkswagen« oder »Fährvergnügen« in einem Kugelsatz unterzubringen, hätten Sie die wahre Meisterschaft erreicht!

***Man braucht:***
- *nur Ihre Zeit*

222

# Papierflieger

**Man braucht:**

- *ein Blatt Papier*
- *Klebeband*

**Wenn Sie wollen:**

- *Bunt- oder Filzstifte*

Papierflieger sind kinderleicht zu machen, wenn man weiß, wie sie gefaltet werden. Sie brauchen nur der Zeichnung unten zu folgen, wenn Sie selbst einen basteln wollen. Zuerst legen Sie ein Blatt Papier der Länge nach zusammen und falten dann die oberen Ecken nach innen (siehe Abbildung A). Dann klappen Sie das Papier wieder zusammen und falten es diagonal nach außen, wie in Abbildung B zu sehen. Abbildung C zeigt, wie die schrägen Außenkanten dann noch einmal zur Mitte gefaltet werden. Wenn Sie die Seiten nun wieder öffnen, wie in D zu sehen, entstehen die Flügel, die an der breitesten Stelle ungefähr 10–12 cm Spannweite haben sollten. Mit einem kleinen Stück Klebeband verhindern Sie, daß die Flügel auseinanderfallen.

Wenn Ihre Tochter oder Ihr Sohn das Flugzeug dann noch bemalt hat, ist der Jet bereit zur ersten Überquerung des Wohnzimmerteppichs.

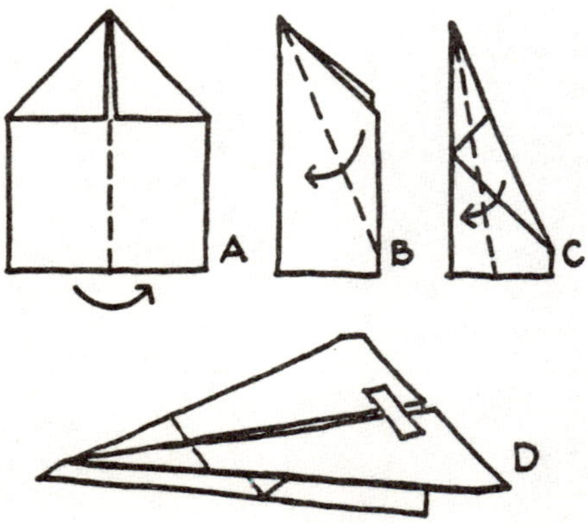

# Papierkörbchen

Die Papierkörbchen, die Sie nach dieser Anleitung basteln können, lassen sich für eine Vielzahl von Spielen einsetzen.

Schneiden Sie ein Papierquadrat von etwa 15 cm Seitenlänge zu. Falten Sie einen 4 cm breiten Rand auf allen vier Seiten, und schneiden Sie jede Ecke ein, wie in Abbildung (a) zu sehen. Nun können Sie die Seiten nach oben falten und zusammenheften oder mit Klebeband oder Klebstoff fixieren. Dann schneiden Sie einen Streifen von etwa 2 cm Breite und 20 cm Länge zu, den Sie an zwei gegenüberliegenden Seiten befestigen. (Sie können Körbe in jeder Größe anfertigen und auch stabilere Materialien verwenden, aber für den Anfang ist dies die einfachste Methode.)

Ihr Kind kann das Körbchen mit Wachsmalkreiden, Filzstiften oder Temperafarbe bemalen (das geht leichter, bevor Sie die Seiten hochfalten). Sie können auch Schlitze in den Boden des Körbchens schneiden und Streifen von Buntpapier hindurchziehen, um einen Flechteffekt zu erzielen.

Ihrer Betätigung als Korbmacher sind nur durch die Papiermengen in Ihrem Haushalt Grenzen gesetzt.

***Man braucht:***

- *Papier oder dünne Pappe*
- *Klebeband, Klebstoff oder Hefter*
- *Wachsmalkreiden, Filzstifte oder Temperafarbe*

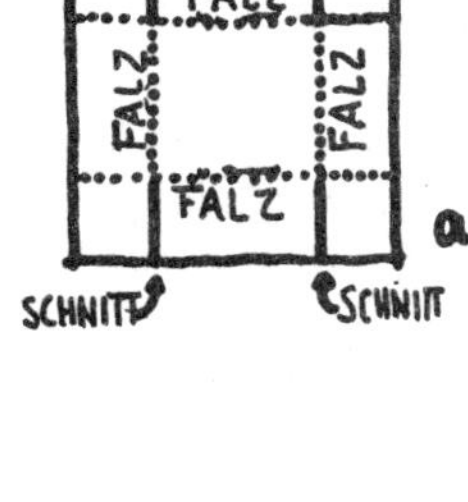


a.

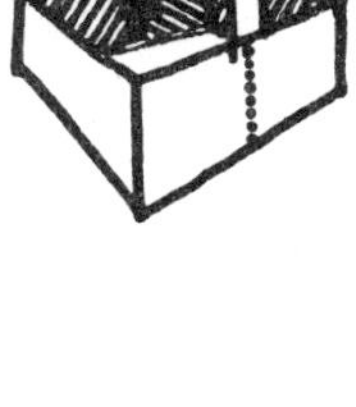

b.

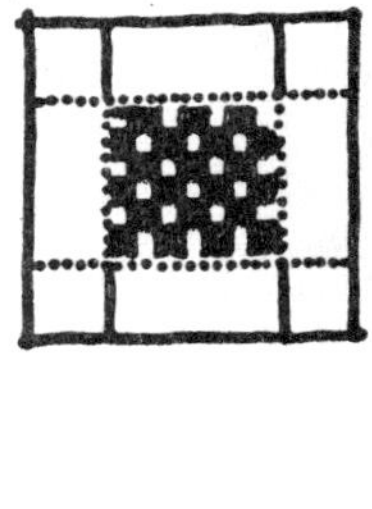

c.

# Papierketten

Wahrscheinlich können Sie sich an die Papierketten noch aus Ihrer Grundschulzeit erinnern. Sie werden aus Bunt- oder Tonpapier gemacht und eignen sich als festliche Dekorationen zu Ostern, zu Weihnachten, für den Kindergeburtstag oder für jede andere Gelegenheit.

Schneiden Sie gemeinsam eine Anzahl von kleinen Streifen aus Bunt- oder Tonpapier aus, etwa 15 cm lang und 2,5 cm breit. (Verwenden Sie dazu eine Kinderschere.) Die Streifen sollten die gleiche Länge, aber verschiedene Farben haben. (Einfarbige Ketten sind langweilig.)

Verbinden Sie die zwei Enden der Streifen mit etwas durchsichtigem Klebeband oder mit Klebstoff. Dann hängen Sie den zweiten Streifen in den ersten ein und schließen ihn auf dieselbe Weise. Und so weiter ... bis die ganze Wohnung mit Papierketten behängt ist!

Aber Achtung: Man kann süchtig davon werden.

***Man braucht:***
- *Bunt- oder Tonpapier*
- *eine Kinderschere*
- *durchsichtiges Klebeband oder Klebstoff*

# Papierspitze

Wenn Sie einen Stapel Schmierpapier haben, verfügen Sie damit über ein unerschöpfliches Potential für Spiel und Spaß. Sie brauchen nur noch eine Schere, und schon können Sie in die hohe Kunst des Papierschneidens einsteigen. Und so funktioniert's:

Für die einfachste Form falten Sie ein Stück Papier in Viertel oder Achtel und schneiden mit Ihrer Schere kleine Dreiecke oder winzige Zipfelchen an den Kanten heraus. (Kinder sollten immer eine Kinderschere benutzen.) Falten Sie nun das Papier auf: Sie werden ein kunstvolles Spitzenmuster auf dem Blatt finden. Ihr Kind kann nun das Papier darum herum bemalen, oder Sie kleben das Spitzendeckchen auf ein Stück Buntpapier oder bunte Folie, um so ein farbenprächtiges kleines Kunstwerk zu schaffen. (Wenn Sie Transparentpapier dahinterkleben, erhalten Sie eine schöne Fensterdekoration.)

Zur Abwechslung können Sie eine Schale oder einen Teller als Schablone nehmen, den Kreis ausschneiden, falten und verschiedene Formen und Dreiecke entlang der Kanten einschneiden. Dann können Sie die Deckchen weiter verzieren, wie oben beschrieben.

Stellen Sie die fertigen Papierspitzen in Ihrer Familiengalerie aus, oder kleben Sie sie an ein Fenster. Oder Sie befestigen Fäden daran und hängen sie an einen Bügel, einen Stab oder eine Röhre. Ein schnelles Mobile für Ihr Wohnzimmer oder fürs Kinderzimmer.

***Man braucht:***
- *Schmierpapier*
- *Kinderschere*

***Wenn Sie wollen:***
- *Bunt-, Geschenk- oder Transparentpapier, Metallfolie*
- *Teller oder Schale*
- *Klebeband*
- *Faden*
- *Stab, Röhre oder Bügel*

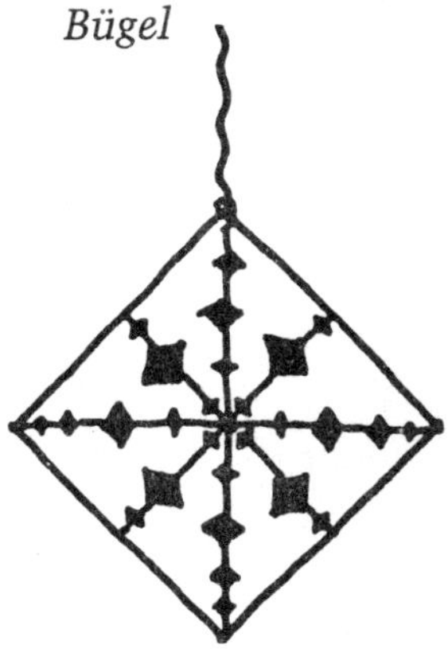

# Papierhüte

**_Man braucht:_**
- _einen Bogen Zeitungspapier_

Papierhüte sind der letzte Schrei, sie sind bequem, ziemlich billig, und die Rohstoffe stehen reichlich zur Verfügung. Die Hüte lassen sich für viele Beschäftigungen in diesem Buch einsetzen, die eine Verkleidung erfordern.

Für einen großen Erwachsenenhut brauchen Sie einen einzelnen großen Bogen Zeitungspapier, den Sie entlang des Falzes zusammenlegen; dann falten Sie die beiden oberen Ecken auf die Mittellinie, wie in der Zeichnung zu sehen (a). Als nächstes falten Sie die überstehenden Streifen am unteren Rand jeweils nach oben. Nun klappen Sie den Hut auf und stürzen sich ins Vergnügen.

Für einen Kinderhut öffnen Sie einen großen Hut, als wollten Sie ihn tragen. Dann legen Sie den Hut zusammen, so daß die vordere und hintere Spitze unten aufeinanderstoßen und ein Quadrat entsteht – siehe Abbildung (b). Nun drehen Sie das Quadrat um 90 Grad nach rechts und falten die unteren Dreiecke der Raute jeweils nach oben bzw. außen, so daß sie genau übereinander zu liegen kommen. Gut kniffen und zum Tragen auseinanderziehen; falls nötig, fixieren Sie die Spitze mit etwas Klebeband.

Wenn Sie nur eine Spitze nach oben falten, wird ein Feuerwehrhelm daraus, der geöffnet und mit der langen Seite nach hinten getragen wird. Gut behütet ist halb gelöscht!

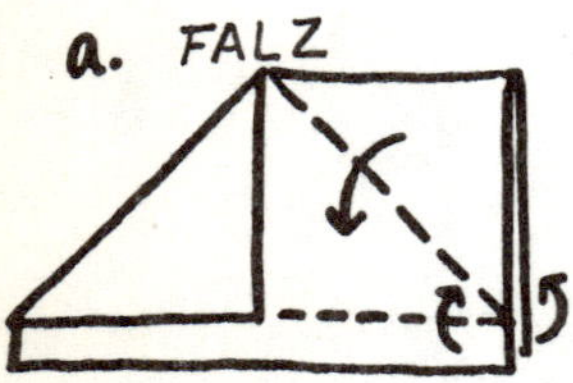


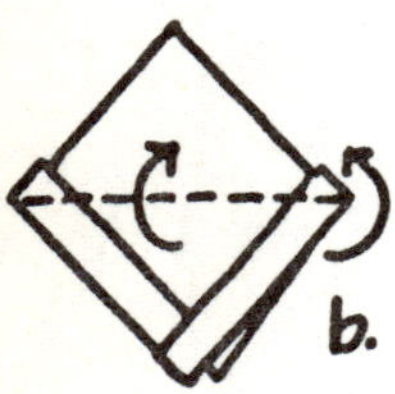

# Papierhubschrauber

Falls Sie keine Ahornbäume in Ihrer Nähe haben, deren Samen Ihnen als Kunstflieger dienen (siehe Nr. 189), können Sie selbst mit Hubschraubern aus Papier die Natur imitieren.

Schneiden Sie einen Streifen vom 5 cm × 20 cm aus normalem Schreibpapier zu. Schneiden Sie das Papier dreimal (A, B, C) entlang der durchgezogenen Linien in Abbildung (a) ein. Durch Schnitt A entstehen die Rotorblätter des Hubschraubers, die Sie an der gestrichelten Linie falten, ein Blatt auf Sie zu, das andere von Ihnen weg. Die Schnitte B und C ermöglichen es, das Papier der Länge nach auf ein Drittel seiner Breite zu falten. Dann knicken Sie den unteren Rand zweimal um etwa 1 cm um und befestigen und beschweren ihn mit einer großen Büroklammer, siehe Abbildung (b).

Zum Schluß werden die Rotorblätter bemalt, das bringt Farbe ins Spiel. Dann lassen Sie den Hubschrauber aus der Höhe herunterwirbeln.

**Aufgepaßt!**

Kleine Teile

***Man braucht:***
- *Papier*
- *eine große Büroklammer*
- *Schere (nur für Erwachsene)*

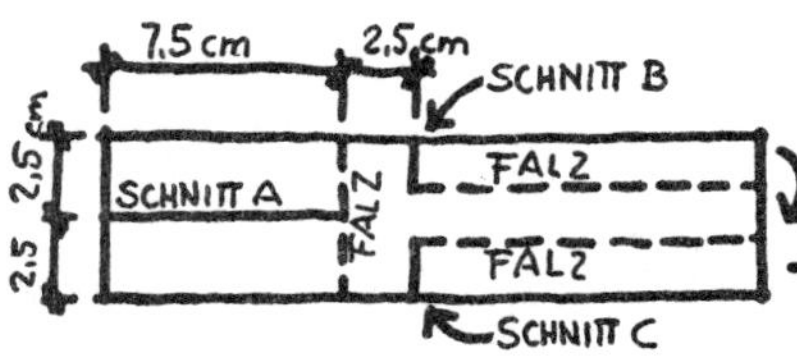


a.

b.

# Pappteller-Masken

**_Man braucht:_**
- *Pappteller*
- *Bunt- oder Filzstifte*
- *Watteböllchen oder Garn*
- *Schmirgelpapier oder Pfeifen-putzer*
- *Pappröhre oder Eßstäbchen*

Nicht nur im Fasching macht es Spaß, sich zu verkleiden. Ein Pappteller und ein paar Materialien zum Verzieren bieten Spiel und Spaß für jeden Tag und jede Jahreszeit.

Eine Pappteller-Maske ist schnell gemacht. Schneiden Sie Löcher für die Augen, dann kann Ihr Kind das Gesicht mit Filz- oder Buntstiften auf die Maske malen. Wenn Sie es noch ein bißchen schöner haben wollen, kleben Sie Haare oder Bärte aus Wattebällchen oder Garn an, Schnurrhaare oder Fühler aus Pfeifenputzern und Augenbrauen und Schnurrbärte aus Schmirgelpapier oder Papiernagelfeilen. Außerdem können Sie Ohren, Hörner und anderes aus Pappe ausschneiden und aufkleben – die Möglichkeiten sind fast unbegrenzt.

Zum Schluß befestigen Sie noch einen stabilen Griff unten auf der Innenseite der Maske. Das kann ein Eßstäbchen, ein Löffel oder eine Papprolle sein. Nun kann die Maskerade beginnen. Wenn genügend Kinder mitmachen und ein ausreichender Vorrat von Papptellern vorhanden ist, haben Sie nachher vielleicht die reinste Arche Noah.

# Knobeln

229

Das folgende Spiel für zwei hat sich schon seit Generationen als Konfliktlösungsstrategie bewährt. Wetten, daß auch Ihre Kinder ganz süchtig danach werden, wenn sie es erst einmal versucht haben? Vielleicht macht es ihnen dann auf einmal Spaß zu entscheiden, wer als erster dran ist, wer was bekommt, was als nächstes getan wird und so weiter.

Das ganze Spiel beruht auf den drei Handhaltungen, die in der Zeichnung zu sehen sind – also Papier, Schere und Stein. Jede Haltung ist einer der beiden anderen über- und der zweiten unterlegen. Kurz gesagt: Papier bedeckt den Stein, der Stein macht die Schere stumpf, und die Schere zerschneidet das Papier.

Also dann … Nehmen wir an, daß entschieden werden soll, wer bei einem Brettspiel den ersten Zug machen darf. Beide Spieler machen eine Faust, schütteln die Faust zweimal auf und ab und nehmen beim dritten Mal eine der drei Handhaltungen ein. Und schon ist der Konflikt gelöst! (Vielleicht versuchen Sie das Ganze auch mal im Büro, wenn man Sie wieder mal um Hilfe bittet und Sie ohnehin schon unter Zeitdruck stehen.)

Knobeln ist natürlich auch einfach so – ohne jeden Konflikt – ein tolles Spiel.

***Man braucht:***
- *nur Ihre Zeit*

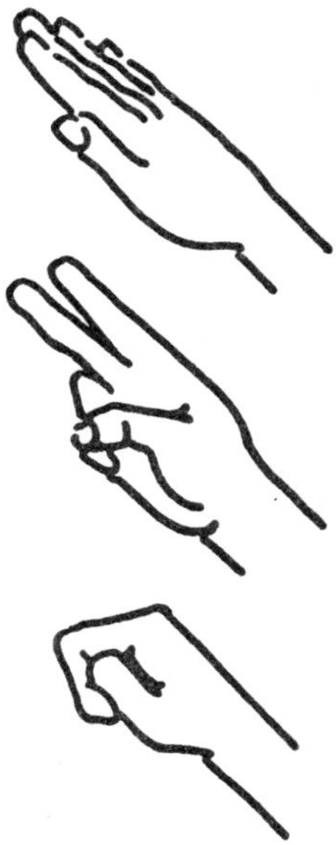

# Pappmaché

Es ist schon ein kleines Wunder, was man aus alten Zeitungen, etwas Mehl und Wasser alles machen kann. Mischen Sie alles zusammen, und Sie bekommen Pappmaché: Hier ist das Rezept.

Reißen Sie eine ordentliche Menge langer Streifen aus Zeitungspapier zwischen 2–5 cm breit. Dann suchen (oder machen) Sie sich eine Form; eine große Papprröhre kann als Tunnel dienen, und Pappschachteln sind gute Formen für Gebäude. Auch aus Holz oder anderen Materialien lassen sich Formen herstellen. Denken Sie aber bei der Auswahl daran, daß Sie die Form wieder entfernen müssen, wenn die Bastelei fertig ist. Decken Sie sie deshalb gut mit Plastikfolie ab. (Das sollte ein Erwachsener übernehmen.)

Vermischen Sie in einer Rührschüssel Wasser und Mehl, bis sich eine Masse ergibt, die dünn genug ist, um die Papierstreifen damit zu überziehen. Probieren Sie das Gemisch zuerst mit einer kleinen Menge aus; ist es zu dünnflüssig, verwandelt sich das Papier in einen matschigen Brei. Tunken Sie das Papier in die Schüssel, und zeigen Sie Ihrem Kind, wie man den überschüssigen Mehlkleister mit zwei Fingern abstreift. Wickeln Sie die dünn mit Kleister überzogenen Streifen um die Form, so daß sie sich kreuz und quer in mehreren Schichten überlagern. Das fertige Werk wird an einen warmen, trockenen Ort gestellt. Erst wenn es ganz getrocknet ist, entfernen Sie die Form und geben Ihrem Kind Temperafarben zum Bemalen.

**Aufgepaßt!**

Plastikfolie

***Man braucht:***
- *Zeitungspapier*
- *Mehl*
- *Wasser*
- *Rührschüssel*
- *Temperafarbe*
- *verschiedene Gegenstände und Materialien als Formen*

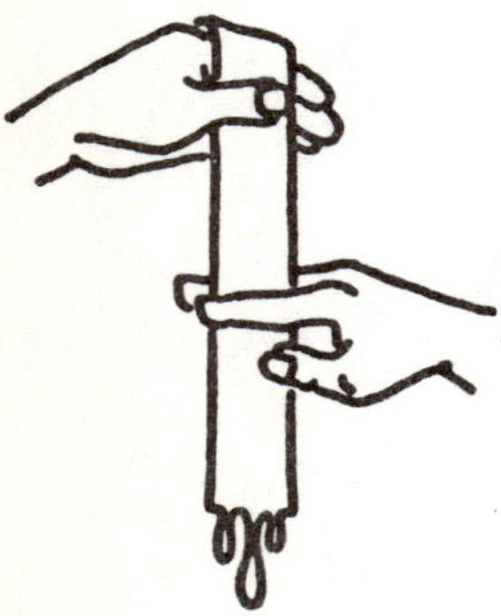

# Fallschirme

Sie basteln einen einfachen Fallschirm, den Ihr Kind gebannt beobachten wird, während er langsam, langsam zu Boden gleitet. Und so wird's gemacht.

Zuerst nehmen Sie ein Stück weißen Stoff oder ein Taschentuch und vier Fäden *von gleicher Länge*. (Die Fadenlänge ist sehr wichtig.) Bevor Sie den Fallschirm bauen, geben Sie den Stoff Ihrem Kind, damit es ihn mit Filzstiften oder Textilfarben auf Wasserbasis bemalen kann. (Die Farben bekommen Sie in den meisten Bastelläden.) Sie sollten die Malaktion allerdings immer gut im Auge behalten.

Wenn die Malerei fertig und der Stoff getrocknet ist, knoten Sie die Fäden an die Ecken des Fallschirms. Die losen Enden befestigen Sie dann an einem Schüsselring oder einer Schlaufe aus einem Pfeifenputzer oder Drahtverschluß. Schließlich ziehen Sie noch einen weiteren Faden durch den Ring und binden ein leichtes Spielzeug oder ein Püppchen daran.

Lassen Sie den Fallschirm auf einem Stuhl stehend oder im Treppenhaus hinunterfallen. Ihre Tochter oder Ihr Sohn kann den Fallschirm in der Luft auffangen oder ihn auf einen »Landeplatz« hinlenken. Wenn Sie anstelle des Spielzeugs eine kleine Pappschachtel an die Fäden binden, können Ihre Kinder verschiedene Gegenstände »testen« und herausfinden, welche am schnellsten auf dem Boden landen.

**Aufgepaßt!**

Kleine Teile

***Man braucht:***

- *ein quadratisches Stück Stoff oder ein Taschentuch*
- *Fäden*
- *kleines Spielzeug*
- *Schlüsselring, Pfeifenputzer oder Drahtverschluß*
- *Filzstifte oder Textilfarbe auf Wasserbasis*

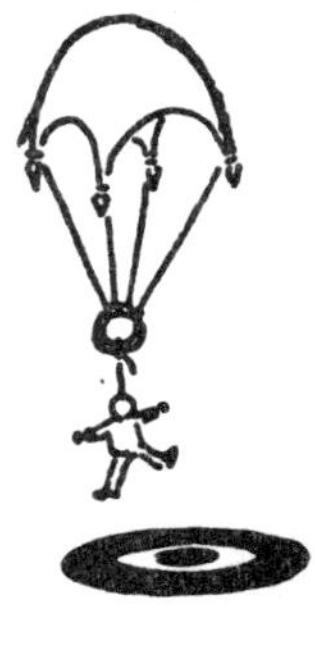

# Der siebte Sinn

**Man braucht:**

- *nur Ihre Zeit*
- *(zwei Erwachsene)*

Mit diesem Spiel können Sie Kinder (und Erwachsene) verblüffen. Man braucht dazu zwei Erwachsene, die in das Geheimnis eingeweiht sind, einen »Zeiger« und einen »Rater«.

Der Rater verläßt den Raum, und eines der Kinder wählt einen Gegenstand aus. Dann kommt der Rater zurück, und der Zeiger deutet nacheinander auf die verschiedensten Gegenstände und fragt den Rater, ob das wohl derjenige ist, den das Kind zuvor bestimmt hat.

Was die anderen nicht wissen: Der Rater und der Zeiger haben ausgemacht, daß der gewählte Gegenstand immer auf ein anderes vereinbartes Objekt im Raum folgt. So weiß der Rater, während der Zeiger auf einen Gegenstand nach dem anderen deutet, daß es der *nach* dem Sofa sein wird, den das Kind zuvor bestimmt hat. Für den Fall, daß das Kind ausgerechnet den vereinbarten Gegenstand selbst(!) auswählt, sollten der Zeiger und der Rater ein Zeichen vereinbaren, zweimal blinzeln zum Beispiel, und das Spiel entsprechend abwandeln.

Wenn Sie es richtig anstellen, wird Ihr Kind übersinnliche Kräfte bei Ihnen vermuten. Aber vergessen Sie nicht, irgendwann das Geheimnis zu verraten, so daß Ihr Kind und ein Verbündeter ebenfalls ein paar Freunde verblüffen können.

# Brieffreundschaft

Fast alle Kinder bekommen und verschicken gerne Post. Mit wenig Mühe können Sie eine eigene Kinderkorrespondenz aufbauen.

Erzählen Sie zunächst einem Verwandten oder den Eltern von einem der Freunde Ihres Kindes, daß Sie gerne eine Brieffreundschaft anbahnen würden. Es gibt dabei nur eine Regel: Jeder sollte seine Briefe immer innerhalb von fünf Tagen beantworten. Wenn alle bereit sind mitzumachen, lassen Sie sich einen Text von Ihrem Kind diktieren (wenn er oder sie nicht ohnehin schon schreiben und lesen kann). Der Brief könnte beispielsweise von besonderen Ereignissen der letzten Zeit berichten: einem Besuch auf dem Spielplatz, vom Urlaub, eine Geschichte aus der Schule oder dem Kindergarten und so weiter. Außerdem könnte alles mögliche über die Familie und die Nachbarschaft in dem Brief stehen.

Nun darf Ihr Kind den Brief unterschreiben, in einen Umschlag stecken und die Briefmarke aufkleben. Dann machen Sie einen gemeinsamen Spaziergang zum Briefkasten und lassen Ihr Kind den Brief einwerfen. Wenn dann in der folgenden Woche die Antwort eintrifft, haben Sie gleich wieder was zu tun. Übrigens: Auch innerhalb der Familie sind »Brieffreundschaften« zwischen Geschwistern oder zwischen Eltern und Kind möglich. Dann sparen Sie sogar noch das Porto!

***Man braucht:***
- *Papier*
- *Briefumschläge*
- *Briefmarken*

# Philatelie

*Man braucht:*
- *Briefumschläge mit gestempelten Marken*
- *eine Schüssel mit Wasser*
- *Papier*
- *Klebstoff oder Klebeband*

Was versteht man unter Philatelie? Es ist nichts weiter als ein hochgestochenes Wort für »Briefmarkensammeln«. Und Briefmarkensammeln ist nicht nur eines der beliebtesten Hobbys auf der Welt, sondern auch eines, das man ganz leicht anregen kann – weil einfach jeder irgendwann mal Post bekommt.

Zugegeben, Ihre Tochter oder Ihr Sohn wird nicht gerade mit einer Sonderausgabe aus Monaco oder San Marino anfangen, aber Sie können ihr oder ihm zu einer netten kleinen Sammlung verhelfen mit den Marken, die Ihnen Tag für Tag ins Haus flattern. Lassen Sie Ihr Kind die Ecke mit der Marke aus dem benutzten Umschlag reißen und dann etwa eine halbe Stunde in Wasser einweichen. Dann kann man die Marke ganz leicht vom Papier lösen.

Als nächstes müssen die Briefmarken eingeordnet werden. Für den Anfang genügt es vielleicht, sie mit Klebstoff oder Klebeband auf Papier zu kleben. Fortgeschrittene Philatelisten möchten irgendwann vermutlich lieber ein Sammelalbum kaufen, in das die Marken ordentlich gesteckt werden können.

Wie viele verschiedene Marken kann Ihr Kind finden, einweichen, abziehen und sortieren? (Vgl. auch Münzsammlung Nr. 51 und Kinderpost Nr. 253.)

# Stadt – Land – Fluß

Ein Klassiker, der beliebig viele Teilnehmer in Schwung hält.

Jeder Teilnehmer zeichnet sich einen Raster aus senkrechten und waagerechten Linien auf seinen Bogen. Über die senkrechten Spalten werden dann folgende Überschriften gesetzt:

STADT LAND FLUSS BERG PFLANZE TIER NAME BERUF PUNKTZAHL

***Man braucht:***
- *Papier und Bleistift*

Ein Spieler buchstabiert im stillen das Abc, irgendwann ruft ein anderer: »Halt!« Der Buchstabe, bei dem der Spieler gerade angekommen war, ist nun der Anfangsbuchstabe für die gesuchten Wörter. Zu jeder Kategorie muß nun ein passendes Wort mit dem entsprechenden Buchstaben gefunden werden. Bei »K« wären das beispielsweise KÖLN / KOLUMBIEN / KOCHER / KILIMANDSCHARO / KIEFER / KALB / KARL / KOCH.

Alle füllen so schnell wie möglich ihre Spalten aus. Sobald ein Spieler »fertig« ruft, ist die Runde beendet. Nun wird verglichen. Gleiche Wörter werden gestrichen; für jedes andere Wort gibt es 10 Punkte.

Der Schwierigkeitsgrad dieses Spieles läßt sich ganz leicht dem Alter und den Fähigkeiten der Kinder anpassen. Bei den kleinen beschränkt man sich auf die einfachen Kategorien wie Tier, Beruf oder Name.

# Fotografisches Gedächtnis

Mit dieser Beschäftigung können Sie das Gedächtnis Ihres Kindes testen. Sie wählen ein Bild aus einem Lieblingsbuch oder einer Zeitschrift und lassen Ihr Kind das Bild betrachten. Dann halten Sie das Buch so, daß nur Sie hineinschauen können, und stellen Fragen, um herauszufinden, wie gut er oder sie das Bild beschreiben kann.

***Man braucht:***
- *Kinderbücher oder Zeitschriften*

Passen Sie Ihre Fragen dem Alter und dem Können Ihres Kindes an; bei kleineren Kindern stellen Sie einfache Fragen: »Was für eine Farbe hatte der Teddybär? – »War da ein Tier auf dem Bild?« Steigern Sie Schwierigkeitsgrad und Herausforderung, indem Sie komplizierte Fragen stellen: »Wie viele Tiere hast du gesehen?« – »Was haben die Leute getan?« Sie können den Schwierigkeitsgrad auch abwandeln, indem Sie die Zeitspanne verkürzen oder verlängern, während der Ihr Kind das Bild betrachten darf.

Für ältere Kinder darf's schon ein bißchen schwerer sein: Zeigen Sie ihnen kurz mehrere Bilder, alle auf einmal oder hintereinander. Dann stellen Sie Fragen zu Einzelheiten auf diesen Bildern – den Menschen, der Umgebung, worum es bei einem bestimmten Bild wohl geht. Stellen Sie die Kinder auch mit ein paar Fangfragen auf die Probe. Wenn auf einem der Bilder nur ein gelbes Haus zu sehen ist, fragen Sie nach dem weißen Haus und warten ab, was passiert. Wenn Sie mit Ihren Fragen fertig sind, zeigen Sie Ihrem Kind das Bild und sprechen darüber. Denn Bilder sagen einfach mehr als Worte.

# Fotostudio

Diese Beschäftigung gibt dem Begriff »Sofortbildkamera« eine ganz neue Bedeutung.

Sie brauchen einen großen Pappkarton, in dessen eines Ende Sie ein nicht zu kleines quadratisches Loch schneiden. Dann schneiden Sie ein rundes Loch in die gegenüberliegende Seite, gerade groß genug, daß das schmalere Ende eines Joghurtbechers hindurchpaßt. Schneiden Sie den Boden aus dem Becher heraus, und stekken Sie ihn durch das Loch. Damit haben Sie eine »Präzisionslinse«. Schneiden Sie nun einen Schlitz in die Seite oder in den Boden des Kartons, möglichst nahe bei dem quadratischen Loch. Dann zeichnen Sie noch einen Knopf auf die Seite als Auslöser. Zum Schluß breiten Sie ein Handtuch über das Ende mit dem quadratischen Loch und stellen die »Kamera« auf einen Hocker.

Bevor das Fotostudio eröffnet wird, sollten Sie ein paar Fotos der Personen heraussuchen, die sich porträtieren lassen wollen. Erklären Sie, daß sich die Fotografen früher bei den altmodischen Kameras ein Stück Stoff über den Kopf ziehen mußten. Ihr Kind kann nun dasselbe mit dem Handtuch tun und den Auslöser drücken, wenn der richtige Zeitpunkt für das Foto gekommen ist. Um die Bilder zu »entwickeln«, steckt Ihr Kind ganz einfach die jeweiligen Fotos (die Sie vorher schon herausgesucht hatten) von innen durch den Schlitz. Handgemalte Porträts sind übrigens auch geeignet. Also: Bitte lächeln!

***Man braucht:***

- *einen großen Pappkarton*
- *Schneidewerkzeuge*
- *Joghurtbecher*
- *Handtuch*
- *Familienfotos*

# Sparschwein

Sehen Sie sich eine runde Plastikflasche (von Putzmitteln, Ketchup, Sirup o. ä.) doch einmal von der Seite an – an welches Tier erinnert Sie das? Sollte es etwa ein Schwein oder gar ein Sparschwein sein?

Für ein Sparschwein nehmen Sie eine leere Plastikflasche und schneiden oben einen Schlitz hinein, der groß genug für eine Münze ist. (Das Schneiden sollte ein Erwachsener übernehmen.) Dann braucht das Schweinchen natürlich Beine, für die Ihr Kind leere Filmdosen, kurze Stücke eines Holzstabes oder kleine Medizindosen ankleben kann.

Nun kommt das Gesicht an die Reihe. Lassen Sie Ihr Kind die Augen mit Filzstift aufmalen – oder auf Papier zeichnen und dann ankleben. Das gleiche gilt auch für den Mund. Der Flaschendeckel ist schon die perfekte Rüsselnase, es fehlen nur noch die Nasenlöcher. Ein Rest Geschenkband, das hinten an die Flasche geklebt wird, ist ein prima Ringelschwanz, Pfeifenputzer oder Drahtverschluß wären ebenso geeignet.

Jetzt ist das Sparschwein einsatzbereit. Spendieren Sie ein paar Münzen für den Anfang, und schon ist Ihr Kind auf dem besten Wege, sich das Geld für sein Studium zusammenzusparen.

(Diese Beschäftigung ist für Kinder unter vier Jahren nicht geeignet.)

**Aufgepaßt!**

Kleine Teile

***Man braucht:***

- *eine runde Plastikflasche*
- *vier leere Filmdosen, Medizindöschen oder einen Holzstab*
- *Filzstifte*
- *etwas Geschenkband, Pfeifenputzer oder Drahtverschluß*

# Mini-Flipper

Dieses selbstgebastelte Spiel stellt die Geschicklichkeit Ihres Kindes auf die Probe – und macht dabei noch riesig Spaß!

Sie brauchen dazu ein Stück dicke Wellpappe, etwa 45 cm × 60 cm groß; die Seite eines großen Kartons tut es auch. Schneiden Sie vier oder fünf Löcher – etwas größer als ein Tischtennisball – hinein, und achten Sie darauf, daß die Löcher gleichmäßig über die Fläche verteilt sind. Dann ritzen Sie die vier Ränder der Pappe so ein, daß Sie jede Seite etwa 2,5 cm weit hochklappen können und ein Rahmen entsteht. Befestigen Sie die Ecken mit Klebeband aneinander, damit die Wände stehenbleiben.

Nun wird ein Tischtennisball auf den unteren Rand gelegt. Ziel des Spiels ist es, die Pappe so geschickt zu bewegen, daß der Ball die gegenüberliegende Seite erreicht, ohne in eines der Löcher zu fallen. Der Schwierigkeitsgrad des Spieles schwankt, je nachdem wie viele Löcher geschnitten werden und wie groß die Abstände zwischen den einzelnen Löchern sind. Man kann auch die verschiedensten »Puffer« aus Pappe aufkleben oder sogar den Rand entfernen, so daß der Spieler nicht nur den Löchern ausweichen, sondern obendrein noch darauf achten muß, daß der Ball nicht vom Spielbrett herunterrollt. Und als absoluten Härtetest versuchen Sie mal, mit mehreren Bällen gleichzeitig zu spielen!

***Man braucht:***

- *Schere (nur für die Eltern)*
- *ein Stück feste Wellpappe (45 cm × 60 cm)*
- *Klebeband*
- *Tischtennisbälle*

240

# Windrad

**Aufgepaßt!**

Scharfer Gegenstand

***Man braucht:***

- *festes Papier*
- *Wachsmal-kreiden, Filzstifte*
- *Schere*
- *Stecknadel*
- *etwas Pappe*
- *Bleistift mit Radiergummi*

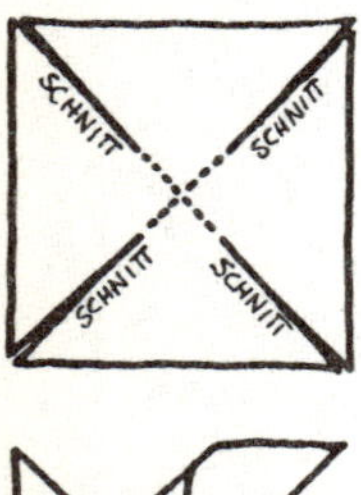

Für ein Windrad brauchen Sie ein Quadrat (etwa 15 cm Seitenlänge) aus festem Papier, das Ihr Sohn oder Ihre Tochter nach Belieben mit Streifen, Kreisen, Linien, Farbklecksen oder ähnlichem bemalen kann. Das bemalte Papier wird zweimal diagonal gefaltet. Dann wird das Rad »zusammengebaut«. (Das macht besser ein Erwachsener.) Schneiden Sie die diagonalen Linien bis etwa 2,5 cm vom Mittelpunkt entfernt ein (siehe Abbildung). Nun biegen Sie die vier Ecken zur Mitte, bis sie sich etwas überschneiden und Sie eine Stecknadel hindurchpieksen können. Stechen Sie mit der Nadel zuerst durch das Windrad und dann durch ein winziges Pappquadrat; dann stecken Sie die ganze Konstruktion durch den Radiergummi am Ende eines Bleistifts. Die Stecknadel sollte lang genug sein, damit sich das Windrad frei bewegen kann. Die Nadelspitze biegen Sie zurück, so daß kein scharfes Ende stehenbleibt.

Bewahren Sie das Windrad für einen windigen Tag auf, oder benutzen Sie es für die Wetterstation (Nr. 348), um festzustellen, aus welcher Richtung der Wind kommt. Ihr Kind kann sogar mit verschiedenen Größen herumexperimentieren und schauen, welches Rad sich am schnellsten dreht.

# Pfeifenputzer-Angeln

Diese Variante des Angelspiels (Nr. 182) erfordert schon eine gewisse Geschicklichkeit. Trotzdem haben auch kleinere Kinder schon ihren Spaß dabei, und man kann das Spiel im Schwierigkeitsgrad variieren.

Zuerst basteln Sie eine kleine Angelrute (wie in Nr. 182 beschrieben). Anstelle eines Magneten befestigen Sie diesmal allerdings einen Pfeifenputzer oder einen Drahtverschluß, die Sie zu einem Haken biegen, an der Angelschnur. Das Angeln macht noch mehr Spaß, wenn Sie die Rute zusätzlich mit Garn, Folie oder anderen Haushaltsmaterialien schmükken. Die Funktion darf dadurch natürlich nicht beeinträchtigt werden. Außerdem können Sie einen Schlüssel als »Senkgewicht« an die Schnur hängen.

Fertigen Sie Fische aus Pappe an, oder Sie schneiden Bilder von Fischen aus Zeitschriften aus und kleben sie auf Pappe. Machen Sie vorne neben das Fischmaul ein Loch, durch das Sie einen Drahtverschluß ziehen und zu einer Schlaufe biegen. (Sie können den Schwierigkeitsgrad abwandeln, je nachdem, ob Sie die Schlaufen größer oder kleiner machen.)

Dann verteilen Sie die Fische auf dem Fußboden und lassen Ihre Kinder von einem Sofa oder einem niedrigen Tisch aus die Angeln auswerfen. (Sofa und Tisch können sowohl ein »Ruderboot« als auch ein »Steg« sein.)

***Man braucht:***

- *Holzstab oder Pappröhre*
- *Schnur*
- *Tesakrepp*
- *Pfeifenputzer*
- *Drahtverschlüsse*
- *Pappe*
- *Schere*

***Wenn Sie wollen:***

- *Garn*
- *Folienreste*
- *Schlüssel*

# Elfmeter

Eltern sind in der Regel nicht gerade begeistert, wenn ihre Kinder als eingefleischte Fußballfans im Wohnzimmer Elfmeterschießen üben wollen. Wir zeigen Ihnen, wie Sie Ihr Kind an einem Regentag trainieren lassen können, ohne daß dabei gleich die Wohnung demoliert wird.

***Man braucht:***
- *drei Socken*
- *Gummiband*
- *einen Pappkarton*

Zunächst müssen Sie erst mal den Ball beiseite schaffen, das heißt natürlich den normalen Fußball. Ersetzen Sie ihn durch eine sichere, katastrophenfreie Alternative: zwei zusammengerollte Socken, von einer dritten umschlossen und mit einem Gummiband zugebunden. (Das ist übrigens eine phantastische Möglichkeit, einzelne Socken noch einer vernünftigen Verwendung zuzuführen.)

Nun fehlt noch das Tor. Ein mit der Öffnung nach vorne auf die Seite gestellter Pappkarton ist da gerade richtig. Damit er nicht umfällt, wird er gegen einen Stuhl oder gegen das Sofa gelehnt. Eine Entfernung von elf Metern ist natürlich unrealistisch, aber schließlich sind Ball und Tor ja auch kleiner als gewöhnlich. Passen Sie die Entfernung dem Können Ihres Kindes und den räumlichen Gegebenheiten an.

Sicherheitshalber sollten Sie aber doch alle zerbrechlichen Gegenstände aus der Nähe des »Spielfeldes« entfernen. Dann kann der Elfmeterschütze loslegen.

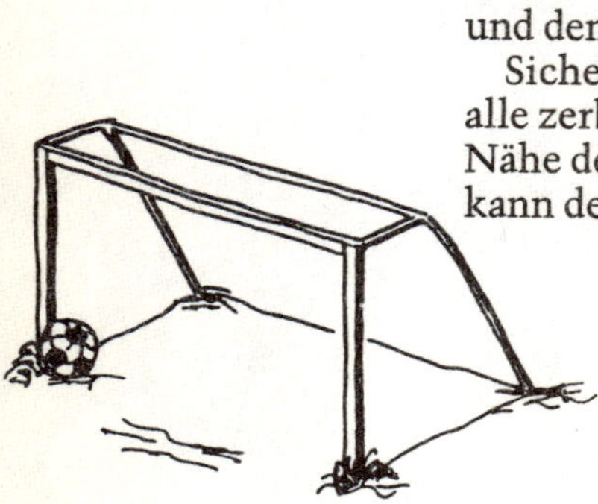

# Pizza-Service

Aauch bei uns werden die Pizzabäcker, die ofenfrische Pizza direkt ins Haus liefern, immer beliebter. Selbst wenn es diesen Service in Ihrer Stadt noch nicht geben sollte – gönnen Sie Ihrem Kind das Vergnügen, selbst Knetepizzas zu backen und auszuliefern, die man leider nicht essen, dafür aber gebührend bewundern kann.

Mischen Sie zuerst einen Klumpen Knete zusammen (das Rezept dafür finden Sie in Nr. 247 und das für Luxusknete in Nr. 248). Geben Sie Ihrem Kind ein Nudelholz – denn nur dünn ausgerollter Teig wird richtig knusprig – und ein Blech (oder einen Pappteller), auf dem die Pizza im »Ofen« gebacken wird. Ein Pappkarton fungiert als Ofen: Sie schneiden eine große Klappe in die Vorderseite, und Ihr Kind malt Schalter, Herdplatten und was sonst noch dazugehört mit Wachskreiden oder Filzstiften auf. Natürlich muß Ihr Kind die Pizza noch mit Käse bestreuen – kleine Eiernudeln sind dafür gerade recht.

Vor dem Backen möchte Ihr Kind die Pizza vielleicht mit ein paar Extrazutaten belegen – Pepperoni (große Knöpfe, die nicht verschluckt werden können), zur Abwechslung mal ein paar bunte Nudeln oder einfach alles, was gut und lecker aussieht.

Natürlich wird auch ein Schreibblock benötigt, um die Bestellungen aufzunehmen; dann müssen Sie nur noch auf das Klopfen an der Tür warten, das die Köstlichkeiten des heutigen Abends ankündigt.

***Man braucht:***
- *Knete (Nr. 247 oder Nr. 248)*
- *Nudelholz*
- *Pappkarton*
- *Filzstifte*
- *Notizblock*

***Wenn Sie wollen:***
- *große Knöpfe*
- *Nudeln*

# Der Tiger unterm Teller

Dieses Spiel kann eine gute Überleitung vom Essen zu anderen Abendbeschäftigungen sein, und es erleichtert Ihnen und Ihren Kindern vielleicht einmal den Verzicht auf das sogenannte Vorabendprogramm.

Sie sollten sich für dieses Spiel einen ordentlichen Vorrat von Bildern anlegen, die Sie aus vorhandenen Zeitschriften, Katalogen und Zeitungen ausschneiden. Wenn der Tisch gedeckt ist, sucht sich jedes Familienmitglied heimlich ein Bild aus dem Vorrat aus und legt es unter sein Set. Nach dem Essen verrät eine Person ein paar Einzelheiten über ihr Bild. Wer dann richtig rät, darf einen Zauberspruch sagen und das entsprechende Set hochheben. Simsalabim – schon kommt ein Bild des geheimnisvollen Tieres oder Gegenstandes zum Vorschein, und alle können es sehen. Dann ist der nächste am Tisch an der Reihe.

Als Variante kann auch ein Kind alleine den Tisch decken und ein Bild für jeden Platz aussuchen. So steht das Kind während des ganzen Spiels im Mittelpunkt des Geschehens. Gleichzeitig ist es gezwungen, sich genau zu merken, welches Bild unter welchem Set liegt. Außerdem wird dabei noch der Tisch gedeckt – wenigstens einigermaßen.

***Man braucht:***
- *Bilder aus Zeitschriften*
- *Sets*
- *Essen am Tisch*

245

# Planetenmobile

Hat Ihr Kind bereits ein paar Grundkenntnisse über unser Sonnensystem? Dann wird es sich bestimmt über ein Planetenmobile in seinem Kinderzimmer freuen.

Für das Mobile müssen Sie eine ganze Reihe von Kugeln aus Pappmaché (siehe Nr. 230) basteln. Der Trick dabei ist, die Kugeln in den richtigen Größenverhältnissen herzustellen. Das geht recht einfach, wenn man Ballons als Formen für die größeren Planeten nimmt; der Rest muß dann allerdings von Hand auf das richtige Maß gebracht werden.

Folgende Größenverhältnisse können Sie für Ihr Mobile verwenden (in Zentimetern): Merkur (3/4), Venus (15/8), Erde (2), Mars (5/4), Jupiter (22), Saturn (20), Uranus (8), Neptun (8), Pluto (1/2). (Dies ist auch die Reihenfolge der Planeten, von der Sonne nach außen.) Vergessen Sie nicht, einen Haken aus Draht oder einem Pfeifenputzer in jeden Planeten einzubauen.

Wenn das Papier ganz getrocknet ist, werden die Planeten angemalt. Aus Pappe können Sie einen tollen Ring für den Saturn schneiden. Dann befestigen Sie Fäden an dem Haken und hängen die Planeten an einem Holzstab (oder an Haken an der Decke) auf. Nun ist das Mobile fertig. Besonders spannend ist es, die Himmelskörper nachts mit der Taschenlampe zu betrachten.

**Aufgepaßt!**

Ballon

***Man braucht:***

- *Ballons (nur für Erwachsene)*
- *Pappmaché (Nr. 230)*
- *Draht oder Pfeifenputzer*
- *Temperafarben*
- *Pappe*
- *Faden*
- *Holzstab*

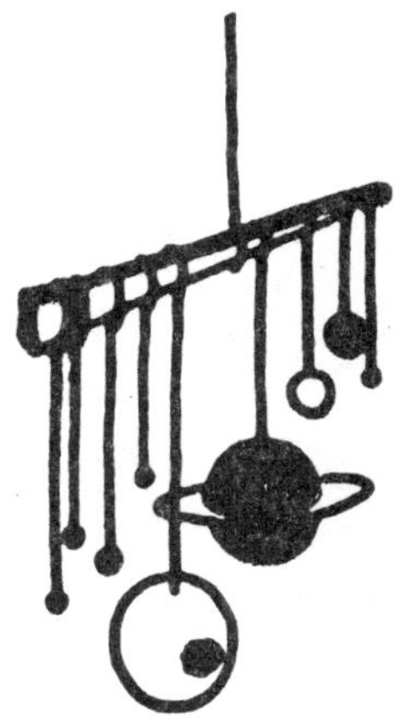

# Pflanzenkarte

Ihr Kind hat zweifellos schon viele Bilder von Pflanzen gesehen, die in seinem Garten oder in der Nachbarschaft nicht zu finden sind. Wo wachsen nun diese Pflanzen? So können Sie's herausfinden!

Sie brauchen dazu eine nicht zu kleine Weltkarte (auch eine Europakarte kann den Zweck erfüllen) und Bilder der verschiedensten Pflanzen und Bäume. Ein Reisemagazin verhilft Ihnen sicher zu einem guten Start, obwohl auch auf den Anzeigenseiten einer gewöhnlichen Zeitschrift meist viele geeignete Bilder zu finden sind. Wenn Sie beispielsweise ein Bild von Weizenfeldern finden, dann könnten Sie ein kleines Stück davon in Mitteleuropa oder auch im Mittelwesten der USA plazieren. Ein Kaktus landet zum Beispiel in Südspanien oder in Arizona. Palmen kommen rund ums Mittelmeer, aber auch in Kalifornien und Florida vor.

Wenn Sie erklären, wo die Pflanzen wachsen, können Sie außerdem über die Eigenschaften der verschiedenen Bäume und Sträucher sowie ihrer Früchte sprechen: daß der Kaktus sticht und die Ananas süß schmeckt.

Je mehr Sie wissen, desto mehr Spaß werden Sie und Ihr Kind bei diesem Spiel haben. Deswegen ist vielleicht ein Besuch in Ihrer Stadtbücherei oder dem nächsten Buchladen fällig.

***Man braucht:***

- *Weltkarte oder Atlas*
- *Bilder von Pflanzen*

# Knete

Schon immer *der* Renner bei Kindern aller Altersstufen (und ihren Eltern). Unsere Knete ist leichter formbar als Ton – und hinterher auch leichter wegzuwischen.

Das Kochen sollte immer ein Erwachsener übernehmen. Man vermischt 1½ Tassen Mehl, 1 Tasse Salz und 1 Eßlöffel gemahlenes Alaun (bekommt man in der Apotheke), fügt 1 Eßlöffel Öl und 1 Tasse kochendes Wasser hinzu und rührt, bis die Masse erkaltet ist. Dann wird Speisefarbe eingeknetet. (Das wird Ihr Kind mit Wonne übernehmen.) Sobald die Knete fertig ist, geben Sie Ihren Kindern Plätzchenausstecher, Nudelholz, Knoblauchpresse, Spachtel und alles, womit man schneiden und formen kann. Auch Kindergeschirr, -töpfe und -besteck sollten nicht fehlen, falls Ihre Kinder Lust auf eine Knete-Party haben.

Knete ist monatelang haltbar. Bewahren Sie sie immer in einem luftdichten Behälter auf, wenn sie nicht benutzt wird, sonst trocknet sie aus. (Glücklicherweise läßt sich auch die vertrocknete Knete wieder verwenden, wenn sie mit Wasser besprenkelt und dann wieder in einem Behälter verschlossen wird. Nach ungefähr einem Tag herausnehmen und durchkneten, dann ist sie so gut wie neu.)

In Nr. 248 finden Sie ein etwas aufwendigeres Rezept für Knete von feinerer Beschaffenheit.

**Aufgepaßt!**

Herd

***Man braucht:***

- *Mehl*
- *Salz*
- *Wasser*
- *Speiseöl*
- *Alaun*
- *Behälter*
- *Plätzchenausstecher*
- *Küchengeräte*
- *Lebensmittelfarbe*

# Luxusknete

Wenn das einfache Rezept (Nr. 247) Ihrem Kind Spaß gemacht hat, finden Sie hier eine verfeinerte Variante Knete von fester und besserer Konsistenz. Das Rezept für Luxusknete erfordert keinen Doktortitel in Chemie, aber kräftige Arme und Handgelenke brauchen Sie schon.

In einem Topf vermischen Sie 3 Tassen Mehl, 1½ Tassen Salz, 3 Tassen Wasser, 2 Eßlöffel Speiseöl, 1 Eßlöffel Weinsteinpulver und ein paar Tropfen Lebensmittelfarbe. Erwärmen Sie die Mischung langsam (Aufgabe eines Erwachsenen) unter ständigem Rühren, bis die Masse sich von den Seitenwänden des Topfes löst und Sie den Löffel nicht mehr bewegen können. (Das ist der Teil, für den Sie Muskeln brauchen.) Nun nehmen Sie die Mischung aus dem Topf und kneten sie nach dem Abkühlen drei bis vier Minuten lang durch, bis sie geschmeidig ist. Dann kann's losgehen.

Lassen Sie Ihre Kinder mit Nudelhölzern, Plätzchenausstechern, Schraubdeckeln (zum Ausstechen von Kreisen) und verschiedenen Küchengerätschaften, mit denen sich die Masse formen läßt, die Knete bearbeiten. Mit einer Knoblauchpresse können witzige und bizarre Muster entstehen.

Bewahren Sie die Luxusknete in dicht schließenden Behältern auf. Sollte sie dennoch einmal austrocknen, können Sie sie mit ein paar Tropfen Öl oder Wasser »reaktivieren«.

**Aufgepaßt!**

Herd

***Man braucht:***
- *Mehl*
- *Salz*
- *Wasser*
- *Speiseöl*
- *Weinsteinpulver*
- *Lebensmittelfarbe*
- *Topf*
- *Behälter*
- *Küchengeräte*

# Kinderbüro

Wenn Sie oder Ihr Partner in einem Büro arbeiten, wird diese Beschäftigung einen besonderen Reiz für Ihr Kind haben. Der Bau eines Kinderbüros gehört dazu.

Zunächst braucht man natürlich einen Schreibtisch. Wenn Sie einen Kindertisch haben, stellen Sie ein paar Schuhschachteln auf die hintere Hälfte. Das können die Ablagen für ein- und ausgehende Post sein. Falls Sie keinen Tisch haben, leistet auch ein hochkant gestellter, stabiler Pappkarton gute Dienste. Bewahren Sie ein paar Tage lang alle überflüssigen Postsendungen auf – es ist wichtige Korrespondenz für Ihren Junior-Manager, die in die Ein- und Ausgangsablagen gelegt wird.

Es fehlen noch Filz- und Buntstifte, Schmierpapier, ein altes Scheckbuch, Klebeband, ein Taschenrechner und alles, womit Ihr zukünftiger Top-Manager sonst noch gefahrlos spielen kann.

Wollen Sie auf dem neuesten Stand der Technik sein? Dann bauen Sie einen Computer aus einem Pappkarton. Sie malen einen Bildschirm mit Wachskreiden oder Filzstift, schneiden einen Schlitz ins untere Ende (das Diskettenlaufwerk) und fertigen schließlich noch ein paar Pappdisketten an. Für die Tastatur brauchen Sie ein Stück Pappe, etwa 60 cm × 20 cm, auf das die Tasten gemalt werden. Was fehlt jetzt noch? Ein Telefon natürlich! Nun können Sie sich zu einer geschäftlichen Besprechung treffen. Oder wäre ein Geschäftsessen nicht doch noch besser?

***Man braucht:***
- *Kindertisch oder Pappkarton*
- *Werbesendungen etc.*
- *Wachsmalkreiden, Bunt- oder Filzstifte*
- *Spielzeugtelefon*
- *Schuhkartons*
- *Büromaterial*

# Kinderzimmer-Sternwarte

Bei diesem einfachen Spiel kann man nachvollziehen, wie es ist, den Mond und die Planeten durch ein echtes Teleskop zu beobachten.

Sie brauchen eine Papprolle von mindestens 5 cm Durchmesser (bekommt man in den meisten Künstlerbedarfs- und Schreibwarenläden) sowie einen großen Karton (mindestens 75 cm breit), der sich hochkant stellen läßt. Schneiden Sie auf der einen Seite ein Loch, das etwa 5 cm, und auf der anderen Seite ein Loch, das etwa 20 cm vom oberen Rand entfernt ist. (Nicht vergessen: Das Schneiden übernimmt ein Erwachsener.) Die Löcher sollten jeweils gerade groß genug sein, daß die Papprolle fest darinnen sitzt. Damit ist der Ständer des Teleskops fertig (siehe Abbildung).

Als nächstes malen oder kleben Sie kleine Zeitschriftenbilder von den Planeten, vom Mond, von Kometen etc. auf Kärtchen aus Papier. Richten Sie das Teleskop tagsüber auf ein Fenster, oder auf einen Lampenschirm (keine nackte Glühbirne), wenn es dunkel ist. Dann halten Sie eine Zeichnung oder ein Foto gegen das offene Ende des Telekops, und Ihr Kind darf hindurchschauen. Lassen Sie sich beschreiben, was er oder sie am »Himmel« sehen kann, bevor Sie eine weitere Karte zeigen. (Vielleicht eignen Sie sich sogar noch ein paar astronomische Grundkenntnisse an, dann können Sie mit ein paar beindruckenden Tatsachen aufwarten.)

***Man braucht:***
- *eine Papprolle (mindestens 5 cm Durchmesser)*
- *einen Karton (mindestens 75 cm breit)*
- *Schere*
- *Zeitschriften zum Ausschneiden*
- *Klebstoff*
- *Papier*
- *Stifte, Wachsmalkreiden*

# Eisstöckchen-Architektur

Würden Sie ein richtig schönes Stück Holz einfach wegwerfen? Warum tun Sie das dann mit Eisstöckchen? Sie sind nämlich bestes Baumaterial, wie Sie bei dieser Beschäftigung feststellen werden.

Der erste Teil bringt eine undankbare Aufgabe mit sich: Irgend jemand muß sich opfern und jede Menge Eis am Stiel essen, um einen Vorrat an Stöckchen anzusammeln. Wenn diese Pionierarbeit geleistet ist, wird es Zeit, die Stöckchen zu verwerten.

Ihre Tochter oder Ihr Sohn kann mit ungiftigem Klebstoff Häuser, Bahnhöfe, sogar Schiffe und U-Boote bauen. Nur die eigene Phantasie setzt den Kindern dabei Grenzen. Sie können natürlich ein wenig nachhelfen, indem Sie ein paar wichtige Tips zum Bau von richtig stabilen Konstruktionen geben. Auf der Spitze stehende Türme sind nach unseren Erfahrungen nicht besonders langlebige Gebäude. (Für kompliziertere Bauwerke ist es am besten, die Unterkonstruktion gut trocknen zu lassen, bevor weitergearbeitet wird.)

Viele Kinder entscheiden sich für abstrakte Formen, wenn sie mit Eisstöckchen bauen. Das ist auch ganz in Ordnung. Selbst künftige Frank Lloyd Wrights müssen einmal klein anfangen.

***Man braucht:***
- *Eisstöckchen*
- *ungiftigen Klebstoff*

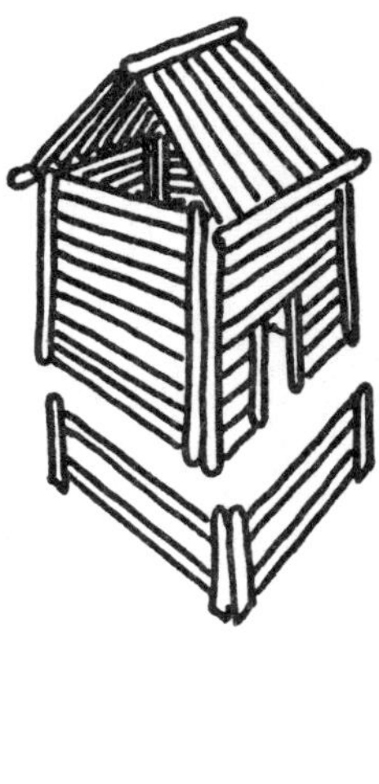

# Porträtmaler

**Man braucht:**
- *große Bögen Papier*
- *Wachsmalkreiden, Filzstifte oder Wasserfarben*
- *große Bögen Pappe oder Plakatkarton*
- *Abdeckplane*
- *Klebstoff oder Klebeband*
- *Stuhl*

Bei dieser Beschäftigung schlagen Sie zwei Fliegen mit einer Klappe: Sie sparen einen großen Batzen Geld für ein Familienporträt, und Ihr Kind hat einen Mordsspaß dabei.

Improvisieren Sie eine Staffelei, indem Sie ein festes Stück Pappe gegen eine Stuhllehne stellen. (Den Stuhl decken Sie vorher am besten ab.) Geben Sie Ihrem Kind ein großes Blatt Papier, Wachsmalkreiden, Filzstifte oder Wasserfarben, und befestigen Sie das Papier mit Klebeband an der Pappe. Ein Kittel und ein richtiger Malerhut (siehe Papierhüte Nr. 226) machen die Ausrüstung komplett.

Dann rufen Sie die Familie zusammen, und Ihr Kind darf bestimmen, was die einzelnen tragen und wo sie stehen oder sitzen sollen. (Das führt unter Umständen zu ein paar abenteuerlichen Gruppenszenen.) Auch bei Einzelporträts entscheidet Ihr Kind über die Pose, den Gesichtsausdruck und so weiter.

Wenn die Malerei fertig ist, machen Sie Rahmen aus großen Pappbögen. Vielleicht ist es auch notwendig, die Bilder auf ein Stück Pappe zu kleben (mit Klebstoff oder Klebeband), damit sie sich nicht zusammenrollen. Schreiben Sie das Datum und die Namen der Abgebildeten auf die Rückseite des Meisterwerks – Ihre Kinder werden es zu schätzen wissen, wenn sie einmal erwachsen sind.

Heute Ihr Wohnzimmer. Und morgen der Louvre.

# Kinderpost

Fast alle Kinder finden Postämter faszinierend. Falls Ihre kleine Tochter oder Ihr Sohn noch nie auf der Post war, machen Sie am besten einen kleinen Ausflug, bevor Sie sich an diesem Spiel versuchen.

Ein Stuhl mit offener Lehne ist ein einfacher Postschalter, aus einem großen Pappkarton läßt sich schon etwas Aufwendigeres basteln. In jedem Fall braucht der Postbeamte oder die Beamtin eine Brief- oder Küchenwaage, um die Sendungen zu wiegen. Ein Stempelkissen mit ungiftiger Tinte und ein Stempel (das kann auch ein selbstgemachter sein, siehe Nr. 255) sind auch nicht zu verachten.

Und wenn man schon einen Stempel hat, dann muß es auch etwas zum Abstempeln geben. Ihre Kinder können briefmarkengroße Papierschnipsel bemalen und Doppelklebeband auf die Rückseite kleben. Jetzt kann das Postamt seinen Schalter öffnen.

Liefern Sie Umschläge von Werbesendungen, alte Briefe, kleine Päckchen (Lebensmittelschachteln, die in gebrauchtes Packpapier eingeschlagen werden), und ähnliches am Schalter ein. Geben Sie älteren Kindern auch eine Welt- oder Europakarte, damit sie je nach Entfernung das Porto bestimmen können. (Das ist eine gute Gelegenheit, ein bißchen Geographie zu lernen.) Kleine Kinder werden Ihnen wahrscheinlich erzählen, daß das Porto immer gleich ist. Sie sollten das lächelnd zur Kenntnis nehmen und zahlen (siehe auch Nr. 234 Philatelie).

***Man braucht:***
- *Umschläge und Schachteln*
- *Papier*
- *Bunt- oder Filzstifte*
- *Doppelklebeband*

***Wenn Sie wollen:***
- *Waage*
- *Stempelkissen und Stempel*
- *Weltkarte*

# Kartoffelköpfe

Aus einfachen Kartoffeln lassen sich die urigsten Gestalten basteln.

Nehmen Sie eine möglichst große Kartoffel, die Sie mit einer kräftigen Bürste reinigen. Nun geben Sie Ihrem Kind Modelliermasse oder Knete (Nr. 247), aus der es Nase, Mund und Ohren formen kann. Auch aus Filzresten und Buntpapier lassen sich Augen, Mund, ein Schnurrbart oder Haare machen. Mit kleinen Stücken von Zahnstochern (die Sie zurechtgeschnitten haben) werden die Modelliermasse und der Filz an der Kartoffel befestigt. Ein alter Topfputzer aus Plastik gibt einen dichten Haarschopf ab. Wenn Sie mehrere Kartoffeln kaufen, können Sie gemeinsam mit Ihrem Kind eine ganze Kartoffelkopffamilie basten. Und bestimmt würde dem Kartoffelkopfmädchen ein Haarreif oder eine Schleife gefallen.

Und wie wär's mit einer oder zwei entkleideten Kartoffeln zum Abendessen?

***Man braucht:***

- *große Kartoffeln*
- *Modelliermasse oder Knete*
- *Buntpapier*
- *Filz*
- *Zahnstocher*
- *Bänder*
- *Topfschrubber*

# Kartoffeldruckerei

Ob Sie's glauben oder nicht: Sie brauchen nur einen Sack Kartoffeln und ein paar gewöhnliche Haushaltsgegenstände, um eine Heimdruckerei zu eröffnen.

Zuerst schneiden Sie eine Kartoffel der Länge nach auf. Geben Sie Ihrem Kind einen Filzstift und für jeden Buchstaben seines Vornamens eine Kartoffelhälfte, auf die es den jeweiligen Buchstaben SPIEGELVERKEHRT aufmalen soll. (Je nach Alter Ihres Kindes müssen Sie hier wohl noch ein bißchen helfen.)

Den nächsten Schritt müssen Sie dann wieder alleine übernehmen. Mit einem scharfen Küchen- oder Tapeziermesser schneiden Sie die Kartoffel um den Buchstaben herum etwa einen halben Zentimeter tief weg. Danach halten Sie die natürlich gewachsene Variante eines normalen Stempels in der Hand.

Jetzt gießen Sie etwas dicke Temperafarbe in einen flachen Behälter. Ihr Kind darf nun den hervorstehenden Buchstaben in die Farbe tunken und ihn dann auf ein Papier drücken. Voila! Mit den übrigen Buchstaben verfahren Sie ebenso, bis Ihr Kind seinen ganzen Namen gedruckt hat.

Natürlich kann Ihr Kind auch alles mögliche andere auf die Kartoffeln zeichnen. (Das hängt von seinen Zeichen- und Ihren Schneidekünsten ab!) Abstrakte Muster sind ebenfalls gut geeignet.

Aus verläßlicher Quelle wissen wir, daß auch Gutenbergs Mutter ihren Sohn auf diese Weise in sein Handwerk eingeführt hat.

**Aufgepaßt!**

Nur unter Aufsicht

***Man braucht:***

- *große Kartoffeln*
- *Filzstift*
- *ein scharfes Küchen- oder Tapeziermesser*
- *Temperafarbe*
- *Papier*

# Sackhüpfen

**Aufgepaßt!**

Nur unter Aufsicht

***Man braucht:***
- *alte Kopfkissenbezüge*

***Wenn Sie wollen:***
- *Küchenwecker*
- *Sofakissen*
- *Rasensprenger*

Die meisten von uns haben keine Möglichkeit, an echte Kartoffelsäcke heranzukommen, deswegen müssen wir uns mit Kopfkissenbezügen behelfen, wenn wir so ein richtig schönes altmodisches Sackhüpfen veranstalten wollen. (Verwenden Sie alte Bezüge, die auch kaputtgehen dürfen.) Jedes Kind steigt einfach mit beiden Beinen in den »Sack«, zieht den Stoff so weit wie möglich nach oben und hüpft dann auf eine Ziellinie zu. Das geht am besten draußen auf weichem Grasboden. Drinnen suchen Sie sich einen Raum mit Teppichboden und räumen alle Möbel auf die Seite. Verbauen Sie dabei alle Stufen – die Säcke sind nicht gerade ideale Fallschirme. Sicherheitshalber sollten Sie das Geschehen immer gut im Auge behalten.

Mit ein paar verrückten Regeln macht das Spiel gleich doppelt soviel Spaß. Zum Beispiel: Wer als erster das Ziel erreicht, *bevor* ein Wecker klingelt, hat verloren. Oder: Jeder Hüpfer muß vor Überquerung der Ziellinie ein bestimmtes Lied dreimal singen. Bauen Sie auch mal eine Hindernisstrecke – drinnen mit Sofakissen, draußen mit einem Rasensprenger!

# In den Pott

Bei diesem Spiel kommen die Riesenwürfel, die Sie nach der Anleitung Nr. 117 gebastelt haben, zum Einsatz.

Zunächst werden die Seiten eines Würfels mit verschiedenen Farben markiert. Dann stellt man ein halbes Dutzend Kochtöpfe auf dem Boden auf und legt jeweils ein Stück Buntpapier hinein oder befestigt es mit Klebeband an der Seite, so daß je ein Topf einer der Farben auf dem Würfel entspricht.

Nun würfeln Sie im Wechsel mit Ihrem Kind und versuchen, ein Bohnensäckchen oder einen Schaumstoffball in den Topf mit der gewürfelten Farbe zu werfen. (Die Bastelanleitung für ein Bohnensäckchen finden Sie in Nr. 19.)

Als Variante bestimmen Sie eine der Würfelseiten als »Joker«, bei dem Sie und Ihr Kind das Bohnensäckchen oder den Ball in irgendeinen der Töpfe werfen dürfen. Ältere Kinder können sich außerdem ein eigenes Wertungssystem ausdenken.

Das Spiel wird noch spannender, wenn Sie die Töpfe der Größe nach aufbauen (den kleinsten bei Ihnen, den größten weiter weg). Natürlich kann Ihr Kind die Töpfe aber auch nach Belieben arrangieren, falls das am geeignetsten erscheint.

***Man braucht:***

- *Riesenwürfel*
- *verschiedene Töpfe*
- *Buntpapier*
- *Bohnensäckchen oder Schaumstoffball*

# Brezelbäcker

Kinder machen sich mit Vorliebe in der Küche zu schaffen. Und am liebsten möchten sie dabei etwas produzieren, das die Eltern später für eßbar erklären können. Diese Rezept für Salzbrezeln ist ideal für Kinder aller Altersstufen.

Ein Päckchen Trockenhefe wird mit 4 Tassen Mehl, 1½ Tassen lauwarmem Wasser, einem ¾ Teelöffel Salz und 1½ Teelöffeln Zucker vermischt und gründlich geknetet, bis ein elastischer, glatter Teig entsteht. Den Teig in kleine Stücke schneiden, gehen lassen.

Jetzt kann der Spaß am Modellieren losgehen. Schlagen Sie Ihren Kindern vor, den Brezelteig zu rollen und daraus Buchstaben (vielleicht sogar einen ganzen Namen), Umrisse von Tierfiguren, Häusern oder Pflanzen oder wilde Muster zu formen – einfach alles, wozu sie gerade Lust haben. Dann verquirlen Sie ein Ei in einer zweiten Schüssel und bepinseln die Teigformen damit. Wenn Sie es salzig mögen, streuen Sie ein wenig (möglichst grobes) Salz auf jede Brezel.

Die fertigen Stücke werden etwa 15 Minuten bei 220 °C gebacken, bis sie goldbraun sind. Sobald die Brezeln abgekühlt sind, können Sie und Ihr Kind zum letzten und wichtigsten Schritt übergehen: sie gemeinsam verspeisen.

**Aufgepaßt!**

Herd

***Man braucht:***

- *ein Päckchen Trockenhefe*
- *Zucker*
- *Salz*
- *Ei*
- *Mehl*
- *Wasser*
- *grobes Salz*

# *Münz-Spaziergang*

Diese Beschäftigung ist eine Riesengaudi, vorausgesetzt, Sie haben etwas Zeit und das Wetter ist gut genug.

Bestimmt haben Sie schon öfter einen Spaziergang durch die Nachbarschaft gemacht, aber wetten, daß so einer wie dieser noch nie dabei war? Sobald Sie mit Ihrem Kind aus der Tür getreten sind, werfen Sie eine Münze. Bei Wappen gehen Sie zuerst nach links, bei Zahl nach rechts.

Das kitzlige Wo-werden-wir-bloß-landen-Gefühl ist eine aufregende Sache – und solange Sie auf diesen Münz-Spaziergängen immer mit dabei sind, kann auch niemand verloren gehen. Oder?

Hauptsache, Sie verlieren die Münze nicht.

**Aufgepaßt!**

Für draußen

***Man braucht:***

- *eine Münze*

# Regenbogenbilder

Für diese Beschäftigung braucht man eine ziemlich neue schwarze oder dunkelblaue Wachsmalkreide sowie eine beliebige Zahl von andersfarbigen Wachsmalkreiden und außerdem noch Papier (am besten recyceln Sie die unbeschriebenen Rückseiten von Blättern, die Sie von der Arbeit mitbringen).

Lassen Sie Ihr Kind mit Wachsmalkreiden verschiedene Streifen oder Farbkleckse dicht an dicht aneinandersetzen. Zum Schluß wird das ganze Blatt mit einer dicken Schicht von Blau oder Schwarz überzogen – so daß die darunterliegenden Farben kaum noch zu sehen sind.

Zeigen Sie Ihrem Sohn oder Ihrer Tochter, wie man mit einem speziellen Schaber (der meist zu einer Schachtel Wachsmalkreiden dazugehört) oder mit einem Löffelstiel vorsichtig die oberste Schicht abkratzt, so daß die darunterliegenden Farben hervorscheinen. Er oder sie kann auch ein Spieltier, eine Puppe, ein Auto oder ein anderes Muster auf die dunkle Deckschicht zeichnen und dann die schwarze oder blaue Farbe innerhalb dieser Umrisse wegkratzen.

Das Ergebnis sind Regenbogenbilder, wie sie schöner nicht sein könnten.

***Man braucht:***
- *Papier*
- *Wachsmalkreiden*
- *Schaber oder Löffelstiel*

# Lies mir was vor

Sie verbringen genug Zeit damit, Ihrem Kind etwas vorzulesen. Wie wär's also mit einem Rollentausch, bei dem Ihr Kind *Ihnen* aus einem Buch vorliest?

Diese Beschäftigung macht übrigens am meisten Spaß mit Kindern, die noch gar nicht lesen *können*. Sie geben dem Kind eines seiner Lieblingsbücher, lassen es auf Seite eins beginnen und lehnen sich zurück. Sie werden feststellen, daß Ihr Sohn oder Ihre Tochter sich besonders bemühen wird, die richtigen Satzstellungen und Betonungen zu finden, um wichtige Stellen der Geschichte hervorzuheben. Und auch die Teile dazwischen werden recht ordentlich »ausgefüllt«.

Keinesfalls dürfen Sie sich an den Improvisationen Ihres Kindes stören. Es macht nichts, daß »Es war einmal so ein großes Ding, das hat mit dem anderen großen Ding geredet, und dann kam der Hund und hat es GEFUNDEN« nicht die ganz korrekte Erzählform ist – Hauptsache, Sie haben verstanden, worum es überhaupt geht. (Gerade die kleinsten Leser erfinden manchmal sogar ganz neue Wörter!)

Also dann: Sitzen Sie still und passen Sie auf! Und: Wenn Sie mit unter die Bettdecke kriechen, wird's besonders kuschelig.

***Man braucht:***
- *ein Bilderbuch*

# Klingende Briefe

Verwandte, die irgendwo weit weg wohnen, sind in der Regel ganz wild darauf, Neuigkeiten über und von den Kindern in der Familie zu hören. Die herkömmliche Lösung für dieses Problem ist ein Brief des Kindes – der normalerweise ziemlich phantasielos ist: »Liebe Oma! Wie geht es Dir? Mir geht es gut. Deine Sarah.«

Damit sowohl Kind als auch Oma in Zukunft mehr Spaß an der Sache haben, nehmen Sie beim nächsten Mal einen Kassettenrecorder und lassen Ihr Kind folgendes tun: *Eine Lieblingsgeschichte vorlesen.* Auch kleinere Kinder können das Vorlesen meist ziemlich gut und äußerst amüsant imitieren. Wer will, kann mit Summen und Singen für Hintergrundmusik sorgen.

**Man braucht:**
- *Kasetten-recorder mit Mikrophon und Kassette*
- *Verpackungs-material*

*Das Kinderzimmer beschreiben.* Im Mittelpunkt sollten dabei die derzeitigen Lieblingsspiele, neue Bilder oder Geschenke der betreffenden Oma oder Tante stehen.

*Von den nächsten großen Ferien erzählen.* Wenn es da auch ein gemeinsames Familientreffen mit dem Adressaten geben soll, um so besser.

*Ein Lieblingslied singen.* Sie können mit einem Holzlöffel und einer Keksdose für ein paar Schlagzeugeinlagen im Hintergrund sorgen.

Ihr Kind kann Ihnen helfen, die Kassette zu verpacken und zu verschicken. Dann können Sie sich auf eine begeisterte Reaktion freuen.

# Kinderzimmerkneipe

Weil unser Sohn uns öfter ein recht anständiges Knete-Menü auftischt, haben wir ihm vorgeschlagen, sich damit selbständig zu machen. Das Ergebnis:

»Noah's Bistro«, unsre Kinderzimmerkneipe gleich um die Ecke.

Auch Ihr Kind kann sein eigenes Bistro eröffnen. Es braucht dazu nur etwas Plastikgeschirr und -besteck (das keine scharfen Spitzen oder Kanten haben sollte), ein paar leere Gewürz- und Lebensmitteldosen und Knete oder Modelliermasse.

Sie können entweder einen besonderen Tisch aufstellen oder sich an Ihrem Küchentisch bedienen lassen. Ihr Partner und Sie sollten sich zu der Gelegenheit auch mehr oder weniger elegant kleiden. Am besten schauen Sie sich den Laden erst einmal an, bevor Sie einen Tisch reservieren. Mehrere Kinder können sich als Koch/Köchin und Bedienung abwechseln.

Eine der faszinierendsten Aufgaben in diesem Spiel ist die Herstellung der Speisekarte. Kleinere Kinder können Bilder von verschiedenen Gerichten aus Zeitschriften auf Papier aufkleben und die Preise dafür festsetzen. (Wundern Sie sich nicht, wenn alles dasselbe kostet.) Sie können dann noch die Namen der Gerichte eintragen. Ältere Kinder haben wahrscheinlich mehr Spaß daran, ihr phantasievolles Speisenangebot selbst aufzuschreiben. Wer hat Appetit auf gegrillte Socken mit Bananensoße?

***Man braucht:***

- *unzerbrechliches Geschirr und Besteck*
- *Knete oder Modelliermasse*
- *verschiedene Dosen und Behälter*
- *einen großen Bogen Papier oder Plakatkarton*
- *Wachsmalkreiden oder Filzstifte*
- *Bilder aus Zeitschriften*

# Drei gewinnt nicht!

**Man braucht:**
- *Papier*
- *Bleistifte*

Diese Variante eines alten Kinderklassikers wird Ihre Kinder bestimmt begeistern.

Anders als bei »Drei gewinnt« geht es hier darum, *nicht* drei Kreuzchen oder Kringel in eine Reihe zu bekommen. Es ist eine erfrischende Abwechslung, die denjenigen, die das alte Spiel gewohnt sind, schon ein paar neue Überlegungen abverlangt. (Kinder stellen sich allerdings überraschend leicht darauf ein.)

Abgesehen vom Ziel des Spieles, ändert sich nur eine Regel: Derjenige, der anfängt, *muß* das mittlere Kästchen nehmen. Er oder sie hat damit in der betreffenden Runde einen leichten Nachteil – aber das gleicht sich nach ein paar Spielen von selbst wieder aus. (Sie erinnern sich wahrscheinlich, daß beim normalen »Drei gewinnt« das mittlere Kästchen am stärksten bevorzugt wird.) Die Spieler wechseln sich mit dem ersten Zug ab.

Versuchen Sie's einmal selbst: Es ist eine faszinierende Übung im Andersdenken!

# Spiegelschrift

Klar, Ihr Sohn oder Ihre Tochter kann seinen bzw. ihren Namen in normaler Schrift schreiben. Aber wie sieht es mit der Spiegelschrift aus?

Es gibt ein paar symmetrische Buchstaben, die von der Spiegelschrift nicht betroffen sind (A, H oder M zum Beispiel), aber bei den unsymmetrischen (wie J, Z oder R zum Beispiel) ist man gezwungen umzudenken. Außerdem muß natürlich die Reihenfolge der Buchstaben vertauscht werden. Leiten Sie Ihr Kind an, einen Satz erst ganz normal und dann spiegelverkehrt zu schreiben – ohne die Schrift zwischendurch im Spiegel zu kontrollieren. Der Spiegel darf nur zur Entschlüsselung ganzer Botschaften verwendet werden. (Es ist übrigens interessant zu sehen, bei welchen Buchstaben die Umkehrung nicht ganz gelingt.)

Halten Sie dieses Buch vor einen Spiegel, um die folgende spiegelverkehrte Botschaft zu entschlüsseln. Das ist ein guter Auftakt zu dieser Beschäftigung.

***Man braucht:***
- *Papier*
- *Stift*
- *Spiegel*

KANNST DU DAS LESEN?

# Reimspiel

Wollen Sie den Dichter in Ihrem Kind fördern? Dann ist dies Spiel genau das richtige:

Sie denken sich ein gewöhnliches Wort aus und fordern Ihre Tochter oder Ihren Sohn auf, so viele Reime wie möglich dazu zu finden. (Das Spiel eignet sich hervorragend, um das Sprachgefühl kleinerer Kinder zu entwickeln.) Als Beispiel sehen Sie im folgenden eine Liste von Reimwörtern zu »Spitze«, die Ihnen auch gleich eine Vorstellung vom möglichen Unterhaltungswert dieses Spieles geben kann.

***Man braucht:***
- *nur Ihre Zeit*

| | |
|---|---|
| Spitze | Sitze |
| Blitze | Witze |
| Kitze | Ritze |
| Hitze | Zitze |
| Litze | Skizze |

(Und noch ein paar kompliziertere Beispiele ...)

Berberitze
Matrize
Lakritze
Elritze

# Reisrasseln

Kinder lieben Lärm, und wenn sie ihn selber produzieren, ganz besonders. Die folgende Beschäftigung macht außer Spaß auch noch Lärm, und Ihr Kind kann gleichzeitig auch ein paar grundlegende Dinge über Rhythmus lernen.

Sie nehmen zwei gleich große Pappbecher und stellen sie nebeneinander. Dann füllen Sie den einen etwa viertel bis halb voll mit ungekochten Reiskörnern und stellen den leeren Becher umgedreht darauf, so daß die Ränder genau aufeinanderliegen. Dann wickeln Sie Paketklebeband zwei- oder dreimal um die Mitte, und schon können Sie und Ihr Kind mit Ihren Reis-Maracas eine Mambo-Band gründen.

***Man braucht:***
- *Reis*
- *Pappbecher*
- *Paketklebeband*

Am Anfang zeigen Sie Ihrem Kind am besten, wie es die verschiedensten Klänge und Rhythmen mit den Rasseln erzeugen kann, indem man die Schüttelbewegung ganz einfach forciert oder verlangsamt. Wenn sich Ihr Kind daran gewöhnt hat, fertigen Sie noch eine zweite Rassel für die andere Hand an und demonstrieren, wie man durch unterschiedlich schnelles Schütteln der »Instrumente« richtige Musik machen kann.

Eins, zwei, drei – Rumba!

# Römische Zahlen

Kann Ihr Kind römische Zahlen schreiben? Es gibt nur wenige Symbole (I = 1, V = 5, X = 10, L = 50, C = 100, D = 500, M = 1000) und zwei Regeln: Wenn eine Ziffer mit geringerem Wert vor einer mit höherem Wert steht, wird der Wert der zweiten um den Wert der ersten vermindert. Wenn eine Ziffer mit geringerem Wert nach einer mit höherem Wert steht, erhöht sich der Wert der ersten um den Wert der zweiten. Zeigen Sie Ihrem Kind die folgenden Zahlenbeispiele, dann kann es das Ganze selbst einmal probieren. (Man muß sich erst an das System gewöhnen; die meisten sind versucht, 9 als VIIII zu schreiben – aber das gab es bei den alten Römern nun einmal nicht.)

***Man braucht:***
- *nur Ihre Zeit*

| | |
|---|---|
| 1 = I | 9 = IX |
| 2 = II | 10 = X |
| 3 = III | 40 = XL |
| 4 = IV | 50 = L |
| 5 = V | 77 = LXXVII |
| 6 = VI | 94 = XCIV |
| 7 = VII | 100 = C |
| 8 = VIII | |

1776 = MDCCLXXVI
(1000 + 500 + 200 + 50 + 20 + 5 + 1)
1999 = MCMXCIX
(1000 + [1000 – 100] + [100 – 10] + [10 – 1]

Also: Was wären die römischen Zahlen für . . .

300
99
1001
1199
1552

# Wurzelwunder

Mit dieser Beschäftigung können Sie Ihren Kindern das wundersame Wachstum von Wurzeln direkt auf Ihrer Fensterbank demonstrieren.

Stecken Sie drei Zahnstocher von der Seite in die Mitte einer Kartoffel (siehe Abbildung). Hängen Sie die Kartoffel dann in ein wassergefülltes Glas, wobei sie von den Zahnstochern gehalten wird. Die Kartoffel sollte ungefähr zur Hälfte im Wasser hängen. Etwa nach einer Woche wird die Kartoffel im Glas Wurzeln schlagen, und auch die trockene Hälfte wird nach oben austreiben. Das gleiche funktioniert auch mit einem Avocadokern. Die spitzere Seite des Kerns sollte dabei nach oben zeigen. Nach unten werden Wurzeln wachsen, und nach oben wird sich ein Trieb mit Blättern entwickeln – Natur im Kleinformat!

Auch aus einer halben Ananas können Sie Wurzeln und einen Trieb ziehen – Sie kappen einfach die Spitze und hängen das Unterteil in eine Schüssel mit Wasser. (Sie brauchen dazu allerdings eine größere Schüssel und eine stabilere Aufhängung.)

Welches Obst oder Gemüse Sie auch wählen, nutzen Sie die Gelegenheit, um zu erklären, daß die Wurzeln Wasser für die Pflanze ansaugen und sie im Boden festhalten. Aber halten Sie sich nicht zu sehr mit dem pädagogischen Aspekt dieser Beschäftigung auf – keimende Kartoffeln, Avocados und Ananas sind einfach so schön anzuschauen.

***Man braucht:***
- *eine Kartoffel*
- *drei Zahnstocher*
- *Glas*

***Wenn Sie wollen:***
- *Avocadokern*
- *Ananas*

# Rubbelblätter – Blätterrubbeln

***Man braucht:***
- *frische Blätter*
- *Seidenpapier oder dünnes Papier*
- *Wachsmalkreiden*

***Wenn sie wollen:***
- *Baumbestimmungsbuch*

Die Natur bietet einen unerschöpflichen Vorrat an Bastelmaterialien. Ein gewöhnliches Blatt zum Beispiel. Im Herbst können Ihre Kinder Blätter zwischen Löschpapier pressen (siehe Nr. 172) und dann Collagen daraus machen.

Aber man muß nicht warten, bis sich die Blätter färben und zu Boden fallen, um sie für künstlerische Aktivitäten zu verwenden. Man pflückt ein paar kräftige Blätter und legt sie unter ein Stück Seidenpapier oder dünnes Schreibpapier. Dann rubbelt man mit Wachsmalkreiden darüber – und schon erscheinen der Umriß des Blattes, der Stiel und die Adern auf dem Papier.

Rubbelbilder von Blättern sind ebenso schön zu machen wie anzusehen, aber man kann dabei auch eine Menge über die verschiedenen Arten von Bäumen lernen. Wenn Sie allerdings eine Eiche oder einen Ahorn nicht von einem *liriodendron tulipifera* (Tulpenbaum) unterscheiden können, sollten Sie sich am besten ein Baumbestimmungsbuch zulegen.

Anhand der Blätterbilder läßt sich auch einiges über die Bauweise von Pflanzen vermitteln. Erklären Sie, daß die Adern im Blatt genau wie die Blutgefäße in unserem Körper die Nährstoffe transportieren und die Pflanze so am Leben erhalten.

Und wie wäre es, wenn Sie eine kleine Sammlung mit Rubbelbildern von Blättern der Bäume in Ihrer Nachbarschaft anlegen? Da können Ihre Kinder doch gleich mal sehen, welche Gemeinsamkeiten sie mit ihren Nachbarn verbinden!

271

# Gummiseilspringen

In den meisten Haushalten gibt es eine Schachtel, Schublade oder Plastiktüte, in der die Gummibänder aufbewahrt werden, mit denen einmal Zeitungen, Lebensmittel und andere Produkte zusammengebunden waren. Ziehen Sie die größten aus dem Knäuel heraus, und knoten Sie sie zu einem langen Strang zusammen (je länger, desto besser!). Denken Sie daran, daß dünne Gummibänder leicht reißen; halten Sie sich daher besser an die dicken.

Jetzt kann es losgehen. Gummibandseile sind aufregende Springseile für ein oder mehrere Kinder. Sie können das eine Ende an einen Türgriff binden, falls Sie kein Dreiergespann haben. Kennen Sie noch ein paar passende Kinderreime dazu? Aber das ist noch nicht alles: Sie könnten selbst einen Limbo-Tanzwettbewerb starten. (Wer kommt wohl am tiefsten runter?) Und auch für Hochsprungturniere läßt sich das Seil bestens verwenden.

Dieses Spielzeug ist einfach, kostet nichts und ist (vor allem) ein Riesenspaß – was will man mehr?

(Die Eltern sollten ein wachsames Auge haben, da das Springseil leicht zurückschnappen kann. Kleine Kinder sollten noch nicht damit spielen.)

**Aufgepaßt!**

Nur unter Aufsicht

**Man braucht:**

- *Gummibänder*

# Die Regel des Tages

Kann Ihr Kind einen ganzen Tag lang das Wort »ja« vermeiden? Oder nicht auf dem Sofa sitzen? Oder kein Wort verwenden, das mit »W« anfängt?

Wer weiß ... Ein Versuch lohnt sich bestimmt. Im folgenden sind noch mehr verrückte Regeln des Tages aufgeführt. Mal sehen, ob Ihr Kind sie von Sonnenauf- bis -untergang befolgen kann.

**Man braucht:**
- *nur Ihre Zeit*

*Hüpf immer dreimal auf und ab, bevor du die Küche betrittst.*

*Sprich deine Geschwister immer mit ihrem vollständigen Namen an.*

*Öffne alle Türen mit der linken Hand.*

*Sag das Alphabet auf, bevor du dich irgendwo hinsetzt.*

*Schnips mit den Fingern, wenn jemand deinen Namen nennt.*

*Gehe mindestens sechsmal fünf Minuten lang mit einem Buch auf dem Kopf herum.*

*Immer wenn du an einem Spiegel vorbeigehst, zähle von 10 an rückwärts.*

*Mach zehn Hampelmänner, sobald das Telefon klingelt.*

*Vermeide die Wörter »ich« oder »mein« (sehr schwierig).*

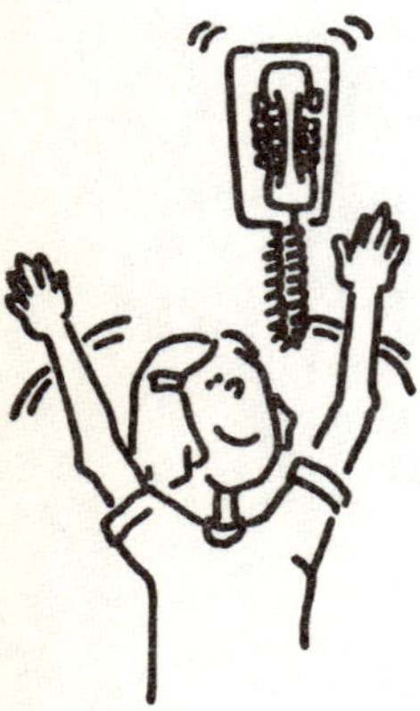

Für die Bewältigung solcher Herkulesarbeit setzen Sie am besten noch eine zusätzliche Regel fest: Jeder, der mitgemacht hat, bekommt eine hausgemachte Leckerei spendiert.

# Wurfspiel

Eine sichere und spannende Alternative zu Dart-Pfeilen, die aber mindestens ebensoviel Geschick erfordert.

Zuerst versehen Sie einen Tischtennisball mit Punkten aus selbstklebendem Klettband. In gut sortierten Kurzwarenläden können Sie fertige Klettpunkte bekommen. Als nächstes machen Sie eine Zielscheibe. Dafür brauchen Sie ein Stück Pappe (etwa 60 cm × 60 cm), das mit Flanell, Wollstoff oder Filz überzogen wird. Kleben Sie den Stoff auf der Rückseite fest. (Wer mag, kann natürlich auch die herkömmliche runde Zielscheibe basteln.) Die Zielscheibe wird auf den Fußboden oder auf einen Polstersessel gestellt. Eine andere Möglichkeit ist, einen gummierten Aufhänger auf der Rückseite zu befestigen und die Scheibe an die Wand zu hängen.

Die Kleinen werden mit Wonne die Tischtennisbälle auf die Zielscheibe werfen und sich freuen, wenn sie dran hängenbleiben. Für ältere Kinder kann man mit Filzstreifen, Textilfarbe oder verschiedenfarbigem Filz mehrere Abschnitte kennzeichnen. Manche Abschnitte zählen als Plus-, andere als Minuspunkte. Einige Abschnitte könnten den Spieler einen seiner Bälle kosten, während bei anderen Freiwürfe zu gewinnen sind. Wieder andere Abschnitte könnten dem Spieler unbequeme Haltungen für den nächsten Wurf vorschreiben.

Ziel des Spieles sollte es sein, einfach eine gewisse Fertigkeit im Spiel zu gewinnen – nicht, einen Gegner zu schlagen.

***Man braucht:***

- *Tischtennisbälle*
- *selbstklebendes Klettband*
- *Pappe*
- *Flanell, Wollstoff oder Filz*
- *Klebstoff oder Klebeband*
- *Filzstifte oder Textilfarbe*

# Sandmalerei

***Man braucht:***
- *Sand*
- *weißen Holzleim*
- *Papier*
- *Temperafarbe*
- *Wattestäbchen*
- *Stifte*

**Wenn Sie wollen:**
- *Spielzeug oder Bilder zum Abmalen*

Wenn Ihr Sohn oder Ihre Tochter das nächste Mal vom Spielplatz kommt mit Schuhen und Hosenbeinen voller Sand, sollten Sie nicht gleich den Staubsauger rausholen – sondern den Sand für eine Malaktion aufheben.

Für ein Sandgemälde zeichnet man zuerst einen Gegenstand oder eine Szene mit weichem Bleistift auf ein Blatt Papier. Sie können auch ein Spielzeug als Schablone nehmen oder die wilden Muster einer Kinderzeichnung verwenden. Dann gießt man einen Klecks weißen Leim auf einen alten Plastikdeckel und verteilt den Leim mit einem Wattestäbchen auf der Zeichnung. Die Schicht sollte so glatt und eben wie möglich sein und die Linien der Zeichnung nicht überschreiten. Dann wird eine gleichmäßige Lage Sand auf das Bild gestreut. Sobald der Leim getrocknet ist, kann der Sand mit Temperafarbe bemalt werden.

Zum Schluß läßt sich die Sandmalerei noch durch weitere Zeichnungen oder Bilder ergänzen. So könnte Ihr Kind beispielsweise in das Sandgemälde eines Dinosauriers noch Bäume und Himmel als Hintergrund zeichnen oder das Sandbild eines Hauses mit Zeitschriftenfotos von Menschen und Autos versehen. So oder so entsteht bestimmt ein kleines Kunstwerk, das es wert ist, einen Stammplatz in der Familiengalerie zu bekommen.

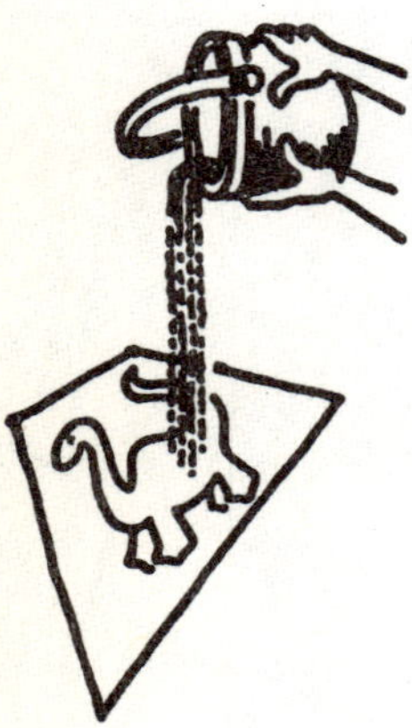

# Sardinen-Verstecken

Das traditionelle Versteckspiel ist nach wie vor *der* Renner in den meisten Familien. Die folgende Variante eignet sich für ein Gruppe von Kindern, die viel Platz zum Spielen haben.

Eines der Kinder läuft los und sucht ein Versteck, das groß genug ist, um der ganzen Gruppe Unterschlupf zu bieten: eine Abstellkammer zum Beispiel oder der Platz unter einem Doppelbett. Nachdem es bis 50 gezählt hat, macht sich ein zweites Kind auf die Suche nach dem Versteck des ersten. Wenn das zweite Kind das erste gefunden hat, krabbelt es ebenfalls in das Versteck.

In der Zwischenzeit hat ein drittes Kind bis 45 gezählt und sich ebenfalls auf die Suche begeben. Sobald es die anderen zwei findet, kriecht es zu ihnen in das Versteck. Das vierte Kind hat inzwischen nur noch bis 40 gezählt und beginnt dann mit der Suche.

So geht es weiter, bis nur noch ein Kind übrigbleibt. Seine Aufgabe ist es nun, die anderen zu finden, was in der Regel aber nicht schwer ist. Das Kichern und Prusten ist nämlich meistens nicht zu überhören!

***Man braucht:***
- *nur Ihre Zeit*

# Stöberjagd

Sind Sie früher bei einem Kindergeburtstag oder im Zeltlager je auf Stöberjagd gegangen? Falls nicht, dann hat man Ihnen eine der großen Freuden der Kindheit vorenthalten. Aber Sie können den Spaß ja nachholen.

Stellen Sie eine Liste von Gegenständen in der Wohnung, im Garten oder in der Nachbarschaft zusammen (je nachdem, wie weit Sie die Stöberjagd ausdehnen wollen). Machen Sie dabei genaue Angaben. Die Kleinen, die noch nicht lesen können, dürfen auch mitspielen, indem Sie ihnen ein bebilderte Liste in die Hand drücken. Zeichnen Sie schlichte Bilder der Gegenstände, die gesucht werden sollen. Machen Sie's einfach: ein blauer Strumpf, ein roter Lastwagen, ein Buch über Teddybären und so weiter. Geben Sie Ihrem Kind die Liste und eine Tasche oder einen Korb, die für dieses Spiel besonders geschmückt wurden, und gehen Sie mit, dann macht's nämlich gleich noch einmal soviel Spaß.

Lassen Sie alle gemeinsam die Liste erstellen, und stoppen Sie die Zeit, damit das Team versuchen kann, beim nächsten Mal noch schneller zu sein. Zur Abwechslung können Ihre Kinder auch einmal eine Liste von Gegenständen anfertigen, die Sie dann aufstöbern müssen. Wenn Sie dabei Schwierigkeiten haben, lassen Sie sich von einem Kleinkind helfen – manche Dinge kann man oft besser erkennen, wenn man etwas näher am Boden ist.

***Man braucht:***

- *Papier*
- *Bunt- oder Filzstifte*
- *Haushaltsgegenstände*

***Wenn Sie wollen:***

- *Papier- oder Stoffbeutel oder Korb*

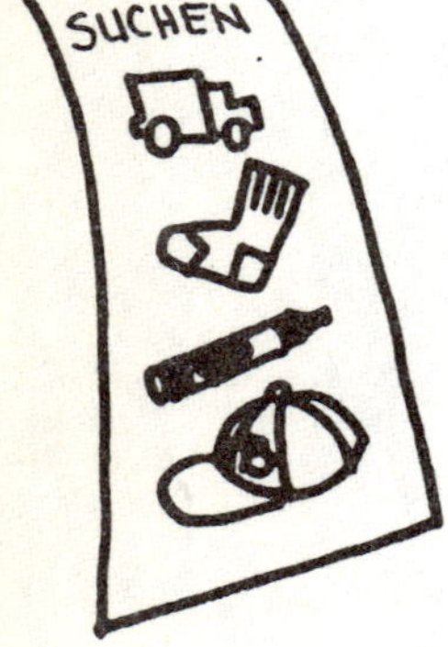

# Farbakrobatik

Hier ist noch ein Spiel, bei dem die Riesenwürfel (Nr. 117) zum Einsatz kommen können. Es zeigt einem außerdem, wie beweglich man noch ist.

Sie brauchen einen Würfel, der auf jeder Seite eine Farbmarkierung trägt (falls nötig, können Sie die mit Wachsmalkreiden oder Filzstiften ergänzen). Dann nehmen Sie 18 DIN-A4-Blätter und bemalen sie, so daß Sie passend zu jeder Würfelseite drei farbige Papiere haben. Die Blätter werden auf dem Boden verstreut, wobei die Anordnung der Farben dem Zufall überlassen bleibt. Jedes Blatt wird nun mit Klebeband am Boden befestigt (das kann gut Ihr Kind übernehmen).

Jetzt können Sie mit dem Spiel beginnen. Sie würfeln und stellen fest, welche Farbe oben zu liegen kommt. Sie müssen nun mit einem Teil Ihres Körpers eines der Blätter mit der gewürfelten Farbe berühren. Dann würfeln Sie ein zweites Mal und suchen sich wieder ein passendes Blatt, auf das Sie irgendein Körperteil setzen. Es können übrigens auch zwei Spieler gleichzeitig spielen und abwechselnd würfeln. Nach einer Weile werden sie zwangsläufig völlig ineinander verkeilt sein. Irgendwann werden sie wahrscheinlich vor Lachen umkippen, und dann ist jemand anders an der Reihe.

Haben Sie Mut? Dann lassen Sie Ihr Kind bestimmen, welchen Körperteil Sie auf ein Blatt einer bestimmten Farbe setzen sollen.

***Man braucht:***
- *Riesenwürfel mit Farbmarkierungen (Nr. 117)*
- *18 Blatt Papier DIN-A4*
- *Filzstifte oder Wachsmalkreiden*
- *Klebeband*

278

# Suchscheinwerfer

Am Abend verteilen Sie bei Lampenlicht verschiedene Gegenstände im Raum – Spieltiere, Autos, einen Schuh, ein Buch und so weiter. Dann machen Sie das Licht aus, sagen Ihrem Kind, was Sie versteckt haben, und geben ihm eine Taschenlampe (vorzugsweise mit aufladbaren Batterien). Vielleicht haben Sie auch einen besonderen »Detektivhut« für diese Gelegenheit. (Er muß nicht so aussehen wie der von Sherlock Holmes – Hauptsache, er wird zum »Spezialhut« erklärt.)

Mehreren Kindern kann man jeweils unterschiedliche versteckte Gegenstände zuteilen. Das Durcheinander der Lichtstrahlen wird den Spaß und die Spannung noch steigern.

Erfahrungsgemäß rennen jüngere Kinder am liebsten einfach so mit der Taschenlampe im Dunkeln umher. (Ein Erwachsener sollte dabei in der Nähe sein.) Ältere Kinder werden gerne ein bißchen mehr gefordert, lassen Sie sie also am besten gegen die Uhr antreten.

Dieses Spiel kann übrigens ein raffinierter Trick sein, mit dem Sie Ihre Kinder dazu kriegen, Karotten zu essen. Denn wer möchte nach so einer aufregenden Taschenlampenjagd nicht sein Sehvermögen in der Dunkelheit verbessern!

**Aufgepaßt!**

Nur unter Aufsicht

***Man braucht:***

- *Spielzeug oder andere Gegenstände zum Verstecken*
- *Taschenlampe(n)*

# Geheimer Händedruck

Wie wär's, wenn Sie sich gemeinsam mit Ihrem Kind einen ganz persönlichen Händedruck ausdenken? Er kann als Codewort oder als Gruß vor Geheimtreffen dienen, zur Übermittlung verschlüsselter Botschaften und anderer geheimer Zeichen. Und auch ganz ohne Grund ist so ein Händedruck ein Riesenspaß.

Hier eine Liste mit verschiedenen Händedruckvarianten, wie wir sie in unserer Familie verwenden. Strenge Sicherheitsvorschriften halten uns allerdings davon ab, die Einzelheiten genau wiederzugeben.

*Doppelmoppel.* (Normales Händeschütteln, zweimal kurz und kräftig.)

*Zeigerkreuz.* (Während des Händedrucks streckt jede Person ihren Zeigefinger schräg nach vorne.)

*Dreierschnalzer.* (Jeder schnalzt dreimal mit den Fingern oder tut zumindest so als ob, wenn Schnalzen noch nicht zum Repertoire gehört.)

*Klatscher.* (Jeder klatscht einmal in die Hände.)

*Stupser.* (Leichte Berührung mit den Unterarmen.)

*Moppel.* (Einmal normales Händeschütteln.)

***Man braucht:***
- *nur Ihre Zeit*

# Das Wort X

*Man braucht:*
- *nur Ihre Zeit*

Bei diesem Spiel für die ganze Familie wird allen Mitspielern mit Ausnahme von einem ein Zettel mit einem geheimen Wort darauf gezeigt. (Kleinen Kindern wird das jeweilige Wort ins Ohr geflüstert.) Alle müssen nun die eine Person dazu zu bewegen versuchen, das Wort X zu umschreiben, *ohne dabei die Hände zu Hilfe zu nehmen*. Nur sprachliche Mittel sind erlaubt. Am besten fangen Sie an und zeigen, wie's geht, indem Sie sich ganz lässig und scheinbar ungezielt unterhalten, aber dabei vorsichtig auf das Thema (und das Wort X) zusteuern, das Sie im Kopf haben.

So stellen sich natürlich nur die Erwachsenen das Spiel vor. Je jünger die Kinder sind, desto wahrscheinlicher bekommen Sie Hinweise wie: »Es ist rot und rund und saftig, und man legt es auf einem Hamburger, und es hat Kerne und reimt sich auf Blomate.« Hmmm. Was das wohl sein mag?

# Selbstporträt

Schlagen Sie Ihrem Kind doch einmal vor, ein Bild von sich selbst zu malen. Die Technik – Wachskreiden, Buntstifte, Wasserfarben, Temperafarben – ist nicht so wichtig wie die Atmosphäre, die das Werk widerspiegelt.

Stellen Sie Fragen. Wie soll der Hintergrund aussehen? Was passiert gerade auf dem Bild? Wen oder was schaut Ihr Kind auf dem Bild gerade an? Was ist danach passiert?

Versuchen Sie, alle Möglichkeiten offenzulassen – wahrscheinlich werden Sie von der Phantasie Ihres Kindes überrascht sein. (Wenn Ihrem Kind allerdings gar nichts einfallen will, können Sie etwas Starthilfe leisten und einen Vorschlag machen: »Wie wäre es mit einem Bild, auf dem du gerade ein riesengroßes Abendbrot verschlingst?« Dann warten Sie ab, was passiert.)

Vielleicht kann Ihr Kind auch einen Spiegel als Hilfe brauchen. Eine andere interessante Idee: dem Kind ein besonders schönes Foto von sich selbst als Vorlage geben.

***Man braucht:***
- *Malzeug*

***Wenn Sie wollen:***
- *Spiegel*
- *Fotografie Ihres Kindes*

# Wahrnehmungstagebuch

Diese Beschäftigung eignet sich gleichermaßen für Kinder aller Altersstufen – nur bei den Kleineren müssen Sie vielleicht noch mit dem Schreiben helfen.

Lassen Sie Ihr Kind einen Moment stillsitzen und seine Umgebung beobachten. Dann fragen Sie: »Was siehst du?« Die Antworten (»einen Tisch«, »ein Bild«, »ein Bücherregal« oder ähnliches) werden alle notiert. »Ich sehe einen Hund im Hof; ich sehe ein Auto, das in der Einfahrt parkt, ein blaues Auto mit einem weißen Nummernschild.« Dann fahren Sie mit Fragen zu anderen Sinneswahrnehmungen fort: »Was kannst du hören?« – »Was kannst du riechen?« Und so weiter.

Die Ergebnisse sind oft faszinierend, ja sogar poetisch. Wir haben festgestellt, daß gerade die ganz Kleinen besonders eindringliche Bilder in ihren »Sinnestagebüchern« heraufbeschwören – also stellen Sie sich ihnen als Schreiber zur Verfügung.

Vielleicht bitten Sie auch Ihr Kind um Illustrationen zu seinem Tagebuch. Dann stellen Sie das neue Buch in die persönliche Bibliothek von Meisterwerken des Kindes.

***Man braucht:***

- *Bleistift*
- *Papier oder Heft*

***Wenn Sie wollen:***

- *Wachsmalkreiden oder Filzstifte*

# Jeden Tag ein Satz

Diese Beschäftigung gehört zu denen, die jeden Tag nur einen kleinen Moment Zeit kosten – mit einem bemerkenswerten Ergebnis!

Legen Sie ein spezielles Heft für Ihr Kind an. Auf der ersten Seite sollte stehen: »Meine Täglich-ein-Satz-Geschichte von ___; begonnen am (Datum).« Dann lassen Sie Ihre Tochter oder Ihren Sohn jeden Tag, am besten immer um dieselbe Zeit, einen Satz – aber wirklich nur einen – zu einer fortlaufenden Geschichte in dem Heft hinzufügen. Ältere Kinder können die Eintragungen selber vornehmen, die jüngeren brauchen vielleicht ein wenig Hilfe, um die Geschichte schwarz auf weiß festzuhalten.

Zuerst wird es vermutlich etwas Disziplin erfordern, die Einträge wirklich auf nur einen Satz zu beschränken; aber je mehr sich die Geschichte entfaltet, desto abenteuerlicher wird das Spiel. Machen Sie ein paar Vorschläge für einen spannenden ersten Satz: »Es war einmal ein kleiner Junge« wird am nächsten Tag wohl kaum noch Interesse erwecken. »Es war einmal ein kleiner Junge mit einem Vogelnest in einem Ohr« dagegen schon. Wenn Ihr Kind Lust hat, kann es jeden Tag auch noch eine Zeichnung hinzufügen.

***Man braucht:***
- *Heft*
- *Bleistift*

***Wenn Sie wollen:***
- *Wachsmalkreiden*

# Nähkarten

Sie müssen für diese Beschäftigung keine professionelle Schneiderin sein. Ihre Kinder kommen dabei sogar ohne eine Nadel aus.

Zeichnen Sie ein Tier, ein Haus oder ein Auto, worauf Ihr Kind gerade Lust hat, auf ein Stück dünne Pappe, in die Sie dann an allen Schnittpunkten und Ecken Löcher stechen. Zum Beispiel machen Sie dort ein Loch, wo das Dach auf den Seiten des Hauses aufliegt.

Geben Sie Ihrem Kind ein Stück Garn, das etwas dünner sein sollte als die Löcher. Die Enden umwickeln Sie fest mit Klebeband, so daß eine »Nadel« entsteht, die der Spitze eines Schnürsenkels ähnelt. Nun muß das Garn durch die Löcher gefädelt werden. So wird die Bleistiftzeichnung nachgezogen. Kleinere Kinder brauchen zu Anfang etwas Unterstützung, bis sie kapiert haben, wie man das Garn ins eine Loch hinein- und zum anderen wieder herausziehen muß. Älteren Kindern macht es wahrscheinlich Spaß, bestimmte Teile des Bildes durch verschiedenfarbiges Garn hervorzuheben. Wenn alle Löcher durchstochen sind, verknoten Sie den Faden auf der Rückseite. Dann werden die Karten im Kinderzimmer oder in der Familiengalerie aufgehängt.

***Man braucht:***
- *dünne Pappe*
- *Garn*
- *Locher*

# Schuhschachtel-Gewächshaus

Eierkartons sind phantastische Anzuchtschalen für Samen. Wenn der Frühling kommt, kaufen Sie Gemüse- oder Blumensamen; dann stechen Sie Abflußlöcher in den Boden eines Eierkartons und füllen die Vertiefungen mit angefeuchteter Blumenerde. In jede legen Sie mehrere Samen und bedecken sie mit Erde entsprechend der Anleitung auf der Samenpackung. Falls Sie verschiedene Samensorten säen, vergessen Sie nicht, die einzelnen Abschnitte genau zu kennzeichnen.

Dann legen Sie den Boden eines Schuhkartons mit einem Rest Alufolie aus, stellen den Eierkarton hinein und decken den Karton dicht mit einer durchsichtigen Plastiktüte oder Klarsichtfolie ab. (Beides gehört nicht in Kinderhände.) Stellen Sie das »Gewächshaus« an einen warmen, dunklen Ort; sobald die Keimblätter erscheinen, wird die Abdeckung entfernt und der Karton in die Sonne gestellt.

Ihr Kind kann die Sprößlinge gießen, damit die Erde immer feucht bleibt. Ältere Kinder können auch die Keimdauer der verschiedenen Samen verfolgen und ihre Beobachtungen in einem kleinen Heft festhalten. Verpflanzen Sie die Setzlinge in größere Töpfe, wenn sie zu groß für den Eierkarton werden. Sobald das Wetter warm ist, können die Pflänzchen dann ins Freiland gesetzt werden.

Das Wachstum von Pflanzen zu beobachten, ist immer wieder schön für Kinder und Erwachsene – und es fördert eine gesunde Ehrfurcht vor allem, was lebt!

***Man braucht:***
- *Samen*
- *Blumenerde*
- *Eierkarton*
- *Schuhkarton*
- *Klarsichtfolie*
- *Alufolie*

***Wenn Sie wollen:***
- *Kalender*
- *Heft*

# Schuhkartongitarre

Mit der Schuhkartongitarre kann Ihr Kind Grundlegendes über den Klang lernen. Zwar läßt sich diese Gitarre nicht so recht stimmen, aber sie erzeugt einen witzig scharrenden Ton, der nervenschonender ist als ein Schlagzeug aus Töpfen und Pfannen zum Beispiel.

Beim Schneiden des Klanglochs im Deckel des Schuhkartons müssen Sie sicherheitshalber helfen, ebenso bei der Auswahl geeigneter Gummibänder. Sie brauchen vier bis sechs Gummibänder verschiedener Größe; am besten verwenden Sie welche von der dicken Sorte, die nicht so leicht reißen. (Trotzdem sind sie kein Spielzeug für kleine Kinder.)

Bevor Sie das Klangloch in den Deckel schneiden, sollten Sie ihn leicht verbeulen, indem Sie einmal vorsichtig auf die Mitte treten. Damit wird verhindert, daß die »Saiten« den Deckel an irgendeinem Punkt außer an den Kanten berühren. Nun schneiden Sie ein Loch von etwa 6 cm Durchmesser, wie in der Abbildung zu sehen. Dann setzt man den Deckel wieder auf die Schachtel, und vier bis sechs Gummibänder verschiedener Größe werden vorsichtig um den Karton und über das Klangloch gespannt. Also dann: Bühne frei für Ihr Kind!

**Aufgepaßt!**

Kleine Teile

***Man braucht:***

- *einen Schuhkarton*
- *Schere (nur für Erwachsene)*
- *Gummibänder*

# Mischmasch-Geschichte

Holen Sie all die Zeitschriften, Kataloge und Werbebroschüren hervor, die Sie für einen Regentag aufbewahrt haben. Oder – wenn Sie immer treu und brav Bilder ausgeschnitten haben, wie wir es an anderer Stelle in diesem Buch vorgeschlagen haben – öffnen Sie jetzt Ihre Ordner.

Kleben Sie je ein Bild auf ein Stückchen Pappe oder eine Karteikarte (es macht aber nichts, wenn die Bilder nicht die gleiche Größe haben). Dann legen Sie alle Karten auf einen Stapel und beginnen mit dem obersten Bild. Bitten Sie Ihren Sohn oder Ihre Tochter um den Anfang einer Geschichte. Wenn ihm oder ihr nichts einfällt, machen Sie selbst einen Vorschlag. Wenn auf dem Bild zum Beispiel ein Haus zu sehen ist, könnten Sie sagen: »In diesem Haus wohnt Ralf, und er hat verschlafen. Deswegen kommt er zu spät zur Schule...« Dann kommt das nächste Bild an die Reihe, und die Geschichte wird weitergesponnen.

Vielleicht müssen Sie noch einmal einen kleinen Anstoß geben. Das Bild zeigt, sagen wir, ein Raumschiff: »Ralf hat verschlafen, weil er von einem Raumschiff geträumt hat, mit dem er zum Mars geflogen ist...«

Wie Sie sehen, geht es darum, eine wilde, aber nahtlose Geschichte zu erfinden. Der Fluß der Geschichte wird von den Bildern bestimmt. Wenn Sie mit der Geschichte fertig sind, werden die Karten neu gemischt, und Sie beginnen von vorne.

***Man braucht:***
- *Bilder aus Zeitschriften, Werbung oder Katalogen*
- *Pappe oder Karteikarten*
- *Klebstoff*

***Wenn Sie wollen:***
- *Kassettenrecorder*
- *Schreibzeug*

# Das Schweigespiel

**Man braucht:**
- *nur Ihre Zeit*

Bei diesem Spiel muß Ihr Kind schon ein wenig Kooperationsbereitschaft zeigen – aber das tut es bestimmt, vorausgesetzt, daß *Sie selbst* bereit sind, es einmal zu versuchen.

Es geht um folgende Frage: Was ist das für ein Gefühl, den Alltag bewältigen zu müssen, ohne sich gegenüber anderen Leuten durch Sprache, verständlich machen zu können? Das läßt sich nur herausfinden, wenn man das Schweigen einmal über einen bestimmten Zeitraum hinweg – für den Anfang etwa zehn Minuten – selber ausprobiert.

Das ist schwieriger, als man zunächst denkt. Und schriftliche Mitteilungen sind natürlich nicht erlaubt – schließlich geht es ja darum, sich verständlich zu machen, *ohne* dabei auf eine gängige Sprache zurückzugreifen. Das Experiment bietet faszinierende Einsichten in die Probleme, denen Behinderte und Ausländer jeden Tag gegenüberstehen.

Auch dieses Spiel funktioniert am besten, wenn Ihr Kind begreift, daß das Ganze ein gemeinsamer Versuch ist, etwas über unsere Kommunikationsweisen zu lernen. Am besten stellen Sie sich für die erste Runde zur Verfügung – und warten ab, was passiert! (Siehe auch: Lippenlesen Nr. 178.)

# Schattenbilder

Eine Fotografie hält einen Moment und ein Abbild fest, aber die guten alten Schattenrisse tun etwas, was die meisten Kameras nicht können – sie liefern ein Profil.

Zuerst befestigen Sie ein großes Blatt Papier mit Tesakrepp an der Wand und lassen Ihr Kind sich seitwärts davorsetzen. Dann nehmen Sie den Schirm einer Tischlampe ab und stellen die Lampe so, daß das Licht den Schatten Ihres Kindes auf das Papier wirft. Je weiter das Licht von der Wand entfernt ist, desto geringer ist die Verzerrung; deshalb sollte die Lampe so weit entfernt wie möglich stehen. Richten Sie also die Entfernung von der Wand so aus, daß die Silhouette die richtige Größe hat.

Nun fahren Sie den Schatten mit einem Bleistift nach, nehmen das Papier von der Wand und schneiden das Profil aus. Schreiben Sie Datum und Alter des Kindes auf die Rückseite. Ihr Kind kann seine Silhouette noch bemalen, und dann selbst Schattenrisse von allen Mitgliedern der Familie herstellen. Wenn alle Bilder fertig und bemalt sind, sollten Sie nicht vergessen, sie in der Familiengalerie auszustellen.

***Man braucht:***
- *Lampe*
- *Papier*
- *Bleistift*
- *Malstifte*
- *Tesakrepp*
- *Schere*

# Einfache Geheimsprache

Diese Geheimsprache wurde speziell für Kinder, die noch nicht lesen können, entwickelt. (Kompliziertere Geheimsprachen finden Sie in Geheimcode Nr. 46, Kryptogramme Nr. 67, Halb und halb Nr. 128 und Morsezeichen Nr. 199.)

Zunächst setzen Sie sich mit Ihrem Kind zusammen und bestimmen gemeinsam ein paar einfache Entsprechungen. »Kakao« könnte von nun an zum Beispiel »Oakak« sein (rückwärts gelesen) oder auch völlig ohne jeden Bezug vielleicht »Tür«, oder eine Zahl (sagen wir »4«) oder ein Nonsens-Wort wie »Zonk«. Auf die gleiche Weise könnte »trinken« dann »neknirt«, »Katze«, »7« oder »dwindeln« heißen.

**Man braucht:**
- *ein kleines Heft*

Am besten beginnen Sie mit einer kleinen Anzahl von Wörtern und beobachten, mit welcher Art von Wortentsprechungen Ihre Tochter oder Ihr Sohn am besten umgehen kann. Je mehr Übung er oder sie dann bekommt, desto mehr können Sie das Code-Vokabular erweitern. Außerdem können Sie die Codewörter verschieden einsetzen. Zum Beispiel können Sie versuchen, diese Wörter in eine Unterhaltung einfließen zu lassen, oder die Wörter, die mit Essen zu tun haben, während einer Mahlzeit verwenden. Vielleicht legen Sie sogar ein Code-Buch an (gut verstecken) – zum Nachschlagen und für die Nachwelt.

Auf jeden Fall darf man erst vom Tisch aufstehen, wenn man seinen Zonk ganz ausgedwindelt hat.

# Schiff ahoi!

In Ihrer Küche und im Keller lassen sich vermutlich genügend Schiffsbaumaterialien finden, um eine ganze Werft damit zu versorgen.

Da sind zum Beispiel ein paar große Stücke Styropor von einer Verpackung übriggeblieben. Sie können daraus ganz leicht eine Vielzahl von kleinen Booten bauen. Mit einem Stöckchen und einem Papiersegel kann das neue Schiff gleich die Anker lichten und bis ans Ende Ihrer Badewanne segeln. Wenn Sie die kleinen aufgeschäumten Kunststofftabletts aus dem Supermarkt (zum Beispiel von abgepacktem Fleisch) gründlich säubern, sind es phantastische Flöße. (Leere Milchkartons übrigens ebenso.) Und auch aus den kleinen Styroporformen, die oft als Füllmaterial verwendet werden, lassen sich (der Länge nach aufgeschnitten) Beiboote oder mit Hilfe eines Zahnstochers auch Flöße bauen.

Besonders hübsche kleine Boote können Sie aus halben Walnußschalen basteln, in die etwas Knete oder Modelliermasse gedrückt wird. Dann wird der Mast aufgerichtet, indem Sie einen Zahnstocher in die Modelliermasse stecken und ein Papiersegel mit Klebeband daran befestigen.

Wer es noch etwas natürlicher haben will, verwendet Stangensellerie als Rumpf. Ihr Kühlschrank quillt wahrscheinlich sogar über vor lauter Bootsbaumaterial. Nicht vergessen: Aus allem, was schwimmt, lassen sich Boote basteln!

***Man braucht:***

- *schwimmende Abfallmaterialien*
- *Modelliermasse*
- *Papier*
- *Zahnstocher*
- *Klebeband*
- *Schneidewerkzeug*

# Ich rieche, rieche ...

Kann sich Ihr Kind mit Hilfe seiner Nase in der Welt zurechtfinden? Probieren Sie's doch einfach mal aus.

Füllen Sie vier oder fünf Plastikschälchen mit verschiedenen Lebensmitteln, die ein ausgeprägtes Aroma haben. Sie streuen zum Beispiel etwas Zimt in das eine Schälchen, setzen ein Stück Erdnußbutter in das zweite und legen ein paar zerstoßene Gewürznelken in das dritte.

**Man braucht:**
- *Schälchen*
- *Gewürze und Lebensmittel*

Lassen Sie Ihrem Kind Zeit, sich mit jedem Schälchen vertraut zu machen, bevor es die Augen schließen soll. Halten Sie ihm nun eine Schale nach der anderen unter die Nase; mal sehen, ob es alle erkennen kann.

Nach ein paar Runden können Sie den Schwierigkeitsgrad auf verschiedene Arten steigern. Zuerst stellen Sie ein paar ähnliche Gewürze zusammen, die Ihr Kind unterscheiden soll, etwa Zimt und Muskat. Oder Sie kombinieren verschiedene Lebensmittel, um einen ungewöhnlichen, zusammengesetzten Duft zu erhalten – beispielsweise je ein Klecks Schokolade, Honig und Erdbeermarmelade. Ob Ihr Kind wohl alle Zutaten der Mischung herausfinden kann?

Und zum Schluß schieben Sie ihm noch einen »Joker« unter – ein leeres Schälchen – und fragen, was darinnen ist.

Wahrscheinlich werden Sie überraschende Antworten bekommen!

# Engel im Schnee

Können Sie sich noch daran erinnern, wie Sie als Kind Schneeadler gemacht haben? Hier zeigen wir noch mal, wie's geht – und außerdem noch einen Trick für ein paar neue Kreationen.

Ziehen Sie Ihre Kinder warm an, am besten wäre ein Schneeanzug. Dann sollen sie sich rücklings in den Schnee legen und seitlich mit den Armen wedeln, so daß die Flügel entstehen. Als nächstes werden die Beine wechselweise gespreizt und geschlossen in den Schnee gedrückt; dadurch wird der Schwanz des Adlers gebildet. (Wahlweise kann man in der Figur auch einen Engel mit Flügeln und Rock erkennen.) Helfen Sie den Kindern beim Aufstehen, damit der Abdruck im Schnee nicht zerstört wird. Die Schneeadler oder -engel machen sich bestimmt nicht schlecht in Ihrem Garten.

**_Man braucht:_**

- *Neuschnee*

Nun zeigen Sie Ihrem Kind, wie man eine Schneespinne macht. Dazu macht das Kind in der zuvor beschriebenen Weise je einen Abdruck mit seinen Armen und Beinen. Dann wird noch ein zweiter Abdruck mit Armen und Beinen dazwischengesetzt, und der Vorgang noch einmal wiederholt, so daß ein weiteres Paar Beine entsteht. (Spinnen haben acht symmetrische Beine, aber Sie können natürlich auch nur sechs Abdrücke für einen Schneekäfer machen.)

Wem noch warm genug ist, kann den ganzen Rasen mit Engeln, Adlern oder Insekten übersäen. Was für ein Anblick – bis zum nächsten Schneefall!

# Schneegestöber

**Aufgepaßt!**
Kleine Teile

***Man braucht:***
- *ein Marmeladenglas*
- *kleines Plastikspielzeug*
- *Glitter*
- *Wasser*
- *Löffel*

***Wenn Sie wollen:***
- *Taschenlampe*

Wer kennt sie nicht, diese Plastikkugeln mit künstlichem Schnee! Wenn man sie schüttelt, rieselt der Schnee auf eine kleine Schweizer Berghütte oder einen von Rentieren gezogenen Schlitten hernieder. Ihre Kinder können gleich noch mal soviel Spaß haben, wenn sie ihr eigenes Schneegestöber (mit normalen Haushaltsgegenständen) kreieren.

Legen Sie ein paar kleine Spielsachen auf den Boden eines Marmeladenglases. Die Spielsachen (Häuser, Figuren etc.) sollten aus Plastik sein und keine Metallteile enthalten. Außerdem sollten sie schwer genug sein, daß sie nicht schwimmen. (Wenn die kleinen Plastiksachen an die Oberfläche steigen, versuchen Sie sie mit einem Pfennig zu beschweren, den Sie an der Unterseite festkleben.)

Nun wird das Glas mit Wasser gefüllt, so daß die Gegenstände darin völlig bedeckt sind. Dann streut man etwas Silberglitter ins Wasser – bis ein richtiges Schneegestöber entsteht. Wenn aller Glitter abgesunken ist, rührt man das Wasser mit einem Löffel um und ruft damit den nächsten Schneesturm hervor. Oder man schüttelt das ganze Glas, sofern es einen dicht schließenden Deckel hat. Ungewöhnliche Effekte lassen sich erzielen, indem man verschiedenfarbigen Glitter verwendet. Ganz besonders toll sieht es aus, wenn man den Glitter aufrührt, das Licht ausschaltet und das Glas dann mit einer Taschenlampe anleuchtet. Die Lichtreflexe liefern eine umwerfende Lightshow.

# Hoch die Socken!

In Anleitung Nr. 242 haben wir gezeigt, wie man aus vereinzelten alten Socken Bälle herstellt, mit denen sich auch drinnen die schönsten Spiele durchführen lassen. Für diese Beschäftigung können Sie denselben Ball verwenden – zwei aufgerollte Socken in einem dritten, der mit einem Gummiband verschlossen wird. Wir garantieren stundenlange Unterhaltung.

Das Ziel bei diesem Spiel ist es, den Ball in die Luft zu werfen und zu verhindern, daß er auf dem Boden aufkommt – indem man ihn immer wieder von den Füßen hochprallen läßt. Nach dem ersten Wurf ist jeder Handkontakt mit dem Ball gegen die Regeln. Wie lange kann Ihr Kind den Ball in der Luft halten?

Das Spiel läßt sich auch auf zwei Kinder ausweiten – es ist ein echter Geschicklichkeitstest, den Ball an einen Mitspieler oder eine Mitspielerin weiterzugeben.

Jetzt wissen Sie noch mehr mit diesen ärgerlichen Einzelsocken anzufangen, die nach jeder Wäsche wiederauftauchen.

***Man braucht:***
- *Socken*
- *Gummiband*

# Sockentheater

Wenn Sie sich auch nur mäßig dafür begeistern können, löcherige Socken zu stopfen, dann bieten wir hier eine Alternative, wie diese Socken sich dennoch wieder verwenden lassen.

Suchen Sie sich ein paar Socken aus der Flickenkiste, die Sie mit Gesichtern schmücken. Verwenden Sie dazu Filzstifte und gebräuchliche Haushaltsmaterialien wie Garn, Filz, Watte oder Pfeifenputzer. Die Fußspitze ziehen Sie nach innen und formen einen Mund, so daß Ihre Kinder die Puppen zum Sprechen bringen können.

Wenn die Handpuppen fertig sind, bauen Sie noch ein einfaches »Theater«, indem Sie ein Bettlaken oder eine Wolldecke über einige Stühle breiten. Der Puppenspieler verbirgt sich hinter der Decke und hält die Hände in die Höhe, so daß die Zuschauer die Aktionen der Puppen verfolgen können. Kleine Kinder lassen sich oft gerne von ihren Eltern etwas vorspielen. Falls Sie Lampenfieber haben, versuchen Sie's einfach mal mit der Lieblingsgeschichte Ihres Kindes als Vorlage. Vielleicht entscheiden Sie sich aber auch dafür, ein sensibles oder schwieriges Thema aufzugreifen, das Ihr Kind im Moment gerade beschäftigt.

Ältere Kinder haben wahrscheinlich selbst schon Ideen für Theaterstücke. Falls Sie einen Einblick bekommen wollen, wie Ihre Kinder Sie als Eltern wahrnehmen, dann schlagen Sie doch einmal vor, die Handpuppen Eltern und Kinder spielen zu lassen.

***Man braucht:***

- *alte Socken*
- *Filzstifte*
- *Pfeifenputzer*
- *Garn*
- *Filz*
- *Wattebällchen*

# Raumanzug

Diese Verkleidung ist für jeden Tag, für Kostümfeste und natürlich für Fasching besonders gut geeignet.

Basteln Sie zunächst einen Astronautenhelm aus einer eckigen Papiertüte. Kleben Sie Strohhalme an, die Drähte darstellen sollen, Röhren und die vielen wichtigen Spezialteile, die zu einem Raumanzug dazugehören. (Sie können das alles auch mit Wachsmalkreiden oder Filzstiften aufmalen.)

Der Anzug selbst kann aus langer Unterwäsche oder einem Schlafanzug bestehen. Bevor Ihr Kind abhebt, geben Sie ihm noch ein Sauerstoffgerät aus einer Cornflakes-Packung mit Schultergurten aus Garn oder Schnur. Für einen Luftschlauch befestigen Sie mehrere Papprollen (von Haushaltspapier) mit Klebeband aneinander (schlitzen Sie die Enden etwas ein, dann sind sie leichter ineinanderzustekken). Dann schneiden Sie die Rollen etwa alle drei bis vier Zentimeter fast vollständig ein, als würden Sie ein Baguette aufschneiden. Kleben Sie das eine Ende an die Sauerstoffflasche und das andere an den Helm.

Der Countdown kann beginnen. Passen Sie nur auf, daß Ihr Astronaut rechtzeitig zum Nachtisch von Alpha Centauri zurück ist!

***Man braucht:***

- *Papiertüte*
- *Wachsmalkreiden oder Filzstifte*
- *Strohhalme*
- *Klebeband oder Klebstoff*
- *Cornflakes-Packung*
- *Papprollen*
- *Garn oder Schnur*

# Schnellboot

**Aufgepaßt!**

Ballon

***Man braucht:***

- *einen quadratischen Milchkarton*
- *Ballon*
- *Schere*
- *Klebstoff oder Klebeband*

***Wenn Sie wollen:***

- *Pappe*
- *Gummibänder*

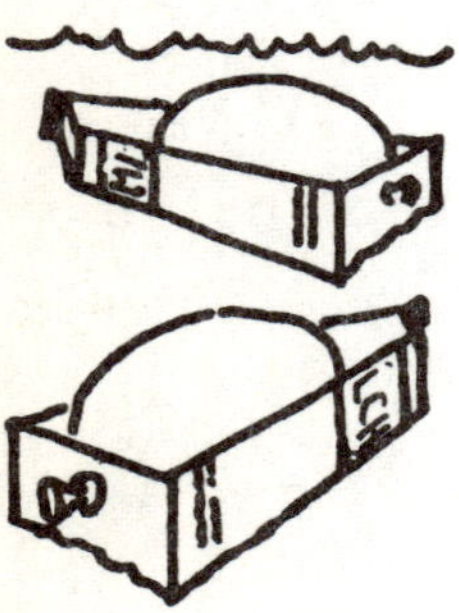

Ein Milch- oder Saftkarton ist ein spitzenmäßiger Rumpf für ein Badewannen- oder Planschbeckenschnellboot. Und so wird es gebaut.

Ein Milchkarton (von der Sorte, die quadratisch sind und eine Spitze haben, am besten sogar eine Zweiliterpackung) wird der Länge nach aufgeschlitzt, wie in der Abbildung zu sehen. Mit Klebeband oder Klebstoff werden (von innen) alle losen Nahtstellen geflickt. Schneiden Sie ein Loch von etwa 1 cm Durchmesser in den Boden des Kartons. Dann legen Sie einen Ballon hinein und ziehen das Ende durch das Loch. Blasen Sie den Ballon für Ihr Kind auf, bevor Sie das Boot weitergeben. Das Kind kann nun den Ballon loslassen – und schon zischt das Boot über das Wasser, düsengetrieben.

Für mehrere Kinder veranstalten Sie Bootsrennen – vielleicht sogar mit einer Hindernisbahn aus schwimmenden Objekten. (Basteln Sie Bojen aus Styroporresten oder Flöße aus den Böden von Milchkartons.) Sie könnten die Regel einführen, daß jedes Boot, das einen der Gegenstände berührt, sofort ausscheidet. Oder umgekehrt, daß das Boot den Cup gewinnt, welches die meisten Objekte berührt hat.

Schließlich sollten Sie auch an die Ausstattung der Boote denken. Aus einem Stück Pappe machen Sie ein Deck, das mit Gummibändern befestigt wird. Gemeinsam mit Ihrem Kind können Sie es dann mit Kabine und anderen notwendigen Einrichtungen für das lange Rennen ausrüsten.

# Löffelrennen

Mit diesem aufregenden Spiel können Sie ein einzelnes Kind ebensogut wie eine ganze Kinderschar unterhalten.

Das Prinzip ist mehr als einfach: Man hält einen Tischtennisball auf einem Löffel und läuft damit in der Wohnung umher. Schicken Sie Ihr Kind zunächst auf eine ganz bestimmte Teststrecke durch die Wohnung, ohne daß es dabei den Ball verliert. Wenn es schon etwas mehr Übung hat, bauen Sie eine Hindernisstrecke (siehe auch Nr. 211), oder Sie stellen ihm zusätzliche Aufgaben, die es mit der freien Hand erledigen muß – etwa ein Buch von einem Tisch auf den anderen legen, eine Tür oder Schublade öffnen und schließen, sich selbst den Kopf tätscheln und so weiter.

Wenn Ihr Sohn oder Ihre Tochter schon älter ist, probieren Sie doch mal, ob er oder sie auch herumhüpfen kann, ohne den Ball zu verlieren. Ganz besonders knifflig wird es, wenn Sie den Ball auf einen Kinder- oder Eierlöffel legen.

Mehrere Kinder können Löffelwettrennen veranstalten oder Verstecken spielen. Alle Mitspieler müssen einen Tischtennisball auf einem Löffel balancieren, während sie zu ihren Verstecken rennen. Sollte der Ball herunterfallen, müssen sie sich genau an dieser Stelle verstecken.

***Man braucht:***
- *Löffel*
- *Tischtennisball*

# Löffeltrick

**Man braucht:**

- *Teelöffel*

Können sich Ihre Kinder einen Löffel an die Nase hängen? Können Sie's?

Zugegeben, es klingt nicht gerade wie die witzigste Art, eine halbe Stunde zu verbringen, aber das ist es! Sie nehmen einen normalen Teelöffel und blasen leicht in die Vertiefung, so daß er ein wenig beschlägt. Dann reiben Sie den Löffel mit einem Hand- oder Geschirrtuch, bis er glänzt, und setzen ihn mit der Vertiefung auf Ihre Nasenspitze.

Wahrscheinlich werden Sie ein paar Anläufe brauchen, aber schließlich werden Sie die richtige Kombination von Neigungswinkel, Stellung und Balance herausfinden – und der Löffel hängt mühelos von Ihrer Nasenspitze! Es ist schon ein lustiger Anblick, wenn Papa oder Mama auf diese Weise auch auf den letzten Anschein von Würde verzichtet. Die meisten Kinder werden der Versuchung nicht widerstehen können, den Trick auch selbst einmal zu probieren.

# Künstlerische Wasserschlacht

Mit dieser Beschäftigung kann man eine ganz schöne Sauerei anrichten – aber das ist ja schließlich der Hauptspaß an der Sache.

Lassen Sie Ihr Kind ein großes Blatt Papier (verwenden Sie möglichst glattes und glänzendes Papier) mit wasserlöslichen Filzstiften bemalen. Auf dem Bild könnten eine Zielscheibe, Farbkleckse, die Zeichnung eines Gegenstandes, Kritzeleien, Buchstaben, Zahlen, Muster, Namen und anderes zu sehen sein. Als nächstes tragen Sie das Blatt ins Badezimmer und kleben es dort an die Wand über der Badewanne oder in die Duschkabine.

Dann brauchen Sie einen Pflanzensprayer oder irgendeine andere Spritz- oder Sprühflasche, die einen feinen Nebel erzeugt. Ihr Kind steht am Badewannenrand, zielt auf das Papier und kann dabei versuchen, das Bild »auszulöschen«, ohne es mit der Hand zu berühren: Die Farben werden an der Wand herunterlaufen und faszinierende Muster und Schattierungen bilden – ein echter Unterwasser-Look! Wenn Ihr Kind das Gefühl hat, daß das Bild jetzt fertig ist, nehmen Sie das Blatt von der Wand und lassen es trocknen.

Ihr Kind wird die ungewohnte Situation genießen, daß es mal in der Wohnung mit Wasser herumspritzen darf. Außerdem wird ihm diese neue und einmalige Form künstlerischen Ausdrucks besonderen Spaß bereiten.

***Man braucht:***

- *wasserlösliche Filzstifte*
- *glattes Papier*
- *Pflanzensprüher*
- *Spritzflaschen*

# Frühlingskontrollgang

**Man braucht:**
- *nur ihre Zeit*

**Wenn Sie wollen:**
- *Heft und Kalender*
- *Pflanzen-/Baumbestimmungsbuch*
- *Vergrößerungsglas*

Wenn es Sie und Ihre Kinder am Ende des Winters einfach nicht mehr im Haus hält, könnte so ein kleiner Frühlingskontrollgang genau das richtige sein, um Sie auf die kommende Jahreszeit einzustimmen.

Bei diesem Rundgang wird jeder Baum oder Busch in Ihrem Garten und/oder im nächsten Park auf erste Frühlingsanzeichen – sprich Knospen – untersucht. Bevor Sie nach draußen gehen, erklären Sie Ihrem Kind, daß Blätter und Blüten aus den Knospen wachsen, sobald es draußen wärmer ist und die Tage länger werden.

Ältere Kinder haben vielleich Lust, Naturforscher zu spielen, alle ihre Beobachtungen in ein Heft einzutragen und den Fortschritt der verschiedensten Knospenarten in einem Kalender zu notieren. Ein Bestimmungsbuch für heimische Bäume und Pflanzen ist dabei sicher hilfreich – und kann Ihnen peinliche Situationen ersparen. Sie können auch ein Vergrößerungsglas mitnehmen, um Ihren Kindern die feinen Strukturen der kleinen Blättchen und Knospen zu zeigen.

In unserer Familie ist der Frühlingsrundgang zu einem jährlich wiederkehrenden Ritual geworden, das nach unserer Überzeugung auch gegen alle weiteren Schneefälle für das Frühjahr schützt.

## Sprossenanzucht

Selbst wenn Sie Sprossen nicht so gerne essen, für Ihr Kind ist die eigene Sprossenanzucht eine äußerst spannende Sache. Das Ganze ist einfach und erfordert weniger Geduld, als man denken könnte.

Zuerst kaufen Sie Alfalfa-Samen oder Hülsenfrüchte, wie Linsen oder Mungobohnen. Die Samen oder Hülsenfrüchte in einem Sieb spülen und beschädigte Schalen aussortieren. Die Samen dann in einen Plastikbehälter (oder ein Einmachglas) geben und bis zur vierfachen Höhe des bedeckten Bodens mit lauwarmem Wasser füllen. Über die Öffnung kommt ein Stück Gaze oder grobes Leinen, das von einem Gummiband gehalten wird. Die Samen müssen nun acht bis zwölf Stunden einweichen, bevor das Wasser abgegossen wird.

Das Glas leicht gekippt und mit der Öffnung nach unten an einem dunklen Ort aufstellen. Damit die Samen immer feucht bleiben, werden sie etwa zwei- bis viermal pro Tag mit kaltem Wasser gespült. Sobald die Sprossen die gewünschte Länge haben (das dauert höchstens ein paar Tage), nehmen Sie sie heraus und richten sie an – oder Sie lassen sie ganz einfach weiterwachsen.

***Man braucht:***
- *Alfalfa-Samen oder getrocknete Hülsenfrüchte*
- *einen Plastikbehälter*
- *Gaze oder grobes Leinen*
- *Gummiband*

# Fünf Quadrat

Ein echtes Erfolgserlebnis für Kinder, die das Einmaleins beherrschen und gerade die Quadratzahlen in Mathe lernen.

Sie können Ihrem Kind beibringen, wie man jede zweistellige Zahl, deren zweite Ziffer eine Fünf ist, in kürzester Zeit mit sich selbst multipliziert. Dabei sind nur zwei Schritte nötig:

*Erstens:* Man multipliziert die erste Zahl mit derselben Zahl plus eins. Bei der Zahl 75 rechnet man zum Beispiel 7×8, da 7+1=8. Das Ergebnis: 56.

*Zweitens:* Man hängt die Zahl 25 an das Ergebnis an, und schon hat man die Lösung! 75×75=5625.

Das funktioniert immer. Ihr Kind kann das mit drei oder vier Zahlen ausprobieren und die Ergebnisse dann mit dem Taschenrechner überprüfen. Wer hat gesagt, daß Mathe schwer ist?

***Man braucht:***
- *Taschenrechner*

***Wenn Sie wollen:***
- *Stift*
- *Papier*

# Einfach haarsträubend!

Diese einfache und völlige ungefährliche Beschäftigung verdeutlicht auf unterhaltsame Weise die Prinzipien der statischen Elektrizität.

Blasen Sie einen mittelgroßen Luftballon für Ihre Tochter oder Ihren Sohn auf. Dann fordern Sie ihn oder sie auf, sich vor einen Spiegel zu stellen und mit dem Ballon kräftig oben oder seitlich über den Kopf zu reiben. Dann halten Sie den Ballon etwas vom Haar Ihres Kindes weg.

Zu seiner großen Verblüffung wird ihm das Haar zu Berge stehen!

Sie können dann erklären, daß sich statische Elektrizität aufbaut, wenn man einen Gegenstand an einem anderen reibt, und daß das der Grund ist, warum man manchmal einen leichten Schlag bekommt, wenn man einen Türgriff berührt, nachdem man mit den Schuhsohlen über den Teppich gerieben hat.

Ein wirklich haarsträubendes Erlebnis!

**Aufgepaßt!**

Ballon

***Man braucht:***

- *einen Luftballon*
- *Spiegel*

# Lebendige Statuen

**Man braucht:**
- *nur Ihre Zeit*

Diese beiden Spiele für zwei oder mehr Spieler sind besonders für größere Kindergruppen geeignet.

*Verzauberte Statuen:* Ein Kind wird als Zauberer bestimmt. Die anderen hüpfen, gehen, krabbeln im Garten oder im Zimmer umher. Irgendwann sagt der Zauberer: »Alles steht still, weil ich es so will.« Jeder muß dann in seiner momentanen Position zur Statue erstarren, auch wenn sie noch so unbequem ist. Der erste, der sich aus seiner starren Haltung löst, ist der Zauberer in der nächsten Runde.

*Fliegende Statuen:* (Spielt man am besten draußen.) Ein Kind ist der »Bildhauer«, die anderen sind die »Statuen«. Der Bildhauer hält eine der zukünftigen Statuen an den Händen und schwenkt sie ein- oder zweimal sanft im Kreis umher, wobei er den Namen eines Tieres oder eines Gegenstandes nennt. Sobald der Bildhauer die »Statue« dann losläßt, muß sie eine Haltung einnehmen, die das entsprechende Tier oder den Gegenstand verkörpert, und so verharren. Wenn alle Statuen auf diese Weise »in Form gedreht« worden sind, darf der Bildhauer sein Lieblingswerk auswählen. Diese Lieblingsstatue wird dann der Bildhauer der nächsten Runde. Also dann – für wie lange können Sie die Zahnbürstenhaltung einnehmen?

# Strohskulpturen

Die Trinkhalme von Ihrem letzten Besuch im Restaurant lassen sich nicht nur für Getränke wiederverwenden – sondern man kann daraus auch die ausgefallensten Skultpuren bauen.

Bevor Sie mit dem Bau von Strohskulpturen beginnen, müssen Sie die Materialien vorfertigen. Schneiden Sie dazu eine Reihe von Strohhalmen zurecht, so daß Sie schließlich über mehrere Stücke von etwa zwei Zentimeter bis hin zur vollen Länge verfügen. Falls Sie auch einige Strohhalme mit geripptem Knick haben, trennen Sie ein paar dieser Gelenke ab – sie werden später von unschätzbarem Wert sein.

Sie sollten sich außerdem noch einen Vorrat von Verbindungsstücken zulegen. Als Eckverbindung sind besonders Büroklammern geeignet, die der Länge nach aufgebogen werden, so daß man zwei U-förmige Drähte, die durch einen S-förmigen Draht verbunden sind, erhält. Die »U« werden in die Halme gesteckt, dann läßt sich der Draht zum gewünschten Winkel zurechtbiegen.

Sie können auch Verbindungselemente aus Wellpappestreifen herstellen, die genau so groß sein sollten, daß sie fest in zwei Halme gesteckt werden können. Bei Eckverbindungen wird die Pappe in der Mitte geknickt. Wo nötig, können die Strohhalme auch mit Klebeband verstärkt werden.

**Aufgepaßt!**
Kleine Teile

***Man braucht:***
- *Strohhalme*
- *Büroklammern*
- *Wellpappe*
- *Klebeband*
- *Schere*

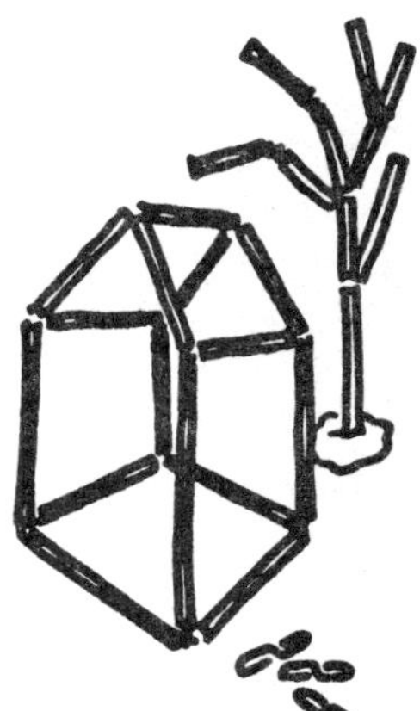

# Obstkörbchenrecycling

Sommerzeit – Erdbeerzeit! Aber was tun mit all diesen kleinen Plastikkörbchen von Erdbeeren und anderem Obst?

Machen Sie einfach Spielzeug daraus. Die Körbchen geben zum Beispiel tolle Käfige oder Höhlen für Spieltiere und Dinosaurier ab. Wenn man sie mit Drahtverschlüssen und einem Stück Schnur aneinanderhängt, wird ein prima Zug daraus.

Und selbst ein phantastischer Kran läßt sich aus den Verpackungen basteln. Dafür stellt man ein Körbchen richtig herum auf und verbindet alle vier Ecken mit Schnüren, die sich in der Mitte überkreuzen. Die beiden Schnüre sollten dabei nicht fest gespannt, sondern so locker sein, daß sie sich etwa 5 cm weit hochziehen lassen. Dort, wo sich die Schnüre überkreuzen, befestigt man dann ein drittes, etwa anderthalb Meter langes Stück Schnur, wie in der Illustration zu sehen. Diese Schnur wird nun über eine Stuhllehne gelegt, und schon kann man Spielzeugautos, Spielfiguren, kleine Bauklötze und anderes auf die Sitzfläche des Stuhles hochziehen.

Auch als Siebe können die Obstkörbchen verwendet werden. (Vielleicht müssen Sie noch ein paar zusätzliche Löcher in den Boden stoßen.) Starten Sie eine »geologsiche« Expedition damit, dann können Sie zugleich noch Ihren Garten von lästigen Steinen befreien.

**Aufgepaßt!**

Kleine Teile

***Man braucht:***

- *Obstkörbchen aus Plastik*
- *Schnur*
- *Drahtverschlüsse*

# Luftschlangen

Ob Sie nun einen Kindergeburtstag planen oder Ihre Kinder einfach so ein bißchen feiern wollen: Luftschlangen sind dafür das Nonplusultra – und leicht zu basteln außerdem.

Befestigen Sie einfach zwei verschiedenfarbige Streifen Kreppapier (etwa 1,20 m lang) an einem Eßstäbchen, an einem ungespitzten Bleistift oder einem hölzernen Löffelstiel. Dann rollen Sie die Luftschlangen auf und zeigen Ihren Kindern, wie sie die Arme schwenken müssen, um das Band zu entrollen und eine atemberaubende Farbenshow abzuziehen.

Eine Variante: Lassen Sie Ihre Kinder gleich zwei Luftschlangen schwenken, in jeder Hand eine. Für besonders beeindrukkende zweihändige Luftschlangenvorführungen sollten die Bänder unbedingt verschiedene Farben haben.

Schlagen Sie Ihren Kindern vor, immer wieder das Kreppapier zu wechseln und mit unterschiedlichen Farbkombinationen herumzuexperimentieren. Aufregend ist es auch, die Bänder zu Musik herumflattern zu lassen.

***Man braucht:***
- *ungespitzte Bleistifte, Eßstäbchen, Holzlöffel*
- *Kreppapierrollen*
- *Klebeband*

# Styropordruck

**Man braucht:**
- *Styroportabletts*
- *Bleistift*
- *Kugelschreiber*
- *Temperafarbe*
- *Papier*

Was läßt sich bloß mit diesen schrecklichen aufgeschäumten Kunststofftabletts anfangen, die man im Supermarkt oder im Schnellrestaurant bekommt? Ganz einfach: gründlich säubern und sie dann als Matrizen zum Drucken verwenden.

Lassen Sie Ihr Kind zunächst mit einem Kugelschreiber ein Bild auf den Boden eines Kunststofftabletts zeichnen. Dabei muß man den Stift gerade so stark aufdrücken, daß eine Vertiefung entsteht, aber der Boden nicht durchtrennt wird. Man kann auch ein Spieltier, einen Lastwagen oder eine Figur als Schablone nehmen. In diesem Fall ist es besser, zunächst mit einem Bleistift zu arbeiten und die Linien erst später mit einem Kugelschreiber nachzufahren.

Sobald die Zeichnung in das Styropor geritzt ist, tragen Sie mit einem Pinsel eine dünne Schicht Temperafarbe auf. Aber nicht zuviel Farbe verwenden, sonst füllen sich auch die Vertiefungen, und Sie bekommen keinen klaren Abdruck, wenn Sie im nächsten Schritt das Styropor auf ein Blatt Papier pressen. Die Zeichnung sollte scharf umrissen auf einem durchgehend farbigen Hintergrund erscheinen.

Zur Abwechslung können Ihre Kinder auch einmal ihre Namen oder ganze Botschaften einritzen. (In Spiegelschrift natürlich, siehe Nr. 265.) Außerdem eignet sich diese Technik auch für Grußkarten oder Namensschilder.

# Mach es wie die Sonnenuhr …

Eine witzige Spielidee für Sonnentage.

Sie brauchen dazu ein paar große Bögen Papier, die aneinandergeklebt etwa dreimal der Größe Ihres Kindes entsprechen. An einem sonnigen Morgen legen Sie die zusammengefügten Bögen draußen auf den Boden und beschweren die Ecken mit ein paar schweren Gegenständen. Achten Sie darauf, daß das Papier in Ost-West-Richtung ausgelegt ist. Dann stellt sich Ihr Kind auf die Mitte einer Seite. Umfahren Sie zunächst seine Fußabdrücke auf dem Papier (zur späteren Positionierung) und dann den Umriß seines Schattens. Später lassen Sie das Kind zu verschiedenen Tageszeiten in seine alten Fußstapfen treten und umfahren jedesmal den Schatten auf dem Papier.

Sprechen Sie darüber, was mit dem Schatten passiert – wie er als Folge des ständig wechselnden Sonnenstandes kürzer oder länger wird und sich von einer Seite des Papieres auf die andere bewegt.

Vielleicht haben Sie sogar Lust, das Spiel auszuweiten und eine menschliche Sonnenuhr zu bauen, indem Sie die Tageszeiten an den entsprechenden Punkten der Zeichnung markieren. Das Beste an dieser Uhr ist: Man muß sie niemals aufziehen.

***Man braucht:***

- *große Bögen Papier*
- *Bleistift oder Wachsmalkreide*

# Riesenschaumgebirge

Hier gibt's keine Regeln – und auch so gut wie keine Anleitung. Verdoppeln (oder, wenn Sie sich ganz besonders spendabel fühlen, verdreifachen) Sie einfach die normale Dosis vom Lieblingsschaumbad Ihres Kindes. Wasserhahn auf – und der Spaß kann beginnen.

Diese Beschäftigung eignet sich für jede Tageszeit. Die Hauptattraktion so eines Superschaumbads ist in erster Linie die Möglichkeit, komplizierte Schauskulpturen zu formen. Der Schaum läßt sich ziemlich mühelos zu Klumpen und Wolken türmen, die dann in einem Hui wieder weggeblasen werden können. Wahrscheinlich kriegen Sie selbst Lust mitzumachen. Wir können zumindestens bestätigen, daß ein Elternteil (oder beide) tatsächlich eine recht anständige überlebensgroße Büste von Goethe aus Badeschaum modellieren kann.

Aber fangen Sie ja nicht an zu niesen!

**Aufgepaßt!**

Nur unter Aufsicht

***Man braucht:***

- *Schaumbad*
- *Badewanne*

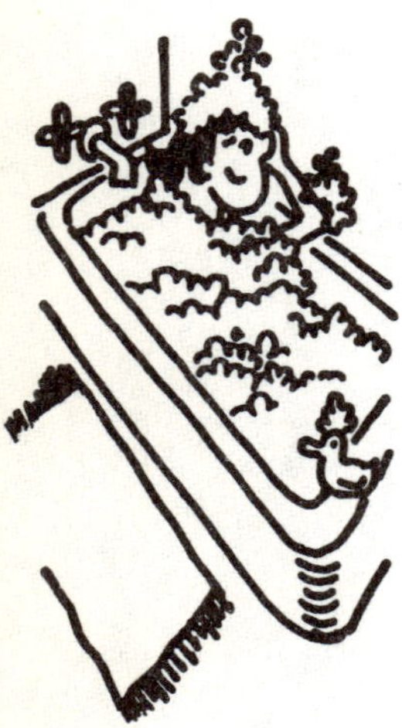

# Supergedächtnis

Ihr Kind kann sich ebenso wie Sie selbst eine Liste von beliebigen Punkten mühelos merken – vorwärts, rückwärts und in jeder Reihenfolge. Das Geheimnis: besondere Wörter, die an Zahlen und damit an die Reihenfolge der Liste erinnern. Unsere Wörter lernen sich fast von selbst, da sich jedes Wort auf die Zahl reimt, für die es steht.

| | | |
|---|---|---|
| 1: Meins | 4: Klavier | 7: Rüben |
| 2: Ei | 5: Senf | 8: Nacht |
| 3: Frei | 6: Hex | |

***Man braucht:***
- *nur Ihre Zeit*

Angenommen Sie wollen sich diese Liste merken: Buch, Briefkasten, Pferd, Briefmarke, Radio, Tasse, Haferflocken, Hemd. Verwenden Sie »Klammer«-Wörter, um die Begriffe mit einprägsamen Bildern in Ihrem Gedächtnis zu verankern.

Prägen Sie sich jedes der folgenden Bilder gut ein: Die Kinder streiten sich um ein *Buch*, jeder sagt: Das ist meins. Sie werfen ein Ei in den *Briefkasten*; was für eine Sauerei! Ein großes *Pferd* kommt angetrabt und wiehert: Laß mich frei! Sie können das Klavier nicht öffnen, weil eine riesige *Briefmarke* auf dem Deckel klebt. Sie schalten das *Radio* ein, und Senf quillt aus den Lautsprechern. Die kleine Hex trinkt ihren Kräutertee aus einer *Tasse*. Kleine Babys essen gerne *Haferflocken* und gelbe Rüben. Im Bett trägt man ein Nacht*hemd*.

Was war noch mal die Nummer fünf? (Senf, Lautsprecher, Radio!) Und an welcher Stelle stand die Tasse? (Tasse, Kräutertee, Hex, sechs!) Kinder lieben dieses Spiel ganz besonders!

# Tischhockey für zwei

Ein spannendes Spiel für drinnen, das ganz einfach ist, ohne Strom funktioniert und überhaupt nichts kostet.

Helfen Sie Ihrer Tochter oder Ihrem Sohn dabei, auf einer großen Tischplatte genügend Bücher oder Bauklötze aufzubauen, so daß daraus die Bande eines Mini-Hockeyfeldes entsteht. Verwenden Sie nach Möglichkeit Bücher oder Klötze, die dieselbe Dicke haben, damit die Bande einigermaßen eben wird.

An den beiden Schmalseiten des Feldes lassen Sie zwei Lücken offen als Tore. (Bücher mit festem Einband eignen sich besser als Taschenbücher, weil der »Puck« von einer harten Oberfläche besser abprallt.) Nun brauchen Sie noch zwei Eisstöckchen und ein kleines zusammengeknülltes Stück Papier: das sind die Schläger und der Puck.

Die Kinder können nun innerhalb eines vorher bestimmten Zeitraumes abwechselnd schießen.

Wer braucht da schon Eis?

**Aufgepaßt!**

Kleine Teile

***Man braucht:***

- *acht bis zehn dicke Bücher oder Bauklötze*
- *zwei Eisstöckchen*
- *zusammengeknülltes Papier*

# Kronkorken-Tamburin

Haben Sie auch einen zukünftigen kleinen Schlagzeuger im Haus? So können Sie ganz einfach ein Tamburin aus ein paar leicht aufzutreibenden Teilen bauen!

Man braucht dazu nur ein kleines Stück Holz und vier Kronkorken, einen Hammer und ein paar Nägel. Ihr Kind kann zugucken, während Sie jeden Kronkorken einzeln auf den Holzklotz nageln. Achten Sie darauf, daß Sie die Nägel nicht ganz einschlagen, damit sich die Korken noch herumschütteln lassen. Vier erscheinen uns ausreichend, aber das können Sie nach Wunsch variieren. Beraten Sie sich mit dem Musiker oder der Musikerin, vielleicht haben die noch Ideen für die Dekoration.

Und los geht's. Eins, zwei, Cha-Cha-Cha...

**Aufgepaßt!**
Scharfer Gegenstand

***Man braucht:***
- *ein kleines Stück Holz*
- *vier Kronkorken*
- *Hammer*
- *Nägel*

# Telefon

An dieses klassische Kinderspiel für vier oder mehr Spieler können Sie sich vermutlich noch aus Ihrer eigenen Kindheit erinnern.

Alle setzen sich im Kreis auf den Boden. Ein Kind flüstert seinem Nachbarn oder seiner Nachbarin eine Nachricht von etwa acht bis zehn Wörtern ins Ohr. Der Nachbar gibt die Nachricht – oder das, was er verstanden hat – an den nächsten im Kreis weiter. Der Witz kommt natürlich dann, wenn das letzte Kind im Kreis laut verkündet, in welcher Form die Nachricht bei ihm angekommen ist. Die Sätze sind am Schluß meist grotesk verzerrt. (Besonders die kleineren Kinder tendieren dazu, die Wörter noch absichtlich zu verdrehen.)

Wir haben von einem Spiel gehört, bei dem aus der Botschaft »Ich mach' dir ein schönes Marmeladebrot mit Erdbeer und Rhabarber« der Satz »Ich matsch' die böse Margarine dem Hund Barbara« wurde. Was das heißen soll, konnte uns allerdings bisher keiner sagen.

***Man braucht:***
- *nur Ihre Zeit*

# *Kim-Spiel*

Dieses Spiel eignet sich für alle Altersgruppen – einschließlich Erwachsene. Das Prinzip dabei ist mehr als einfach: Eine bestimmte Anzahl von Gegenständen wird auf einen Tisch gelegt. Dann hat das Kind einen Augenblick Zeit, sich die Sammlung einzuprägen, bevor es sich herumdreht, wenn Sie einen der Gegenstände entfernt haben. Frage: »Was fehlt?«

Das Spiel läßt sich recht einfach dem unterschiedlichen Alter und der Merkfähigkeit der Kinder anpassen. Bei den Kleinsten verwenden Sie eine begrenzte Zahl (drei oder vier) ganz verschiedenartiger Spielsachen, Plüschtiere oder anderer Gegenstände. Wenn Sie ihre Zahl erhöhen und Dinge wählen, die sich in Größe und Form ähneln, wird auch der Schwierigkeitsgrad des Spiels gesteigert. Ihre Sammlung könnte zum Beispiel mehrere Bauklötze enthalten, die sich nur in der Farbe unterscheiden. Nehmen Sie einen Klotz weg – ob Ihr Kind wohl erkennt, welcher Gegenstand fehlt?

Sie können außerdem die Zeit verkürzen, in der das Kind sich die Sammlung einprägen darf, oder auch die Zeit, in der es raten kann, welchen Gegenstand Sie fortgenommen haben. Und noch schwieriger wird's, wenn Sie nicht nur etwas wegnehmen, sondern die ganze Sammlung auch noch anders anordnen.

Wenn Ihre Kinder irgendwann das Spiel so richtig gut beherrschen, lassen Sie sie doch an mehreren Tischen gleichzeitig spielen!

**Aufgepaßt!**

Kleine Teile

***Man braucht:***

- *verschiedene gebräuchliche Gegenstände oder kleine Spielsachen*

# Zehn Hinweise

Zehn Hinweise ist das Gegenteil von Zwanzig Fragen (Nr. 337). Ein Spielleiter (vermutlich zunächst Sie) gibt den versammelten Spielern eine Reihe von Hinweisen, und alle dürfen jederzeit raten. Falsche Antworten werden nicht bestraft, und wer als erster richtig rät, darf beim nächsten Mal der Spielleiter sein.

Das Spiel erfordert ein wenig Vorbereitung, deswegen sollten Sie sich die folgenden Beispiele durchsehen, bevor Sie loslegen. Bestimmt werden auch Sie und Ihre Kinder bald eigene Hinweisblätter anlegen. (Das zweite Beispiel ist übrigens leichter als das erste. Vielleicht ist es besser, verschiedene Spiele für Kinder unterschiedlichen Alters zu starten. Für die Kleinen könnte es sonst frustrierend sein, ständig geschlagen zu werden.)

***Man braucht:***
- *nur Ihre Zeit*

(1) Ich habe im 15. Jahrhundert gelebt. (2) Ich wurde in Italien geboren. (3) Ich habe dem spanischen König gedient. (4) Später habe ich dann in Portugal gelebt. (5) Mein Beruf war Seefahrer. (6) Ich war überzeugt, daß die Erde eine Kugel ist. (7) Ich wollte Indien auf dem Seeweg erreichen. (8) Auf mehreren Reisen über den Atlantik bin ich im Westen auf Land gestoßen. (9) Ich gelte als »Entdecker« Amerikas. (10) Ich bin Christoph Kolumbus.

(1) Ich bin ein berühmtes Tier. (2) Ich habe ein Fell. (3) Ich habe Schnurrhaare. (4) Du hörst zu einer ganz bestimmten Jahreszeit von mir. (5) Ich mag Kinder. (6) Ich habe ganz lange Ohren. (7) Ich kann sehr schnell laufen. (8) Ich kann mit meiner Nase wakkeln. (9) Ich bringe allen, die mich mögen, Körbe mit vielen Süßigkeiten. (10) Ich bin der Osterhase.

# Klorollenkegeln

Die arme alte Klorolle kann einem schon leid tun. Da wartet sie und wartet sie, bis sie endlich das Tageslicht erblickt, und schon wird sie erbarmungslos zum Altpapier geworfen. Wir zeigen Ihnen, wie Sie wenigstens zehn dieser unterschätzten Wesen retten – und gleichzeitig noch Ihre Kinder unterhalten können.

Stellen Sie die Rollen in V-Form auf. Dann dürfen Ihre Kinder mit einem Gummiball (15 cm Durchmesser ist die beste Größe) kegeln. Aus Büchern oder Kartons lassen sich sogar Kegelbahnen bauen. Kleinkinder werden mit großer Begeisterung die Kegel umschmeißen. Ältere Kinder können Punktkarten machen und sich ihre eigene Punktwertung ausdenken.

Noch lustiger wird es, wenn die Rollen mit Filzstiften, Temperafarbe oder Folienresten verziert werden. Ziel des Spieles könnte es dann sein, die drei blauen Rollen abzuräumen oder eine besondere »Joker«-Rolle stehenzulassen. Fügen Sie ein paar Handicaps wie Augenbinden und unbequeme oder komische Wurfstellungen ein. (Man kann den Ball auch mit dem Kopf anstoßen.) Die Gewinner dürfen sich selbst verrückte Regeln oder Aufstellungen für das nächste Spiel ausdenken.

***Man braucht:***
- *zehn leere Klorollen*
- *einen Gummiball*

***Wenn Sie wollen:***
- *Bücher oder Kartons*
- *Filzstifte*
- *Temperafarben*
- *Folienreste oder Papier*

# Hier spricht Ihr Kapitän

Träumt Ihr Kind auch davon, ein Flugkapitän zu sein? Mit diesem Spiel kann es direkt im Cockpit landen.

Sie brauchen dazu ein Armaturenbrett (siehe Nr. 138) und ein paar Stuhlreihen. Die Passagiere können Gürtel oder Schnüre als Sicherheitsgurte verwenden. Auch ein paar Tabletts sind nützlich, auf denen das Essen während des Fluges serviert wird. Ihr Partner und Sie oder die anderen Kinder können um die Plätze am Gang und am Fenster knobeln.

Ihr Kind kann zuerst Steward oder Stewardeß und dann den Piloten oder die Pilotin spielen. Wenn zwei oder mehr Kinder mitspielen, können sie sich in den Rollen der verschiedenen Besatzungsmitglieder abwechseln. Die Stewardessen machen zunächst die Ansagen beim Abflug durch ein Mikrophon (aus einer Klorolle, Folienresten und einem Stück Schnur). Dann hebt der Pilot ab und gibt die Höhe und andere relevante Informationen, wie etwa das Wetter am Zielort, bekannt.

Sobald das Flugzeug seine endgültige Flughöhe erreicht hat, kann sich Ihr Kind eine Schürze umbinden und einen Imbiß austeilen. Und wer schaut derweil im Cockpit nach dem Rechten? Was glauben Sie wohl, wozu so ein Autopilot gut ist?

***Man braucht:***

- *Armaturenbrett (Nr. 138)*
- *Stühle*
- *Imbiß und Tabletts*
- *Klorolle und ein Stück Schnur*

# Dreibeiner

Ein altbewährtes Lieblingsspiel, das auf Partys, aber auch sonst jederzeit für Spaß und Unterhaltung sorgt.

Sie können das Spiel zu zweit mit Ihrem Sohn oder Ihrer Tochter oder mit einer geraden Anzahl von Kindern spielen. Schneiden Sie ein paar saubere Lumpen in breite Steifen von ungefähr 1 m Länge. (Auch alte Nylonstrümpfe können Sie verwenden.) Stellen Sie sich direkt neben Ihr Kind, so daß Sie beide in dieselbe Richtung schauen. Dann binden Sie Ihr rechtes Bein mit den Stoffstreifen an das linke Ihres Kindes (oder umgekehrt).

Gewöhnen Sie sich zuerst daran, gemeinsam zu laufen – das erfordert etwas Übung. Dann versuchen Sie nach und nach auch schwierigere Arten der Fortbewegung wie Rennen, Hüpfen oder Springen. Sie können das Spiel auch mit Gedankenlesen verbinden, wobei jeder versuchen muß zu erraten, ob der oder die andere nun nach rechts, links, vorwärts, rückwärts oder überhaupt nicht gehen will. Das Spiel eignet sich am besten für draußen, aber man kann auch in einem Zimmer üben, in dem alle Möbel beiseite gerückt und die Treppen zugestellt worden sind.

Als besondere Herausforderung bauen Sie draußen eine Hindernisstrecke auf: ein paar niedrige Bänke zum Drüberspringen, einen Campingtisch zum Drunterdurchkrabbeln und so weiter.

**Aufgepaßt!**

Nur unter Aufsicht

***Man braucht:***

- *saubere Lumpen oder alte Nylonstrümpfe*

# Daumenringen

Kennen Sie dieses Spiel? Es ist ein echtes Erfolgsrezept und wird Ihre Kinder an einem Regentag oder auf einer längeren Reise bestens beschäftigen.

Zwei Spieler greifen sich an der Hand, wie in der Illustration zu sehen. Sie tippen dreimal die Daumen gegeneinander und beginnen dann zu ringen. Das Ziel ist dabei, den Daumen des anderen niederzudrücken und unten zu halten, wozu jeder aber nur den eigenen Daumen benutzen darf.

Die Erfahrung zeigt, daß jüngere Geschwister in diesem Spiel meist unterlegen sind. Das läßt sich ein wenig ausgleichen, wenn die älteren sich während der ersten zehn Sekunden auf rein defensive Manöver beschränken. Wenn Sie selbst mit Ihrem Kind spielen, müssen Sie sich natürlich eine ähnliche zeitlich begrenzte Zurückhaltung auferlegen.

Wer drückt hier wem die Daumen?

***Man braucht:***

- *nur Ihre Zeit*

# Tigerkostüm

Das folgende fast lebensechte Tigerkostüm wird Ihr Kind garantiert begeistern.

Besorgen Sie sich eine gelbe oder orangefarbene lange Unterhose oder Strumpfhose und ein langärmliges Oberteil. Außerdem brauchen Sie schwarze Textilfarbe für die Streifen (bekommen Sie im Künstler- und Hobbybedarf). Breiten Sie Hose und Oberteil auf einem Tisch aus (den Sie zuvor mit Zeitungen abgedeckt haben). Ziehen Sie mit Lineal und Bleistift in 5 cm Abstand Linien über beide Teile. Tauchen Sie dann ein 5 cm × 2,5 cm großes Stück Schwamm in ein Schälchen mit Farbe, und zeigen Sie Ihrem Kind, wie es Streifen malen kann, indem es den Schwamm entlang der Bleistiftlinien auf den Stoff drückt.

Während die Streifen trocknen, schneiden Sie Pfoten aus orangefarbenem Filz zu; machen Sie auch zwei Löcher hinein, damit die Pfoten mit den Schnürsenkeln Ihres Kindes gehalten werden.

Dann basteln Sie einen Schwanz aus Schaumstoff, den Sie in orangefarbenen Filz oder Stoff einnähen oder kleben. Machen Sie am Ende eine Schlaufe, durch die dann ein Gürtel gezogen wird.

Mit Faschingsschminke werden die Schnurrhaare gemalt, ein paar Ohren aus Filz werden an einem Stirnband befestigt.

Der Dschungel ruft.

***Man braucht:***

- *gelbe oder orangefarbene lange Unterwäsche*
- *schwarze Textilfarbe und Schwamm*
- *Schere*
- *Bleistift*
- *etwas orangefarbenen Filz*
- *Faschingsschminke*
- *Stirnband*

# Zeitzonen

**Man braucht:**

- *eine Weltkarte oder einen Globus*
- *Karteikärtchen*
- *Stift*
- *Taschenlampe*
- *Ball*

Zunächst brauchen Sie eine Weltkarte, einen Atlas oder einen großen Globus. Dann lassen Sie Ihr Kind einen typischen Tagesablauf aufzählen: aufwachen, frühstücken, zur Arbeit oder in die Schule gehen, zu Mittag essen, nach Hause gehen, zu Abend essen, ins Bett gehen und schlafen. Schreiben Sie jede Tätigkeit auf farbige Kärtchen, die den einzelnen Tageszeiten zugeordnet werden. (Zum Beispiel kann Gelb für Vormittagstätigkeiten stehen, Grün für den Nachmittag und Lila für den Abend.)

Dann zeigen Sie auf verschiedene Länder auf der Karte und schildern, was die Leute dort im Moment vermutlich tun. Ihr Kind kann das farbige Kärtchen beim jeweiligen Land anbringen. Wenn man mitteleuropäische Zeit zugrunde legt, ist London 1 Stunde zurück, New York ebenso wie Kuba, Peru oder Kolumbien 6 Stunden zurück, San Franzisko 9 und Hawaii 10 Stunden zurück. Moskau ist ebenso wie Kenia oder Äthiopien 2 Stunden voraus, Indien 4½, Japan 8 Stunden und Australien 8½ Stunden voraus.

Ihr Kind wird wissen wollen, wie diese Zeitunterschiede zustande kommen. Halten Sie in einem abgedunkelten Raum einen Ball hoch und erklären Sie, daß die Sonne zu einer bestimmten Zeit immer nur einen Teil der Erde anstrahlt. Während sich die Erde dreht, verschieben sich Nacht und Tag entlang ihrer Oberfläche.

# Greifspiel

Haben Sie auf dem Jahrmarkt oder Volksfest früher auch dieses Spiel gespielt, bei dem man mit einem mechanischen Greifarm ein Spielzeug zu erreichen versucht?

Tragen Sie eine Reihe von kleinen Spielsachen oder Haushaltsgegenständen zusammen. Dann geben Sie Ihrem Kind eine Grillzange. Zu Anfang lassen Sie das Kind damit ganz einfach Gegenstände vom Tisch aufheben. Später können Sie die Schwierigkeit erhöhen, indem Sie ein Fenster in einen Pappkarton schneiden, durch das Ihr Kind mit der Zange greifen muß.

Als Variante legen Sie die »Preise« in eine Tasche oder Kiste und lassen Ihre Kinder mit verbundenen Augen oder geschlossenen Augen danach greifen. (Sie können das Ganze auch als Gedächtnisspiel inszenieren, indem den Kindern zu Beginn die Gegenstände gezeigt werden, die sie dann später an der richtigen Stelle ausmachen müssen.) Eine weitere Variante verlangt, daß die Preise quer durch den Raum getragen und in einer zweiten Schachtel wieder abgelegt werden müssen. Ganz besonders versierte Zangengreifer spielen das Spiel auch mit einem zeitlichen Limit.

Und als absoluten Geschicklichkeitstest lassen Sie Ihre Kinder einmal Eßstäbchen anstelle einer Grillzange benutzen. Da braucht man eine ruhige Hand!

**Aufgepaßt!**

Kleine Teile

***Man braucht:***

- *Grillzange*
- *kleine Spielsachen, Haushaltsgegenstände*

***Wenn Sie wollen:***

- *Pappkarton*
- *Eßstäbchen*

# Zungenbrecher

*Man braucht:*
- *nur Ihre Zeit*

Wie oft können Sie sagen »Blaukraut bleibt Blaukraut, und Brautkleid bleibt Brautkleid«?

Auch Ihr Kind könnte sich mal daran versuchen – wahrscheinlich werden Sie schon bald vor lauter Lachen nicht mehr können, wenn Sie beide ein paarmal herumgestottert haben. Besonders bei mehreren Kindern ist das Lachen meist so ansteckend, daß es immer schwieriger wird, den Zungenbrecher zu sagen. Falls sich Ihre Kinder langweilen – hier noch ein paar mehr, an denen sie die Beweglichkeit ihrer Zunge testen können:

In Ulm, um Ulm und um Ulm herum.

Fischers Fritz fischt frische Fische, frische Fische fischt Fischers Fritz.

Der Kottbuser Postkutscher putzt den Kottbuser Postkutschkasten.

Ein Student mit Stulpenstiefeln stolpert über einen spitzen Stein.

Gemeinsam mit Ihrem Kind können Sie auch selbst ein paar Zungenbrecher ausdenken. Das Geheimnis eines guten Zungenbrechers liegt darin, möglichst viele ähnlich klingende Wörter dicht zusammenzudrängen. Vielleicht können Sie auch einen Familienwettbewerb veranstalten. Derjenige, der den vorgeschlagenen Zungenbrecher am häufigsten sagen kann, ohne sich zu verhaspeln, darf seinen eigenen vorstellen.

# Zahnstocherbauten

Mit einer Schachtel Zahnstocher und einem Häufchen Modelliermasse kann man ein maßstabgetreues Modell des Eiffelturms bauen. Aber als Anfänger sollte man nicht gleich so ehrgeizige Pläne schmieden. Ein einfaches Haus tut's für den Anfang auch.

Alles, was Ihr Kind dazu braucht, ist etwas Modelliermasse und jede Menge Zahnstocher. (Diese Beschäftigung ist für jüngere Kinder nicht geeignet, da die Zahnstocher möglicherweise zu klein sind, als daß sie schon richtig damit umgehen könnten.) Die Modelliermasse wird zu kleinen Kügelchen von etwa 0,5 cm Durchmesser gerollt. Diese Kügelchen halten als Eckverbindungen die Zahnstocher zusammen.

Für Zahnstocher-Häuser baut man einfach ein würfelförmiges Grundgerüst mit einem A-Dachstuhl. Ihr Kind kann Türen und Fenster auf Schmierpapier malen, das dann mit Klebeband an dem Gerüst befestigt wird. Wie wäre es mit einer Brücke? Bauen Sie den Rahmen, dann legen Sie Pappstreifen darauf. Ihr Kind kann diese Brücke mit leichten Spielzeugautos sogar befahren.

Andere Möglichkeiten wären: Docks für Spielzeugboote, Gatter für Pferde und andere Spieltiere, Zoo- und Zirkuskäfige, Zäune und Tunnel. Wenn Sie das alles erst mal gebaut haben, können Sie sich wahrscheinlich an das Modell vom Eiffelturm heranwagen ...

**Aufgepaßt!**

Kleine Teile

***Man braucht:***
- *Zahnstocher*
- *Modelliermasse*

***Wenn Sie wollen:***
- *Papier und Pappe*
- *Wachsmalkreiden und Filzstifte*
- *Klebeband*

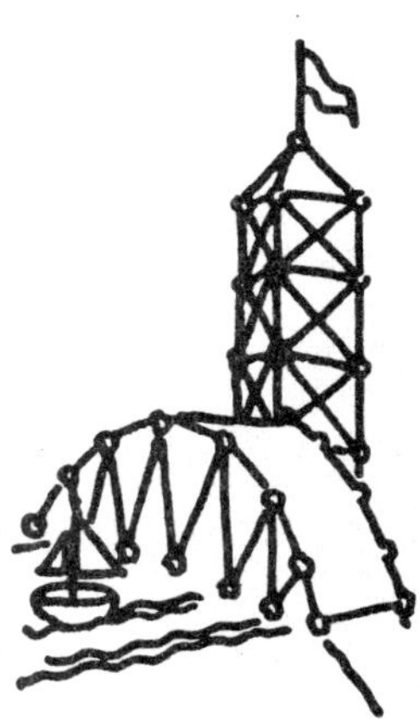

# Wettlauf zwischen Hase und Schildkröte

*Man braucht:*
- *einen großen Pappkarton*
- *Schere*
- *Wachsmalkreiden, Filzstifte oder Temperafarbe*
- *Papier*
- *Klebeband*
- *Haarreif oder Ohrenschützer*
- *lange weiße Unterhose oder Strumpfhose*
- *weißes T-Shirt*

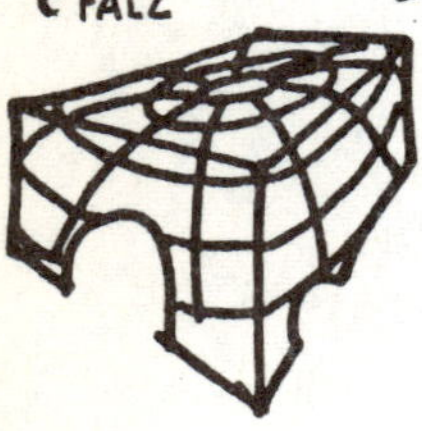

Wer ist nun wirklich schneller, der Hase oder die Schildkröte? Sie haben hier die Möglichkeit, es herauszufinden, vorausgesetzt, Sie haben zwei Kinder.

Ein Schildkrötenpanzer wird gebastelt, indem Sie aus den Seiten eines flachen, rechteckigen Pappkartons Einbuchtungen für die Arme, Beine und den Hals Ihres Kindes schneiden. Dazu müssen Sie ein wenig Maß nehmen, damit der Panzer paßt, wenn Ihr Kind in den Vierfüßlerstand geht. Mit Wachsmalkreiden, Filzstiften oder Temperafarbe kann dann eine Musterung aufgemalt werden.

Für den Hasen brauchen Sie zwei Blatt Papier, die Sie zu zwei Hasenohren falten. Kniffen Sie das untere Ende nach hinten ein, damit die Ohren aufrecht stehen. Dann befestigen Sie die Ohren mit Klebeband an einem Haarreif oder an dem Reifen von einem Paar Ohrenschützern. Suchen Sie noch ein weißes T-Shirt und ein weiße Strumpfhose oder lange Unterhose heraus, dann ist die Verkleidung komplett.

Markieren Sie eine Start- und eine Ziellinie, und zeigen Sie dem Hasen, wie er hüpfen, und der Schildkröte, wie sie krabbeln soll. Zu dritt werden Sie nun wohl ein für allemal die alte Streitfrage lösen.

# Der feine Unterschied

Viele Dinge in unserer Umwelt sehen ähnlich aus und haben doch ganz feine Unterschiede. Blätter zum Beispiel. Für ein Kind (und für manchen Erwachsenen) sehen sie alle gleich aus. Die folgende Beschäftigung macht mit diesem Vorurteil ein für allemal Schluß.

Planen Sie eine Expedition in Ihren Garten oder in den nächsten Park, auf die Sie zwei Einkaufstüten aus Papier mitnehmen. Dort sammeln Sie etwa ein halbes Dutzend frische Blätter. Wählen Sie möglichst unterschiedliche Exemplare: ganz weiche und pelzige Blätter, gelappte Blätter mit »Fingern«, Blätter mit langen Stielen, einige »zusammengesetzte Blätter«, die aus mehreren kleinen Blättchen bestehen und so weiter. Achten Sie darauf, daß Sie immer zwei von jeder Art mitnehmen, so daß jede Tüte einen identsichen »Satz« enthält. Lassen Sie Ihr Kind in eine Tüte greifen und ein Blatt befühlen. Dann soll es in der zweiten Tüte das Gegenstück dazu ertasten.

Sprechen Sie über die vielen Verschiedenheiten, die sich zwischen den Blättern feststellen lassen. Wie unterscheiden sie sich in Form oder Oberflächenbeschaffenheit? Nach dem Spiel werden Sie und Ihr Kind die Umwelt vielleicht mit ganz neuen Augen betrachten.

***Man braucht:***
- *frische Blätter*
- *zwei Einkaufstüten*

# Spielzoo

**Man braucht:**
- *Spieltiere*
- *Karteikarten*
- *Stift*

**Wenn Sie wollen:**
- *Materialien für Dioramas (Nr. 77)*
- *kleine Schachteln*
- *Gummibänder*

Fast so gut wie ein Besuch im Zoo ist es, sich selbst einen zu basteln. Man braucht dazu nur ein paar Spieltiere (oder Bilder von Tieren, die auf Pappe aufgeklebt werden).

Ihr Kind kann die Tiere auf Regalbrettern, Tischen oder auf dem Fußboden aufbauen. Sie können anhand dieses Spiels die verschiedenen Tiergruppen einführen, aber lassen Sie dem Ordnungssinn Ihres Kindes den Vorrang. Vielleicht erscheint es ihm am einleuchtendsten, die Tiere des Zoos nach Farben oder nach ihrer Schwanzlänge zu gruppieren.

Wenn Sie Lust dazu haben, setzen Sie die Tiere in Dioramas (siehe Nr. 77), die Sie dann im Raum verteilen. Sie können auch Gummibänder um kleine Schachteln wickeln – die Käfige mit den Gitterstäben. (Kleine Kinder sollten aber nicht mit Gummibändern spielen.) Lassen Sie sich von Ihrem Kind Auskunft geben über die Versorgung und Fütterung der Tiere, ihre Vorlieben, Abneigungen und auch besondere Hinweise oder Warnungen bezüglich des Sicherheitsabstandes. Halten Sie dies auf Karteikarten fest. Ältere Kinder können die Karten auch selber beschriften.

Lassen *Sie* sich von Ihrem Kind über die Tiere unterrichten – vielleicht haben Sie sogar den Mut, Ihren Finger in das Maul des grimmigen bengalischen Eselhasen zu stecken.

# Spielhaus

Ein leerer Karton ist ein Haus, das nur darauf wartet, entdeckt zu werden. Hier ein paar Anregungen, wie sich eine große Pappschachtel in ein Haus für Puppen oder Tiere verwandeln läßt.

Der erste Arbeitsgang besteht vor allem aus Schneiden (Aufgabe eines Erwachsenen). Zuerst stellen Sie den Karton auf den Kopf und schneiden eine Seite fast ganz heraus – das ist nun die Rückseite. Gegenüber machen Sie eine Klappe als Eingangstür, dann schneiden Sie Fenster in die Vorder- und Seitenwände. Auch ein Giebeldach können Sie bauen, indem Sie ein Stück Pappe zur Hälfte falten und die Kanten an der Oberseite des Kartons befestigen. Schneiden Sie dreieckige Stücke zu, die Sie dann gegen die Seiten kleben.

Wenn die Schneidearbeiten beendet sind, kann Ihr Kind mit dem Bemalen beginnen: Fensterläden, ein Türgriff und so weiter. Vielleicht wäre auch eine kleine Gartenanlage genehm? Dazu legen Sie einen Bogen Pappe oder Papier vor das Haus und teilen die grünen Wachsmalkreiden oder Filzstifte aus.

Richten Sie das Haus innen mit Puppenmöbeln ein, die Sie ebenfalls selber anfertigen können. Kleine Schachteln lassen sich ganz leicht zu Sofas, Küchentischen und Stühlen umformen.

Nach der gleichen Methode können Sie und Ihr Kind auch eine Scheune, einen Zoo, eine Schule oder jedes beliebige Gebäude bauen. Wer weiß – vielleicht legen Sie damit den Grundstein zu einer großen Architektenkarriere!

***Man braucht:***

- *einen Pappkarton (mindestens 30 cm × 30 cm)*
- *Wachsmalkreiden oder Filzstifte*
- *kleine Pappschachteln*
- *Schere oder anderes Schneidewerkzeug*
- *Klebeband*
- *Puppen oder Spieltiere*

# Spielzeugmacher

Diese Beschäftigung ist genau das richtige für Vorschulkinder mit kleineren Geschwistern.

*Einfache Rasseln.* Ein sehr großer Knopf oder irgendein anderer Plastikgegenstand wird in einen großen Joghurtbecher o. ä. gelegt, dieser mit dem Deckel verschlossen und dann herumgeschüttelt. (Die Gegenstände sollten so groß sein, daß ein kleines Kind sie nicht verschlukken kann.)

*Kuckuck.* Ein Bild aus einer Zeitschrift wird auf ein festes Stück Pappe geklebt und dann ausgeschnitten (Aufgabe eines Erwachsenen). Dann wird ein Eisstöckchen am unteren Rand des Bildes befestigt. Als nächstes schneidet man einen Schlitz in den Boden einer kleinen Schachtel (die etwa so hoch wie der überstehende Teil des Eisstöckchens sein sollte). Nun wird das Stöckchen durch den Schlitz gesteckt, und man kann mit dem Pappbild durch die offene Oberseite der Schachtel »Kuckuck« spielen.

*Babybuch.* Blättern Sie gemeinsam mit Ihrem Kind in Zeitschriften, aus denen Sie dann Fotos von Kleinkindern ausschneiden. Diese Bilder werden nun auf karteikartengroße Papierstücke geklebt, bemalt und mit selbstklebender Folie überzogen oder in Klarsichthüllen gesteckt. Die Seiten werden gelocht und mit Schnur oder Ringbindungen zusammengehalten.

Diese Spielsachen werden die älteren Brüder oder Schwestern sicher mit großem Stolz verschenken.

***Man braucht:***

- *einen Joghurtbecher mit Deckel*
- *große Knöpfe*
- *Zeitschriftenbilder*
- *Pappe*
- *eine kleine Pappschachtel*
- *doppelseitiges Klebeband oder ungiftigen Klebstoff*
- *Eisstöckchen*
- *Schere*
- *Schnur*
- *Locher*
- *selbstklebende Folie oder Klarsichthülle*

# Müllsammeltrupp

Wir alle gehen jeden Tag an Papier und anderen Abfällen vorbei, die auf Gehwegen, in Parks und vor unserer Haustür liegen. Oft denken wir noch: »Es sollte sich mal jemand zehn Minuten Zeit nehmen und den ganzen Mist aufsammeln, das wäre gar nicht soviel Arbeit.« Bei dieser Beschäftigung sind Sie und Ihre Kinder mal diese Jemands, die etwas Gutes für die Umwelt tun.

Nehmen Sie ein paar Tüten mit, und schließen Sie sich der Müllsammeltruppe an! Zuerst kümmern Sie sich vielleicht am besten um die unmittelbare Umgebung Ihres Hauses. Für Stadtbewohner bedeutet das leere Flaschen, Zeitungen und so weiter vom Gehweg sammeln. Wer weiter außerhalb oder auf dem Land wohnt, muß wohl eher Getränkedosen und Verpackungen aufklauben, die Autofahrer achtlos weggeworfen haben.

Das Müllsammeln gelingt sogar noch besser, wenn am Ende eine Belohnung für die Truppe winkt. Sie könnten sich für einen Ausflug zu einem besonders beliebten Spielplatz oder an einen See entscheiden, nachdem Sie sich wieder ein bißchen frisch gemacht haben. Oder es gibt einen Haufen selbstgebackener Kekse oder anderer Köstlichkeiten, der unbedingt »weggeputzt« werden muß.

***Man braucht:***

- *Mülltüten*

# Reisezeiten

Sind wir bald da?« Das ist vermutlich die von Kindern am häufigsten wiederholte und von Erwachsenen am meisten gefürchtete Frage auf längeren Autofahrten. Die folgende Beschäftigung vermittelt Ihrem Kind eine Vorstellung davon, wie lange man braucht, um von A nach B zu kommen; und obendrein dürfen Sie mit dem Kinderzimmer vorliebnehmen.

***Man braucht:***
- *Landkarten*

Sie brauchen eine Landkarte, auf der Sie zwei Bundesländer oder zwei Städte auswählen, die Ihrem Kind (zumindest dem Namen nach) bekannt sind. Mit Hilfe des Maßstabes der Karte können Sie die Entfernung (Luftlinie) zwischen beiden feststellen. (Vielleicht hat die Karte auch eine genaue Entfernungstabelle.) Nun errechnen Sie die Zeit, die man bräuchte, um die Strecke zu Fuß (4–5 km/h), per Fahrrad (20 km/h), Auto (90 km/h), Zug (140 km/h), Düsenflugzeug (900 km/h), Überschallflugzeug (2250 km/h) oder Rakete (27 450 km/h) zurückzulegen. Kleineren Kindern können Sie längere Zeitspannen mit Hilfe von Bezugsdaten erklären, die sie einfacher verstehen können – etwa die Zeit zwischen Weihnachten und ihrem Geburtstag.

Versuchen Sie das Ganze auch einmal mit fremden Städten; vielleicht können Sie Ihr Kind mit Fakten verblüffen, wie lange man beispielsweise zu Fuß von Paris nach Rom unterwegs wäre. Da zeigt sich mal wieder, daß sich Rom eben doch nicht in einem Tag erobern läßt.

# Schatzsuche

Bei diesem Spiel geht es darum, die Einzelteile einer versteckten Karte zu finden. Zeichnen Sie einen Plan von Ihrem Haus oder Ihrer Wohnung (oder von einem vertrauten Zimmer). Bestimmen Sie die Datails dabei entsprechend dem Alter und den Fähigkeiten Ihrer Kinder. Kennzeichnen Sie den Ort, an dem sich eine »Schatztruhe« befindet – eine Schachtel oder ein Umschlag mit einer kleinen Lekkerei oder Belohnung.

Zerschneiden Sie den Plan in mehrere unregelmäßige Teile. Auch hier sollten Sie den Schwierigkeitsgrad des Puzzles dem Können Ihres Kindes anpassen. Zur Verstärkung können Sie den Plan zuerst auf Pappe aufkleben und dann zerschneiden.

Als nächstes verstecken Sie die einzelnen Stücke im Zimmer und geben Tips, wo sie sich befinden. Dabei gilt im allgemeinen: Halten Sie's leicht für die Kleinen, ältere Kinder dürfen sich dagegen schon ein wenig den Kopf zerbrechen. Wenn alle Teile des Planes zusammengesetzt sind, müssen Sie kleineren Kindern vielleicht noch beim Kartenlesen Hilfestellung leisten. Die älteren können sich schon alleine auf die Suche machen.

Natürlich muß sich die ganze Anstrengung auch lohnen: Der Schatz könnte also ein Gutschein für einen selbstgebackenen Kuchen, einen Familienausflug nach Wahl des Kindes oder irgendein anderer Preis sein, der den Mühen der Schatzsuche angemessen ist.

***Man braucht:***
- *Papier*
- *Zeichenmaterial*
- *Schere (nur für Erwachsene)*

***Wenn Sie wollen:***
- *Klebstoff*
- *Pappe*

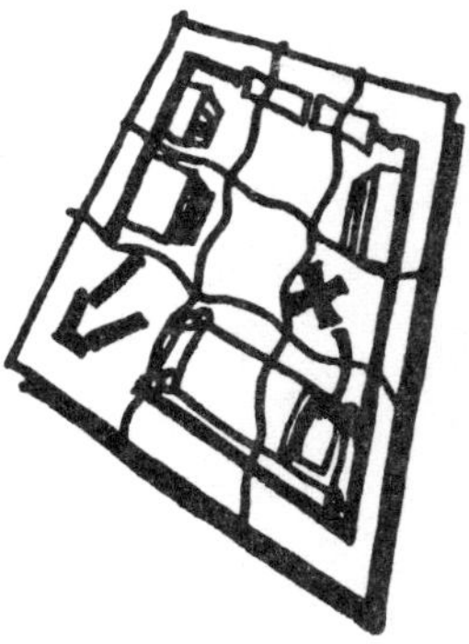

# Sagenhafte Geschichten

Viele, viele Jahrhunderte lang haben die Menschen ihr Wissen in Form von Geschichten, Mythen und Sagen von einer Generation an die nächste weitergegeben. Mit dieser Beschäftigung können Kinder spielerisch das Leben in anderen Gesellschaften nachempfinden.

***Man braucht:***
- *Stift und Papier*

Zuerst sollen Ihre Kinder sich vorstellen, sie gehörten zu einem Stamm von Jägern und Sammlern. Keine Telefone, kein Fernsehen, kein Strom, keine Autos, kein fließend Wasser. Wie würden sich die Leute warm halten? Welche Pflichten hätten die verschiedenen Mitglieder des Stammes? Woher bekämen sie Wasser? Welche Nahrung würden die Menschen essen? Wie würden sie das Essen zubereiten? Wo würden die Menschen wohnen? Und wie kann man beispielsweise ein Haus aus Stöcken, Lehm oder Schnee bauen? Welche Tiere würden in der Umgebung leben? Wie würden sich Menschen und Tiere vertragen? Wie würde sich die Gruppe verteidigen? Wie würden sie wichtige Nachrichten erhalten und verbreiten?

Nun kann sich Ihr Kind eine besondere Geschichte ausdenken, die auf *eine* dieser Fragen Antwort gibt. (Ohne Bücher sind Geschichten schließlich die beste Möglichkeit, kulturelles Wissen weiterzugeben.) Wenn es in der Geschichte darum geht, wie wichtig es ist, die Kohlen auf der Feuerstelle am Brennen zu halten, lassen Sie Ihr Kind beschreiben, was geschah, als einmal ein starker Wind das Feuer ausgeblasen hatte!

# Zwanzig Fragen

Hier ist ein altbekanntes Spiel, das äußerst beliebt war in den Jahren, als das Fernsehen noch nicht die gesamte freie Zeit der Familien beansprucht hat. Sie werden feststellen, daß es noch immer ein faszinierender und mitreißender Test von logischem Denkvermögen für Familienmitglieder jeden Alters ist.

Ein Spieler denkt sich einen Gegenstand oder eine Person aus. Dabei gibt es nur eine Regel: Es muß ein Lebewesen, eine Pflanze oder Gegenstand sein; abstrakte oder zu umfassende Begriffe wie etwa »Postmoderne« oder »Rosenmontagszug« gelten nicht. Das Spiel geht der Reihe nach, wobei jeder Spieler eine Frage stellen darf, die mit ja oder nein zu beantworten ist.

***Man braucht:***
- *nur Ihre Zeit*

Nur am Anfang dieses Ja-oder-Nein-Spiels gibt es eine Ausnahme auf die erste Frage »Ist es ein Lebewesen, eine Pflanze oder ein Gegenstand?«. Diese Frage muß mit dem richtigen der drei Begriffe beantwortet werden. (Jüngeren Mitspielern müssen Sie die drei Kategorien vielleicht noch erklären.) Die zweite Frage lautet in der Regel: »Ist es größer als ein Brotkasten?« Das ist dann die erste der Ja-oder-Nein-Fragen.

Der befragte Spieler zählt die Fragen mit; wer bis einschließlich der zwanzigsten Frage richtig rät, darf sich das nächste geheimnisvolle Objekt oder eine Person ausdenken.

Eine interessante Variante finden Sie in Nr. 318 Zehn Hinweise.

# Das unzerbrechliche Ei

Normalerweise halten wir Eier immer für äußerst zerbrechlich, dabei sind sie in Wirklichkeit verblüffend widerstandsfähig.

Sie geben Ihrem Kind (oder sonst irgend jemandem) ein rohes Ei und lassen es versuchen, ob man das Ei mit nur einer Hand unter gleichmäßigem Druck von allen Seiten zerquetschen kann. Jedes zuvor unbeschädigte Ei wird ganz bleiben.

Warum? Weil Eier so angelegt sind, daß sie Druck aushalten können. (Die Henne muß sich ja schließlich draufsetzen.) Eier sind Beispiele für die bemerkenswerte »Ingenieurskunst« der Natur; sie halten wirklich fast jedem einhändigen Druck stand. Versuchen Sie es selbst einmal.

Nur eines müssen Sie beachten: Ein Ei, das bereits feine Risse hat, wird die Prozedur nicht überstehen. Halten Sie das Ei gegen eine helle Lichtquelle, um es auf solche Beschädigungen hin zu untersuchen. Sonst bekleckern Sie sich nicht mit Ruhm, sondern (Trommelwirbel, bitte!) mit Eigelb.

***Man braucht:***
- *ein rohes Ei*

# Unterwasserwelt

Wenn Sie keine Zeit haben, an die See zu fahren, dann holen Sie sich das Meer doch einfach in Ihr Haus oder Ihren Garten.

Sie brauchen eine große Plastikschüssel. (Sie können auch eine Riesenwanne im Haushaltswarenladen kaufen, falls Sie so richtig loslegen wollen.) Füllen Sie die Schüssel etwa 3–5 cm hoch mit Wasser. Ihr Kind kann dann noch glatte Kiesel oder größere Steine und Muscheln – wenn Sie welche finden – hineintun, so daß ein Meeresgrund entsteht. Ein paar Pflanzenteile, die von den Steinen festgehalten werden, sehen aus wie echter Seetang.

Der Ozean ist nun bereit für Handelsschiffe und für die Bewohner seiner Tiefen. Aus Schwämmen schneiden Sie Fische, Wale, Tintenfische und so weiter aus. Sie können auch eine Schlaufe aus einem Pfeifenputzer durch die Schwammfische ziehen, dann kann Ihr Kind die in Nr. 182 beschriebene Angel einsetzen. Vielleicht haben Sie auch Lust, einen Tiefseetaucher aus Schwamm auf die Unterwasserreise zu schicken – befestigen Sie einfach ein kleines Medizinfläschchen oder eine Filmdose als Sauerstoffgerät auf dem Rücken. Zum Schluß kommen noch ein paar selbstgebaute Spielzeugboote als Geleit dazu.

Leeren Sie das Wasser aus, wenn Ihr Kind genug gespielt hat. (Vielleicht will es das Wasser auch im Garten verteilen oder Zimmerpflanzen damit gießen.)

***Man braucht:***

- *eine große Plastikschüssel*
- *Wasser*
- *Kiesel, Muscheln*
- *Pflanzenteile*
- *Schwämme*
- *Schere*
- *Spielzeugboote*

# Gabelmann & Söhne

Alles, was Sie für eine schnelle Kasperlevorführung brauchen, finden Sie in Ihrer Küchenschublade. Löffel und/oder Gabel sind ideal für Handpuppen.

Für Gabelmann & Söhne benötigen Sie ansonsten nur ein paar gebräuchliche Haushaltsgegenstände wie Klebeband, Garn, Folie, Watte und Drahtverschlüsse. Sie können zum Beispiel einen großen Löffel nehmen und einen Wattebausch auf der Spitze befestigen – schon haben Sie einen Haarschopf. Auf die gleiche Weise läßt sich auch ein Bart herstellen. Außerdem können Sie Ohren aus Pappe anfertigen und sie auf der Rückseite ankleben. Und wie wäre es mit einer Fliege aus einem Drahtverschluß? Oder mit Gesichtszügen aus kleinen Knetestückchen?

Besonders witzig ist eine eßbare Handpuppe, für die Sie Erbsen und andere Lebensmittelstückchen mit geeigneter Form auf die Zinken einer Gabel spießen und das Ganze dann mit einem Karottenhut krönen. Ganz schön trickreich, Ihrem Kind auf diese Weise etwas Eßbares in den Mund zu schmuggeln!

Siehe auch Sockentheater (Nr. 296) und Fingerpüppchen (Nr. 106).

***Man braucht:***
- *Löffel oder Gabel*
- *Watte*
- *Knetgummi*
- *Folienreste*
- *Klebeband*
- *Drahtverschluß*

***Wenn Sie wollen:***
- *Erbsen, Beeren, andere Früchte/Gemüse*

# Klettball

Diese Sportart hat es zwar noch nicht zu olympischen Ehren gebracht, aber in Ihrer Familie können Sie damit trotzdem eine Goldmedaille gewinnen.

Zuerst versehen Sie einen Tischtennisball mit Tupfen aus Klettband. (Die Anleitung hierzu finden Sie beim Wurfspiel Nr. 272.) Dann machen Sie einen Fanghandschuh aus Flanell. Schneiden Sie ein rundes Stück Pappe mit einem Durchmesser von etwa 20 cm aus, das Sie hinten mit einer Schlaufe versehen. Diese besteht aus einem 2,5 cm breiten Pappstreifen und wird mit Klebeband oder Heftklammern auf der Rückseite befestigt. Lassen Sie gerade so viel Spielraum, daß Ihre Hand festsitzt, wenn Sie sie durch die Schlaufe stecken (für Ihr Kind muß die Schlaufe natürlich enger sein). Überkleben Sie die Enden der Heftklammern auf der Rückseite mit Klebeband oder einem weiteren Stück Pappe. Zum Schluß beziehen Sie die Vorderseite mit einem Überzug auf Flanell, Wolle oder Filz, den Sie auf der Rückseite ebenfalls mit Klebeband oder Klebstoff befestigen.

Jetzt kann das Spiel beginnen. Ein Spieler wirft, der andere versucht den Ball mit seinem Handschuh zu fangen – wenn genügend Klettbandtupfen auf dem Ball sind, wird er hängenbleiben. Dann darf der Fänger werfen: Je größer die Entfernung und je kleiner der Handschuh, desto höher wird der Schwierigkeitsgrad.

Jetzt haben Sie und Ihre Kinder eine ideale Ausgangsposition für die Spiele im Jahre 2008 in Athen.

**Aufgepaßt!**

Nur unter Aufsicht

***Man braucht:***

- *Tischtennisbälle*
- *selbstklebendes Klettband*
- *Pappe*
- *Schere*
- *Flanell, Wolle oder Filz*
- *Hefter, Klebeband oder Klebstoff*

# Verben und so weiter

Bei diesem Spiel kann Ihr Sohn oder Ihre Tochter den Unterschied zwischen den beiden wichtigsten Bestandteilen unserer Sprache kennenlernen – zwischen Substantiven und Verben.

Sie brauchen einen Stapel von zwanzig Karteikarten, auf die Sie je ein Wort schreiben; zehn Substantive und zehn Verben. Erklären Sie Ihrem Kind, daß ein Verb ein Tunwort ist, ein Wort bei dem etwas geschieht. Der beste Test für ein Verb ist die Frage, ob man das Wort verwenden kann, um den Satz »Ich würde gerne ...« zu vervollständigen.

Substantive sind einfach zu erkennen: Sie bezeichnen Menschen, Tiere, Orte oder Dinge. Jetzt fragt sich bloß noch: Kann Ihr Kind die beiden unterscheiden? Zeigen Sie ihm oder ihr die Karten – besteht das fragliche Wort den Verbentest? (Ehrlich gesagt: »Ich würde gerne Schuh« klingt doch schlichtweg komisch. Ihr Kind wird den Dreh bestimmt schnell raushaben.)

Wenn Sie sich so auf zwei einfache Begriffe beschränken, können Sie ohne viel Aufhebens nach und nach die verschiedenen Sprachbestandteile einführen und sogar noch Spaß dabei haben.

***Man braucht:***

- *Karteikarten*
- *Stift*

# Plüschtierklinik

Wie die meisten Erwachsenen sind auch Sie wahrscheinlich der Ansicht, daß Plüschtiere keiner besonderen Fürsorge oder Betreuung bedürfen. Jeder Vierjährige wird Sie allerdings eines Besseren belehren und Ihnen die Notwendigkeiten des Gesundheitswesens für Teddybären und andere Kuscheltiere erläutern.

Richten Sie eine Klinik in Ihrem Wohn- oder Kinderzimmer ein, indem Sie ein Handtuch oder eine Tischdecke über ein kleines Tischchen breiten. Das ist nun der »Untersuchungstisch«. Auch wenn Ihr Kind schon einen Arztkoffer mit Spielinstrumenten besitzt, werden Sie vermutlich noch improvisieren müssen: Mit Eisstöckchen läßt sich die Zunge herunterdrücken, und mit einer Taschenlampe kann man in die Stoffohren und -hälse schauen. Sie können ein Thermometer herstellen, indem Sie eine Temperaturskala auf ein Eisstöckchen malen. Und eine Waage darf auch nicht fehlen. Am besten stellen Sie die Badezimmerwaage zur Verfügung, solange sie für die Praxis gebraucht wird. Aus Stoffresten und Enden von Klettband lassen sich schließlich noch Bandagen herstellen. Kinder bestehen auch gern auf eigenen Untersuchungsinstrumenten und -methoden. Unser Sohn beispielsweise ist nicht davon abzubringen, den Blutdruck seines Teddybären mit einer Küchennadel in dessen Ohr zu messen. Wer will da protestieren, wenn die Behandlung Erfolg hat? Wir können uns nicht daran erinnern, daß der Bär jemals über Ohrenschmerzen geklagt hätte.

***Man braucht:***
- *Plüschtiere*
- *Handtuch oder Tischdecke*
- *Eisstöckchen*
- *Taschenlampe*
- *Stoff, Klettband*

# Mehr oder weniger?

Der Psychologe Jean Piaget kam zu der bahnbrechenden Erkenntnis, daß Kinder nicht einfach Erwachsene im Kleinformat sind, sondern daß ihre Denkweise eine ganz und gar andere ist. Er zeigte dies unter anderem durch den sogenannten »Konservierungs-Test«.

Sie benötigen zwei identische durchsichtige Trinkgläser (am besten hoch und schmal). Diese füllen Sie beide bis zur gleichen Höhe mit Wasser. Dann fragen Sie Ihr Kind, ob beide dieselbe Menge enthalten. Nun gießen Sie den Inhalt des einen Glases in eine flache Glasschale und fragen, ob Glas und Schale dieselbe Menge enthalten. Ein Kind, das den Entwicklungsschritt der Erkenntnis der »Invarianz« dieser Mengen noch nicht vollzogen hat, wird behaupten, daß entweder im Glas oder in der Schale mehr Wasser ist. Wenn Ihr Kind sagt, daß die Mengen identisch sind, fragen Sie, warum dann beide unterschiedlich aussehen. Ein Kind, das das Problem wirklich verstanden hat, wird erklären, daß man nur das Wasser aus der Schale zurück ins Glas gießen muß, um zu beweisen, daß der Füllstand der Gläser derselbe ist.

Kinder beginnen im allgemeinen im Alter von fünf bis sieben Jahren diesen Invarianzbegriff zu erwerben. Aber machen Sie sich keine Gedanken, ob sich Ihr Kind auch »planmäßig« entwickelt – unsere Altersangabe ist nur eine grobe Schätzung und keineswegs ein verbindlicher Zeitplan.

**Man braucht:**
- *zwei durchsichtige Gläser oder Plastikbehälter*
- *eine Glasschale*
- *Wasser*

# Bewegliche Papierpüppchen

Wie können Sie einer Papierpuppe Leben einhauchen? Mit Ihren Fingern?

Zuerst lassen Sie Ihre Tochter oder Ihren Sohn Spielfiguren oder Tiere auf dünne Pappe abmalen, wobei die Beine weggelassen werden. Ausgeschnitten sollte die Pappfigur etwa 7–10 cm groß sein. Als nächstes kann Ihr Kind die Zeichnungen mit Wachsmalkreiden oder Filzstiften vervollständigen. Dann sind Sie wieder an der Reihe und schneiden zwei Grifflöcher nebeneinander in die untere Hälfte des Bildes, dort, wo normalerweise die Beine sitzen (siehe Abbildung). Die Finger werden von hinten durch die Löcher gesteckt: Jetzt kann das Püppchen laufen. Für menschliche Figuren (oder für komische Tiere) können Sie Schuhe aus Erdnußschalen, Fingerhüten oder Papierstückchen machen.

Sie können sich nun abwechselnd mit Ihrem Kind gegenseitig etwas vorspielen – oder jeder von Ihnen übernimmt zwei Püppchen, und Sie zeigen vierhändig Ihre Fingerfertigkeit als Puppenspieler.

***Man braucht:***

- *Pappe*
- *Schere*
- *Wachsmalkreiden*
- *oder Filzstifte*
- *Erdnußschalen, Fingerhüte oder Papier*

# Wallys Wurfspiel

Okay, okay. Es ist ja verständlich, daß Sie es nicht so gerne haben, wenn man mit Hufeisen auf Ihrem Wohnzimmerteppich herumwirft. Aber unsere Freundin Wally Powers hat eine echte Alternative herausgefunden, die Ihren Kindern bestimmt ebensoviel Spaß machen wird.

Sie brauchen dazu ein paar kräftige Pappteller, die mindestens 12 cm Durchmesser haben sollten. Schneiden Sie die Mitte dieser Teller heraus, so daß nur noch ein etwa 3 cm breiter Ring stehenbleibt. Dann stellen Sie eine Kerze aufrecht in einen Kerzenständer. Ihr Kind kann nun den Papptellerring wie ein Frisbee werfen und versuchen, ihn über den »Pfosten« zu bekommen. Eine volle, ungeöffnete (!) Wein- oder Ölflasche ist ebenfalls gut als »Pfosten« geeignet.

Die Kleineren werden sich daran ergötzen, den Pappteller herumfliegen zu lassen – Sie können nachhelfen, daß sie tatsächlich mal einen Treffer landen, indem Sie mehrere Zielpfosten auf dem Fußboden verteilen. Ältere Kinder haben vielleicht Lust, sich eigene, kompliziertere Regeln auszudenken.

Und nicht vergessen: Gut gezielt ist halb getroffen!

**Aufgepaßt!**

Nur unter Aufsicht

***Man braucht:***

- *Pappteller oder Plastikringe mit 12 cm Durchmesser*
- *Kerzenständer, Kerzen*

***Wenn Sie wollen:***

- *eine ungeöffnete Flasche mit schmalem Hals*

# Faszinierendes Farbenspiel

Die Faszination dieses Farbenspiels wird auch Ihr Kind in seinen Bann ziehen.

Zunächst brauchen Sie einen durchsichtigen Behälter mit Schraubdeckel, in den Sie zu gleichen Teilen Öl und Wasser füllen und dann einige Tropfen Lebensmittelfarbe hinzugeben.

Beginnen Sie mit nur einer Farbe, lassen Sie Ihr Kind das Glas schütteln und beobachten, was passiert, wenn sich Öl und Wasser wieder trennen und die Tröpfchen durcheinanderwirbeln und tanzen. Nun geben Sie eine zweite Farbe dazu und beobachten, wie sich die beiden vermischen und dabei die Gebilde im Glas verändern. *(Blau + gelb = grün; rot + blau = lila; rot + gelb = orange).* Während Ihr Kind mit den verschiedenen Farben herumexperimentiert, leuchten Sie das Glas auch mal mit einer Taschenlampe von der Seite an. (Erklären Sie, daß das Licht nie einer anderen Person direkt ins Gesicht scheinen sollte.) Oder ziehen Sie einen Farbfilter vor die Taschenlampe.

In jedem Fall werden diese Spiele mit Licht, Farbe und Wasser die Phantasie Ihres Kindes anregen.

***Man braucht:***
- *einen durchsichtigen Behälter mit dicht schließendem Deckel*
- *Wasser*
- *Speiseöl*
- *Lebensmittelfarbe*

***Wenn Sie wollen:***
- *Taschenlampe*

# Wetterstation

Interessiert sich Ihr Kind für das Wetter? Dann richten Sie doch eine Junior-Wetterstation ein.

Für eine Wetterfahne brauchen Sie ein quadratisches Stück Pappe von ungefähr 12 cm Seitenlänge. Schreiben Sie die Anfangsbuchstaben der vier Himmelsrichtungen (N, S, O und W) in die entsprechenden Ecken. Schneiden Sie dann ein Loch in die Mitte der Pappe, gerade groß genug, daß ein Holzstab hindurchpaßt. Fertigen Sie nun einen Pfeil aus Pappe, an dessen Ende Sie etwas Pappe im rechten Winkel ankleben, um dem Wind Angriffsfläche zu bieten (siehe Abbildung). Schneiden Sie ein Loch in die Mitte des Pfeiles, und stecken Sie ihn mit einer Reißzwecke durch das Loch auf die Spitze des Holzstabes. Achten Sie darauf, daß der Pfeil frei beweglich ist. Stecken Sie den Holzstab in die Erde, und richten Sie das Pappquadrat nach den Himmelsrichtungen aus. (Falls nötig, benutzen Sie einen Kompaß.) Jetzt kann Ihr Kind immer feststellen, woher der Wind weht.

Um den Niederschlag zu messen, brauchen Sie nur eine Blechdose oder einen anderen Behälter mit geraden Seiten und ein Lineal. Vielleicht kaufen Sie auch noch ein billiges Außenthermometer, am besten mit einem Zeiger anstelle einer Quecksilberskala.

Für kleinere Kinder müssen Sie vermutlich die Instrumente ablesen. Ältere Kinder übernehmen das wahrscheinlich lieber selbst und halten ihre Beobachtungen in einem Heft fest.

**Aufgepaßt!**

Scharfer Gegenstand

***Man braucht:***

- *Holzstab*
- *Pappe*
- *Schere*
- *Stift*
- *Reißzwecke*
- *Klebeband*
- *Dose oder Glas*
- *Lineal*
- *Außenthermometer*

# Wöchentlicher Handabdruck

Wie die meisten von uns haben auch Sie Ihr Kind schon erstaunt gemustert und dabei gedacht: »Kaum zu glauben, wie schnell er/sie wächst.« Durch die folgende Beschäftigung wird zwar die Zeit nicht langsamer vergehen – aber sie kann das Wachstum der Hände Ihres kleinen Kindes sehr eindrücklich dokumentieren.

An einem bestimmten Wochentag setzen Sie sich mit Ihrem Kind hin und machen einen Handabdruck. (Temperafarbe und große Bögen Zeichenpapier sind dazu am besten geeignet.) Ihr Kind wird Spaß daran haben, den jeweiligen Abdruck mit dem der Vorwoche zu vergleichen – ganz besonders, wenn jedesmal auch noch eine andere Farbe verwendet wird.

Natürlich dürfen Sie nicht vergessen, jeden Handabdruck mit einem Datum zu versehen. Vielleicht hat Ihr Kind auch Lust, das Werk zu signieren oder entsprechende Anmerkungen zu der gerade vergangenen Woche danebenzuschreiben: Das erhöht den »historischen« Wert dieses Dokuments erheblich. Sie können die Abdrücke in einen besonderen Umschlag legen oder sie zu einem Büchlein binden. Auf jeden Fall sollten Sie die Blätter gut aufbewahren und sie von den sonstigen Kritzel- und Malmaterialien Ihres Kindes fernhalten. Denn diese Kunstwerke sind etwas Besonderes; sie stellen ein sichtbares Zeugnis vom Wachstum Ihres Kindes dar.

***Man braucht:***
- *Temperafarben*
- *Papier*

# Witzwörter

*Man braucht:*
• *nur Ihre Zeit*

Dieses amüsante Spiel setzt voraus, daß Ihre Tochter oder Ihr Sohn mit dem Klang von wenigsten einigen Konsonanten des Alphabets vertraut ist.

Zu Beginn wählen Sie einen Gegenstand (beispielsweise einen Tisch) und ersetzen dann den ersten Buchstaben durch einen anderen (vielleicht »P«). Sie sagen dann »Pisch«, und Ihr Kind muß versuchen, den Gegenstand zu erraten, an den Sie denken. Bei einer richtigen Antwort ist Ihr Kind an der Reihe und darf sich etwas ausdenken. Wenn ihm oder ihr nichts einfällt, wählen Sie einen weiteren Gegenstand und verwenden die gleiche Buchstabenkombination, beispielsweise »Penster« für Fenster. Ersetzen Sie immer weiter Buchstaben, bis Ihr Kind das Prinzip durchschaut hat.

Richten Sie den Schwierigkeitsgrad nach den sprachlichen Fähigkeiten Ihres Sohnes oder Ihrer Tochter. Für fortgeschrittenere Kinder können Sie auch zusammengesetzte Laute wie »pf«, »sch« oder »st« einführen.

Besonders witzig sind die »X« und die »Z«. Können Sie eine »Zasse« von einer »Xasse« unterschieden? Macht nichts, trinken kann man aus beiden!

# Modische Tiere

Bei dieser Beschäftigung handelt es sich um einen Dauerbrenner mit einem neuen, witzigen Dreh.

Schneiden Sie Bilder von Menschen und Tieren aus Zeitschriften aus. Bei den Menschen sind Sie allerdings nur an ihren Kleidern und Schuhen interessiert. Wenn Sie einen guten Vorrat Kleidung gesammelt haben, darf Ihr Kind damit beginnen, die Tiere zu verkleiden. Es kann den Tieren Hüte, Anzüge, Kleider, Hemden, Hosen, Schuhe und Mäntel anprobieren. Fordern Sie Ihr Kind auf, sich Geschichten auszudenken, was die Tiere wohl gerade vorhaben – ob sie gerade zur Arbeit gehen, einen Ausflug mit dem Auto vorhaben, zum Essen ausgehen, auf dem Weg zu aufregenden Abenteuern in fernen Ländern sind, joggen oder Fußball spielen und so weiter.

Sie schneiden die Kleider passend zurecht und helfen dabei, sie mit Doppelklebeband oder Klebstoff zu befestigen. Dann können Sie die Tiere auch noch auf Papier aufkleben und ein Buch oder eine Bildertafel damit füllen.

Sieht der Gorilla nicht stark aus, in seinen Designerklamotten? Aber diese Schuhe …

***Man braucht:***
- *Zeitschriften*
- *Schere*
- *Doppelklebeband oder ungiftigen Klebstoff*

# Was male ich?

Auch wenn Sie kein Rembrandt sind, können Sie Ihr Kind mit Ihren Zeichenkünsten unterhalten. Bei diesem Spiel ist Ihr Sohn oder Ihre Tochter zunächst herausgefordert, das entstehende Werk zu identifizieren, dann kann er oder sie bei der Fertigstellung helfen.

Fangen Sie an, auf einem Blatt Pappe einen Gegenstand (sagen wir, ein Auto) zu zeichnen. Beginnen Sie mit einem einzelnen Element – einem Kreis für den äußeren Rand des Hinterrades zum Beispiel –, und fragen Sie Ihr Kind, was das wohl sein könnte. Wenn Ihr Kind richtig geraten hat, lassen Sie es die Zeichnung des Rades zu Ende führen. Falls nicht, zeichnen Sie die vordere Stoßstange – und so weiter, wobei Ihr Kind nach jedem neuen Element raten darf.

Schwieriger wird's, wenn Sie ein Bild mit mehreren, nicht unmittelbar zusammengehörigen Bestandteilen malen, etwa mit einem Haus, einem Baum und einer Blume. Hier können Sie zusätzlich Linien skizzieren (einen Teil der Tür, dann einen Teil des Baumstammes, den Stengel der Blume und so weiter). Wieder darf Ihr Kind nach jedem neuen Strich raten. Es kann dann das jeweilige Element der Zeichnung vervollständigen, das es richtig erkannt hat. Außerdem könnte sich Ihr Sohn oder Ihre Tochter zu der fertigen Zeichnung noch eine Geschichte ausdenken. Schreiben Sie den Text auf, dann können Sie eine kleine Geschichtensammlung zu den Bildern anlegen, die Sie gemeinsam fabriziert haben.

***Man braucht:***

- *Papier*
- *Stifte, Buntstifte, Wachsmalkreiden oder Filzstifte*

# Geburtstagschronik

Zu dieser Beschäftigung gehört ein Besuch in der Bibliothek, aber der Aufwand lohnt sicht allemal.

Lassen Sie sich zeigen, wo die Zeitungen und Zeitschriften stehen, und suchen Sie die Zeitung des Tages heraus, an dem Ihr Kind geboren wurde. Finden Sie heraus: Wer war Bundeskanzler? Wie war das Wetter? Was war das positivste Ereignis auf der Welt an diesem Tag? Gibt es Berichte über Geschehnisse, die besonders gut zu Ihrem Kind passen?

Ältere Kinder werden die Zeitung wahrscheinlich mit großer Ernsthaftigkeit studieren, die jüngeren brauchen vielleicht noch etwas Hilfe, bis sie sich an die Vorstellung gewöhnt haben, daß zur gleichen Zeit noch andere Dinge auf der Welt passierten. (Wir kennen ein Kind, das fragte, warum kein Bericht über seine Geburt auf der Titelseite zu finden sei. Am besten überlegen Sie sich jetzt schon eine plausible Erklärung für solche logischen Nachfragen.)

***Man braucht:***
- *nur Ihre Zeit*

# *Was wäre, wenn . . . ?*

**_Man braucht:_**
- *nur Ihre Zeit*

Diese Beschäftigung wird die Phantasie Ihres Kindes anregen, da hier sein grundlegendes Weltverständnis auf den Kopf gestellt wird. Was wäre, wenn

*. . . die Leute fliegen könnten?* Würde der Busfahrer einfach jedem ein Seil um die Taille binden und ihn dann hinterherziehen? Bräuchte man dann noch Treppen in den Häusern? Gäbe es dann Staus in der Luft, weil alle Leute zur Arbeit fliegen?

*. . . die Welt kopfstünde und wir auf der Decke herumliefen?* Wie könnte man verhindern, daß die Suppe aus der Schüssel schwappt? Oder die Erbsen vom Teller kullern? Oder daß man selbst aus dem Bett fällt?

*. . . die Sonne niemals unterginge?* Wie wüßten wir dann, wann Schlafenszeit wäre? Und wann wir aufstehen müßten? Und wo der Mond ist?

Fahren Sie fort mit Vorstellungen wie: »Was wäre, wenn es immer noch Dinosaurier auf der Erde gäbe?« – ». . . wenn Katzen und Hunde sich Menschen als Haustiere halten würden?« – ». . . wenn Lebensmittel anstelle von Regen und Schnee aus den Wolken fielen?«

Dann lassen Sie Ihr Kind Vorschläge machen. Was wäre, wenn . . . ?

# Was ist anders an mir?

Dieses Spiel können Sie fast immer und überall spielen und damit die Beobachtungsgabe und das Gedächtnis Ihres Kindes auf die Probe stellen.

Zunächst darf Ihr Kind Sie eine Weile lang genau betrachten, bevor Sie den Raum verlassen und etwas an Ihrem Äußeren verändern. Wenn Sie zurückkommen, muß Ihr Kind herausfinden, was anders ist an Ihnen. Machen Sie's recht augenfällig für kleinere Kinder: Ziehen Sie Schuhe und Strümpfe aus, setzen Sie einen Hut auf oder nehmen Sie ihn ab, ziehen Sie Ihr Hemd verkehrt herum an, ziehen Sie Ihre Jacke aus oder an und so weiter. Ältere Kinder können Sie mit weniger auffälligen Veränderungen herausfordern.

Wenn mehrere Kinder mitspielen, können Sie auch ein Zeitlimit setzen, wie lange die Kinder Sie entweder »vorher« oder »nachher« sehen dürfen. Vergessen Sie nicht, daß auch die Kinder selbst mal an die Reihe kommen und etwas an sich verändern. Wer weiß, was Sie alles entdecken, wenn Sie sie von Kopf bis Fuß mustern und nach etwas Ungewöhnlichem Ausschau halten!

Zur Abwechslung können Sie auch mal versuchen, verschiedene Gegenstände im Zimmer umzuräumen, während Ihr Kind die Augen geschlossen hält oder draußen wartet.

***Man braucht:***
- *nur Ihre Zeit*

# Hör mal, wie das klingt!

Bei diesem Spiel machen Sie verschiedene Geräusche, die Ihre Tochter oder Ihr Sohn dann erkennen soll. Nennen Sie zuerst die Kategorie, zu der das betreffende Ding gehört – Dinge aus dem Haus (Wecker, Radio); Dinge, die sich bewegen (Feuerwehrauto, Polizeiauto, Flugzeug), oder Tiere (Katze, Hund, Tiger). Dann vertauschen Sie die Rollen, und Ihr Kind darf die Geräusche imitieren.

***Man braucht:***
- *nur Ihre Zeit*

Als Variante dieses Spiels kann man auch imaginäre Laute eines Phantasietieres erfinden. Zum Beispiel könnte eine Mischung aus Hahn und Kuh »Muhkerimuh« rufen. Sie können die Tierkombinationen vorschlagen oder einfach den entsprechenden Laut vormachen, dann muß Ihr Kind die Zusammensetzung des Tieres erraten.

Auch mit mehreren Kindern kann man dieses Spiel spielen. Sie machen ein Geräusch; das Kind, das die beteiligten Tiere als erstes errät, darf sich eine neue Lautkombination ausdenken, bis jemand anderes sie richtig identifzieren kann.

# Wo ich wohne

Selbst kleine Kinder sollten schon in der Lage sein, ihre Adresse auswendig aufzusagen.

Sie können ihnen dabei eine Gedächtnisstütze geben, indem Sie Ihre Adresse in einen einprägsamen Reim oder ein Liedchen verpacken. Das geht mit fast jeder Anschrift – hier ein paar Beispiele:

*Unser Haus steht im Birkenweg acht,*
*dorthin würd' ich gerne zurückgebracht.*

*Die Nummer fünfzehn im Sonnenweg*
*ist unser Haus,*
*da schaut meine Mama zum Fenster*
*heraus.*

*In der Eichenstraße wohn' ich im Haus*
*Nummer eins,*
*so schön wie unsres ist dort sonst keins.*

*Ich möchte so gerne nach Hause gehn,*
*das ist in der Mozartstraße zehn.*

*Unsre Wohnung ist Frankfurter Ring*
*zwanzig,*
*das ist in München und nicht in Danzig.*

**Man braucht:**
- *nur Ihre Zeit*

# Wo sind mehr?

Dieses interessante Spiel testet die Fähigkeit Ihres Kindes, mit Mengenbegriffen umzugehen (siehe auch Nr. 344 Mehr oder weniger?).

Sie brauchen 16 Gummibärchen oder andere kleine Teile von gleicher Größe und Form, die Sie in zwei Reihen zu je acht anordnen. Achten Sie darauf, daß die Teile in den beiden Reihen genau übereinanderliegen.

***Man braucht:***
- *16 Gummibärchen o. ä.*

Kann Ihr Kind die Erhaltung einer bestimmten Menge oder Anzahl begreifen? Fragen Sie zunächst, ob beide Reihen dieselbe Anzahl von Teilen enthalten. Antwortet das Kind mit Ja, ziehen Sie die obere Reihe auseinander und fragen wieder, ob die Anzahl der Teilchen beider Reihen gleich ist – oder ob in einer von beiden Reihen mehr Teile liegen. Ein Kind, das noch zu klein ist, um die sogenannte Invarianz der Mengen zu verstehen, wird wahrscheinlich der Ansicht sein, daß die auseinandergezogene Reihe mehr Teilchen enthält, da sie länger ist. Ein älteres Kind wird dagegen erkennen, daß die Anzahl der Teile gleichbleibt, auch wenn man ihre räumliche Anordnung verändert.

Genau wie bei dem Experiment mit Wasserglas und Schale stellen Sie Ihr Kind noch einmal auf die Probe, um zu sehen, ob es das Prinzip auch wirklich kapiert hat. (»Aber ist diese Reihe nicht viel größer?«) Schließlich wird es Ihnen zeigen, daß beide Reihen gleich sind, indem es die einzelnen Teile durchzählt.

# Stadtsafari

Die meisten von uns sind – auch wenn sie in der Stadt wohnen – von weit mehr Tierleben umgeben, als wir uns überhaupt vorstellen können. Warum sollten Sie also nicht einmal Ihr Kind dazu anregen, die Eichhörnchen, Vögel und alles, was in Ihrer nächsten Nähe kreucht und fleucht, zu beobachten?

Hier sehen Sie einen Ausschnitt aus dem Beobachtungsheft, das eines der Kinder unserer Freunde angelegt hat. Es zeigt, daß sich wirklich weit mehr Tierleben um uns herum abspielt, als man bei oberflächlichem Hinsehen entdecken kann.

***Man braucht:***
- *Heft*
- *Stift*

*Davids Tierbeobachtungen*
Kröten (eine große eine kleine)
Frosch
jede Menge Mücken
Rotkehlchen
Maus
Möwen (am Strand gesehen, beim Spaziergang mit Papa)
Eichhörnchen (drei Stück in einer Woche)
Grillen (gehört)
Eidechse (auf dem großem Stein vor dem Fenster)
Löwe (nicht mit Sicherheit gesehen, aber nach dem Schlafengehen gehört)

# Klangspiel

**Aufgepaßt!**

Nur unter Aufsicht

***Man braucht:***

- *eine Papprolle von Küchenpapier oder einen Holzstab*
- *Schnur*
- *saubere, leere Blechdosen*

Wenn Sie einen Balkon haben oder einen gut erreichbaren Ast finden können, dann haben Sie Glück – in Zukunft müssen Sie nie mehr auf Musik verzichten.

Man braucht eine Papprolle von Küchenpapier, in die auf einer Seite im Abstand von etwa 1,5 cm vier Löcher gebohrt werden. In die gegenüberliegende Seite bohren Sie dann noch zwei Löcher. Nun nehmen Sie vier leere Blechdosen, deren Böden noch heil sind. (Achten Sie darauf, daß keine scharfen Kanten stehenbleiben.) Jede Dose wird umgedreht und ein Loch in den Boden gestoßen. (Ihre Aufgabe.) Ihr Kind kann anschließend dabei helfen, ein 35 cm langes Stück Schnur durch das Loch in einer Dose zu ziehen und so zu verknoten, daß es nicht wieder herausrutschen kann. Das andere Ende der Schnur wird dann durch das erste Loch in der Papprolle gefädelt, so daß es aus der offenen Seite der Rolle heraushängt, und ebenfalls verknotet. Wiederholen Sie diese Prozedur auch mit den restlichen drei Dosen.

Wenn alle Dosen befestigt sind, ziehen Sie ein Stück Schnur (etwa 30 cm lang) durch die beiden Löcher auf der Oberseite der Rolle und verknoten die Enden. In die Mitte dieser Schnur wird nun ein weiterer Faden gebunden. Jetzt ist Ihr Klangspiel fertig. Ihr Sohn oder Ihre Tochter kann Ihnen die Dosen auf Ihrem Balkon aufhängen helfen. Jedesmal, wenn ein Windzug die Dosen zum Klingen bringt, können Sie sich an Ihrem Werk erfreuen.

# Suchwort-Rätsel

Eine geistige Beschäftigung für Kinder, die schon recht gut lesen und schreiben können.

Geben Sie Ihrem Kind ein Stück Papier, auf dem ein Raster von zehn mal zehn Karos markiert ist; dann lassen Sie es ein »Suchwort-Rätsel« erfinden, bei dem Wörter vorwärts, rückwärts, diagonal oder senkrecht in das Raster eingetragen werden.

Solange die Buchstaben übereinstimmen, dürfen sich die Wörter auch überschneiden. »Um die Ecke«, also beispielsweise zuerst waagrecht und dann diagonal, dürfen die Wörter nicht geschrieben werden. Geben Sie Ihrem Kind am besten ein bestimmtes Thema vor (etwa »Dinge mit Rädern«). Um die Auflösung des Rätsels später zu erleichtern, können die versteckten Wörter unten auf der Seite aufgelistet werden.

Wenn Ihr Sohn oder Ihre Tochter eine ausreichende Zahl von Wörtern eingetragen hat, kann er oder sie die Leerstellen mit beliebigen Buchstaben füllen und dann das Rätsel weitergeben. Versuchen Sie Ihr Glück! Die Lösungshinweise werden Ihnen ein paar umwerfende Einsichten in die Denkweise Ihres Kindes vermitteln.

***Man braucht:***

- *Papier*
- *Bleistift*

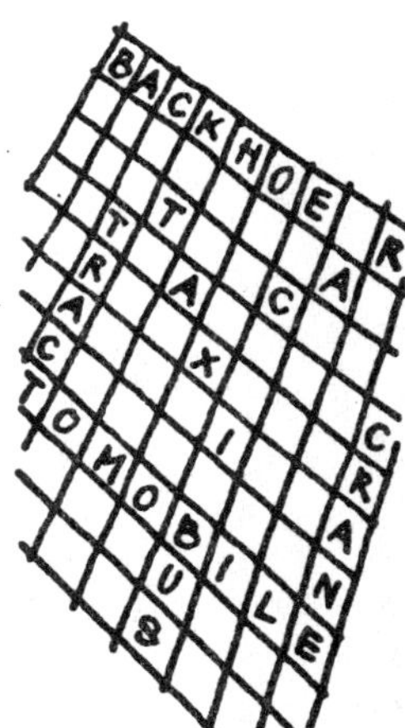

# Tierischer Weltatlas

Auch wenn Ihre kleinen Kinder noch nichts mit Landkarten anfangen können, so wissen sie doch, daß es seltsame Tiere gibt, die in fernen Ländern leben, in denen es ganz anders aussieht als zu Hause. Diese Beschäftigung bietet eine günstige Gelegenheit, Ihrem Kind den Gedanken von »einer Welt für alle« nahezubringen.

**Man braucht:**

- *Weltkarte*
- *Plakatkarton/ Atlas*
- *Bilder von Tieren*
- *Klebeband*

Kaufen Sie im Buchladen eine große Weltkarte, oder zeichnen Sie selbst eine auf einen großen Bogen Plakatkarton. Dann schneiden Sie Fotos von Tieren aus Zeitschriften, Katalogen, Zeitungen und anderen Quellen aus und kleben diese Bilder anschließend auf die Länder, in denen die jeweiligen Tiere leben – »Anschauungsunterricht«, um Ihren Kindern eine Vorstellung von den Savannen Afrikas, den Regenwäldern in Südamerika und der Tundra in Alaska zu vermitteln.

Außerdem können Sie Ihrer Tochter oder Ihrem Sohn (und sich selbst) gleichzeitig noch die feinen Unterschiede zwischen manchen Tierarten verdeutlichen, beispielsweise zwischen dem afrikanischen und dem indischen Elefanten. Die afrikanischen Elefanten haben große schlabbrige Ohren, und sowohl die männlichen als auch die weiblichen Tiere haben Stoßzähne. Die Ohren der indischen Elefanten sind kleiner, und nur die männlichen Tiere haben Stoßzähne.

# Brief an den Bundeskanzler

Hat Ihr Kind dem Regierungschef etwas mitzuteilen? Das kann ein Lob, Kritik, eine Frage, einfach irgend etwas sein. Es geht bei dieser Beschäftigung in erster Linie darum, daß sich Ihr Kind als gleichberechtigtes (wenn auch noch nicht stimmberechtigtes) Mitglied in unserer Demokratie einbringen kann. Außerdem ist es natürlich furchtbar spannend, ein Antwortschreiben aus dem Bundeskanzleramt zu erhalten.

**Man braucht:**
- *Papier*
- *Stift*
- *Umschlag*
- *Briefmarke*

Machen Sie den Leuten dort die Arbeit etwas leichter, indem Sie Ihr Kind dazu anhalten, nur eine Frage oder einen Kommentar aufzuschreiben. (Je länger der Brief ist, desto unwahrscheinlicher ist, daß er gelesen und beantwortet wird.) Falls notwendig, betätigen Sie sich als Sekretär oder Sekretärin und schreiben den Brief Ihres Kindes nieder. Aber er oder sie sollte ihn unbedingt persönlich unterzeichnen!

Der Spaß beim Schreiben – und die Vorfreude auf die zu erwartende Antwort – sind sicherlich eine Briefmarke wert. Versuchen Sie's mal – und lassen Sie Ihr Kind kräftig seine Meinung sagen. Hier die Adresse:

Bundeskanzleramt
Kurt-Schumacher-Straße
53113 Bonn

# Besuch vom Mars

*Man braucht:*
- *nur Ihre Zeit*

Es wurden schon viele Science-fiction-Geschichten geschrieben, die von Außerirdischen handeln, die auf der Erde landen oder das Leben auf der Erde belauschen und einen ganz falschen Eindruck bekommen. Gemeinsam mit Ihrem Kind können Sie so tun, als wären Sie Marsmenschen, die gerade erst gelandet sind und erstaunt verfolgen, was hier so alles vor sich geht

Zuerst stellen Sie sich vor, Sie sehen einen Mann, der seinen Hund ausführt. Fragen Sie Ihr Kind, wer da wen an der Leine hat! Dann gehen Sie in Gedanken zu einem Spielplatz und schauen den Kindern beim Spielen zu. Wer hat da zu bestimmen? Sitzen die großen Leute nur herum, weil sie noch nicht alt genug zum Spielen sind? Und was ist bloß los mit diesen Joggern – wer jagt die denn durch die Gegend?

Fahren Sie mit dieser Art von Befragung auch bei anderen Erfahrungen des täglichen Lebens fort. Dann entwickeln Sie gemeinsam mit Ihrem Kind eine Liste von Kernfragen, mit deren Hilfe sich diese verwirrende Welt verstehen läßt: Was essen die Menschen? Was macht ihnen Spaß? Und so weiter. An diesem Punkt holen Sie sich am besten Hilfe von einem menschlichen Wesen, vielleicht Ihrem Partner, einem Freund oder einem Geschwisterkind. Oder falls Sie nur zu zweit sind, kann einer den Marsmenschen und der andere den Menschen spielen. (Mal ehrlich, was macht dabei wohl mehr Spaß?)

# Kinderfernsehen

Hier können Sie den Fernsehsendern mit einem Schlag alles zurückzahlen.

Sie brauchen einen großen Karton (von einer Waschmaschine zum Beispiel), in den Sie ein quadratisches Loch und eine Tür schneiden, die groß genug ist, daß Sie hineinklettern können. Jedes Familienmitglied kann nun zur besten Sendezeit für alle anderen eine Show abziehen. Hier ein paar Vorschläge für die Kleineren: Konzerte mit Musikinstrumenten (wie die in Nr. 267 und Nr. 315 beschriebenen), Theatervorführungen mit Spielzeug oder sogar Tiersendungen, in denen die Kinder die Lebensweise und Ernährungsgewohnheiten ihrer liebsten Kuscheltiere beschreiben. Aus Tonpapier und Zeitschriftenfotos können Sie den passenden Background und Schautafeln basteln.

Ältere »Fernsehstars« können ein Interview machen mit Ihnen oder einem Geschwister – helfen Sie ihnen beim Vorbereiten eines Manuskripts mit interessanten Fragen. (Das Ganze kann auch eine gute Gelegenheit sein, schwierige Themen anzusprechen.) Ältere Kinder können auch als Gastgeber einer Talkshow fungieren (eine Papprolle dient als Mikrophon) oder Kommentare über die Lage an ihrer Schule, in der Familie oder im Kosmos abgeben.

Auf jeden Fall sollte die ganze Familie bei diesem Spiel mitmachen. Das ist echtes Kinderprogramm!!!

***Man braucht:***

- *einen großen Pappkarton*
- *Schere (nur für Erwachsene)*

***Wenn Sie wollen:***

- *Papprolle*
- *Papier/Malzeug*

## Für Ihre eigenen Spielideen

*Man braucht:*

# Register

Benutzen Sie die folgenden Kategorien, um die Spiele zu finden, die Sie und Ihr Kind am meisten interessieren:

## Basteln und Malen

## Kreativität

## Phantasiespiele

## Essen und Trinken



## Gruppenspiele

## *Spiele für drinnen*

## Mathe und Zahlen



## Gedächtnisspiele

## Spiele für ältere Kinder

## Spiele für draußen

### Wieder- und Weiterverwendung von Haushaltsmaterialien

## Wissenschaftsspiele

## Spiele zum Austoben

## Basteln von Spielzeug

## Sprachspielereien

## Nur Ihre Zeit

(Sie brauchen sonst keine »Zutaten«)

# Das »Weg-mit-dem-Fernseher«-Spieletagebuch

| Nr. | Spiel | Datum | Kommentar |
|---|---|---|---|
| | | | |
| | | | |
| | | | |
| | | | |
| | | | |
| | | | |
| | | | |
| | | | |
| | | | |
| | | | |
| | | | |
| | | | |
| | | | |
| | | | |
| | | | |
| | | | |
| | | | |
| | | | |
| | | | |

# Das »Weg-mit-dem-Fernseher«-Spieletagebuch

| Nr. | Spiel | Datum | Kommentar |
|---|---|---|---|
| | | | |
| | | | |
| | | | |
| | | | |
| | | | |
| | | | |
| | | | |
| | | | |
| | | | |
| | | | |
| | | | |
| | | | |
| | | | |
| | | | |
| | | | |
| | | | |
| | | | |
| | | | |
| | | | |

# Das »Weg-mit-dem-Fernseher«-Spieletagebuch

| Nr. | Spiel | Datum | Kommentar |
|---|---|---|---|
| | | | |
| | | | |
| | | | |
| | | | |
| | | | |
| | | | |
| | | | |
| | | | |
| | | | |
| | | | |
| | | | |
| | | | |
| | | | |
| | | | |
| | | | |
| | | | |
| | | | |
| | | | |
| | | | |